JOGAR PARA VENCER

COMO A ESTRATÉGIA REALMENTE FUNCIONA

JOGAR PARA VENCER

COMO A ESTRATÉGIA REALMENTE FUNCIONA

A.G. LAFLEY
CEO E PRESIDENTE DO CONSELHO DA PROCTER & GAMBLE

ROGER L. MARTIN
REITOR DA ROTMAN SCHOOL OF MANAGEMENT

ALTA BOOKS
EDITORA
Rio de Janeiro, 2019

Copyright © 2019 Starlin Alta Editora e Consultoria Eireli
Copyright © 2013 A.G. Lafley e Roger L. Martin
Publicado por acordo com a Havard Business Review Press
Título original: Playing to Win: How Strategy Really Works

Tradução: **Edson Furmankiewicz**
Edição e coordenação editorial: **Oliva Editorial**
Diagramação: **Carolina Palharini** e **Carlos Borges Junior**
Revisão: **Marcia T. Courtouké Menin**
Produção Editorial: **HSM Editora - CNPJ: 01.619.385/0001-32**

Todos os direitos estão reservados e protegidos por Lei. Nenhuma parte deste livro, sem autorização prévia por escrito da editora, poderá ser reproduzida ou transmitida. A violação dos Direitos Autorais é crime estabelecido na Lei nº 9.610/98 e com punição de acordo com o artigo 184 do Código Penal.

Erratas e arquivos de apoio: No site da editora relatamos, com a devida correção, qualquer erro encontrado em nossos livros, bem como disponibilizamos arquivos de apoio se aplicáveis à obra em questão.

Acesse o site www.altabooks.com.br e procure pelo título do livro desejado para ter acesso às erratas, aos arquivos de apoio e/ou a outros conteúdos aplicáveis à obra.

Suporte Técnico: A obra é comercializada na forma em que está, sem direito a suporte técnico ou orientação pessoal/exclusiva ao leitor.

A editora não se responsabiliza pela manutenção, atualização e idioma dos sites referidos pelos autores nesta obra.

Os endereços web referenciados neste livro estavam ativos e atualizados no momento da publicação do livro, mas podem estar sujeitos a alterações.

Dados Internacionais de Catalogação na Publicação (CIP)
Angélica Ilacqua CRB-8/7057

Lafley, A. G.
  Jogar para vencer : como a estratégia realmente funciona / A. G. Lafley; Roger L. Martin; tradução de Edson Furmankiewicz. - 1. ed. –Rio de Janeiro : Alta Books, 2019.

  Título original: Playing to win
  ISBN 978-85-508-0741-6

  1. Administração 2. Planejamento empresarial 3. Planejamento estratégico 4. Procter & Gamble Company I. Título II. Martin, Roger L. III. Furmankiewicz, Edson

14-0266   CDD 658

Índices para catálogo sistemático:
  1. Administração - Planejamento empresarial

Rua Viúva Cláudio, 291 — Bairro Industrial do Jacaré
CEP: 20.970-031 — Rio de Janeiro (RJ)
Tels.: (21) 3278-8069 / 3278-8419
www.altabooks.com.br — altabooks@altabooks.com.br
www.facebook.com/altabooks — www.instagram.com/altabooks

INSPIRADO POR
PETER DRUCKER (1909-2005),
MENTOR E AMIGO

SUMÁRIO

INTRODUÇÃO	COMO A ESTRATÉGIA REALMENTE FUNCIONA	11
UM	ESTRATÉGIA É ESCOLHA	17
DOIS	O QUE É VENCER	43
TRÊS	ONDE JOGAR	57
QUATRO	COMO VENCER	77
CINCO	JOGUE COM SEUS PONTOS FORTES	103
SEIS	GERENCIE O QUE IMPORTA	125
SETE	PENSE ESTRATEGICAMENTE	151
OITO	REDUZA SUAS CHANCES DE ERRO	171
CONCLUSÃO	A BUSCA INTERMINÁVEL PELA VITÓRIA	195
AGRADECIMENTOS		201
APÊNDICE A:	DESEMPENHO DA P&G	205
APÊNDICE B:	AS BASES MICROECONÔMICAS DA ESTRATÉGIA E AS DUAS MANEIRAS DE VENCER	209
NOTAS		221
ÍNDICE REMISSIVO		227

INTRODUÇÃO

COMO A ESTRATÉGIA REALMENTE FUNCIONA

Este é um livro sobre estratégia, escrito por um CEO e pelo reitor de uma faculdade de administração. Quando nos conhecemos, não éramos nada disso. Mais de vinte anos atrás, quando trabalhamos juntos pela primeira vez em um estudo dos canais de distribuição da Procter & Gamble, éramos um gerente de grupos de produtos de limpeza da P&G e um consultor externo de uma pequena empresa de estratégia em crescimento chamada Monitor Company. Trabalhando nessa atribuição, formamos a base de uma amizade muito produtiva e muito longa. Quando nos tornamos, respectivamente, CEO da P&G e reitor da Rotman School of Management, pensávamos em estratégia de maneira semelhante e trabalhamos juntos seriamente na transformação da P&G entre 2000 e 2009. Este livro é a história dessa transformação e da abordagem estratégica que a tornou possível. (Detalhes sobre os resultados da transformação podem ser encontrados no Apêndice A.)

Essa abordagem surgiu da prática de estratégia na Monitor Company e subsequentemente tornou-se o processo-padrão na P&G. Ao longo de nossas carreiras, trabalhamos para desenvolver uma estrutura robusta em torno de nossa abordagem estratégica, uma forma de ensinar os conceitos para outras pessoas e uma metodologia para dar vida a essa estrutura em uma organização. Na Monitor, Michael Porter, Mark Fuller, Sandi Pocharski e Jonathan Goodman desempenharam papéis importantes no avanço desse pensamento. Na P&G, Tom Laco, Steve Donovan, Clayt Daley, Gil Cloyd e dezenas de outros líderes funcionais e de negócios (incluindo aqueles cujas histórias são contadas neste livro) contribuíram substancialmente para o aperfeiçoamento da estratégia de negócios da empresa. Os acadêmicos Peter Drucker e Chris Argyris, com Michael Porter, foram as primeiras influências que moldaram nosso pensamento e trabalho.

Em última análise, esta é uma história sobre escolhas, incluindo a de criar uma disciplina do pensamento estratégico e da prática estratégica dentro de uma organização. Embora a P&G seja utilizada como nosso principal exemplo, isso não quer dizer que nossa abordagem de estratégia só pode ser eficaz em uma empresa global de bens de consumo. Temos visto a estratégia de negócios ser adotada ativamente em todos os setores e empresas de todos os tamanhos, incluindo startups, organizações sem fins lucrativos e agências governamentais. No entanto, foi na P&G que conseguimos realmente usar essa abordagem em uma ampla variedade de empresas, regiões, funções e ao longo de uma década (e ver onde ela funcionou e não funcionou) — assim, esta é a história que decidimos contar. Utilizamos as marcas, as categorias, os setores, as funções da P&G e exemplos de empresas para ilustrar os conceitos e as ferramentas estratégicas por todo o livro. É claro que nem todas as companhias se parecem com a P&G. Mas esperamos que, por meio de exemplos que cruzam diferentes negócios, empresas e níveis da P&G, as lições para sua organização se tornem claras.

O QUE É ESTRATÉGIA?

Estratégia é uma disciplina relativamente jovem. Até meados do século passado, boa parte do que as pessoas agora pensam como estratégia era simplesmente categorizada como gerenciamento. Assim, não é de admirar que muitas organizações lutem para definir o que é estratégia e para descobrir uma forma de criar uma estratégia útil; não há uma definição única, clara e predominante de estratégia, tampouco consenso sobre como construir uma. Quando uma estratégia é bem-sucedida, a princípio ela parece uma pequena mágica misteriosa e inexplicável, mas que se torna óbvia com o tempo.

Mas não é. Na verdade, estratégia refere-se à realização de escolhas específicas para vencer no mercado. De acordo com Michael Porter, autor de *Estratégia competitiva*, talvez o livro mais amplamente respeitado sobre estratégia já escrito, uma empresa cria uma vantagem competitiva sustentável em relação aos concorrentes "escolhendo deliberadamente um conjunto diferente de atividades para agregar valor único".[1] A estratégia, portanto, requer a realização de escolhas explícitas — para fazer algumas coisas e não outras — e construir um negócio em torno delas.[2] Em suma, estratégia é escolha. Mais especificamente, *estratégia é um conjunto integrado de escolhas que posiciona exclusivamente a empresa em seu setor, de modo a criar vantagem competitiva sustentável e valor superior em relação à concorrência*.

Fazer escolhas é um trabalho árduo, e isso nem sempre se encaixa em todos os outros trabalhos a serem feitos. Em nossa visão, bem poucas empresas têm uma estratégia vencedora, clara, resolvida e convincente em funcionamento. CEOs, em particular, muitas vezes permitirão que aquilo que é urgente sobrepuje o que é realmente importante. Quando uma tendência organizacional para agir direciona o *fazer*, muitas vezes o *pensar* cai no esquecimento. Em vez de trabalhar para desenvolver uma estratégia vencedora, muitos líderes tendem a abordar a estratégia de maneiras ineficazes, como as seguintes:

1. *Definem estratégia como visão*. Declarações de missão e visão são elementos da estratégia, mas não são suficientes. Elas não oferecem um guia para uma ação produtiva nem um roteiro explícito para que o futuro desejado possa ser alcançado. Não incluem escolhas que definam em qual negócio estar e em qual não estar. Não há foco em uma vantagem competitiva sustentável nem nos alicerces da criação de valor.

2. *Definem estratégia como um plano*. Planos e táticas também são elementos da estratégia, mas também não são suficientes. Um plano detalhado que especifica o que a empresa fará (e quando) não significa que as coisas que ela realizará contribuirão para estabelecer uma vantagem competitiva sustentável.

3. *Negam que a implementação de uma estratégia de longo prazo (ou mesmo de médio prazo) seja possível.* O mundo está mudando tão rápido, argumentam alguns líderes, que é impossível pensar em estratégia antecipadamente e que, em vez disso, uma empresa deve responder a novas ameaças e oportunidades à medida que elas surgem. Uma estratégia de viés emergente tornou-se o grito de guerra de muitas empresas de tecnologia e startups, que de fato enfrentam um mercado em rápida transformação. Infelizmente, essa abordagem posiciona uma empresa de modo reativo, tornando-a presa fácil para concorrentes mais estratégicos. Não só é possível efetivar uma estratégia de negócios em tempos de mudanças turbulentas, como ela pode propiciar uma vantagem competitiva e ser uma fonte para agregar valor significativo. A Apple é avessa a pensar em estratégia? E o Google? E a Microsoft?

4. *Definem estratégia como a otimização do* statu quo. Muitos líderes tentam otimizar o que já estão fazendo nos negócios. Isso pode criar eficiência e agregar algum valor. No entanto, não é estratégia. A otimização das práticas atuais não aborda a possibilidade muito real de que a empresa poderia estar exaurindo seus ativos e recursos otimizando as atividades erradas, enquanto concorrentes mais estratégicos fazem o certo. Pense em companhias aéreas mais antigas otimizando seus modelos *spoke-and-hub**, enquanto a Southwest Airlines criava um modelo de negócio ponto a ponto transformador. A otimização tem um lugar no mundo dos negócios, mas ela não é estratégia.

5. *Definem estratégia como a perseguição das melhores práticas.* Cada setor tem ferramentas e práticas generalizadas e disseminadas. Para algumas organizações, estratégia é fazer benchmarking e então utilizar o mesmo conjunto de atividades, porém de maneira mais eficaz. Uniformidade não é estratégia. É uma receita para a mediocridade.

---

* É um sistema em que pessoas ou produtos são transportados de vários locais a um ponto em comum e de lá são levados a grandes distâncias. [N. da T.]

Essas abordagens ineficazes são impulsionadas por um conceito errôneo daquilo que estratégia realmente é e por uma relutância em fazer escolhas verdadeiramente difíceis. É natural querer manter as opções em aberto o maior tempo possível, em vez de fechar as possibilidades fazendo escolhas explícitas. Mas somente por meio do fazer e do agir sobre as escolhas feitas é que você pode vencer. Sim, claro, escolhas difíceis forçam sua mão e o limitam a um caminho. No entanto, elas também o libertam para focalizar o que importa.

O que importa é vencer. Grandes organizações — empresas, instituições sem fins lucrativos, partidos políticos, agências governamentais, seja lá o que for — escolhem vencer em vez de simplesmente jogar. Qual é a diferença entre a Mayo Clinic e um hospital médio de pesquisas em seu bairro? O hospital local, provavelmente, focaliza mais prestar um serviço e fazer o bem. A Mayo Clinic, porém, propõe-se transformar o mundo da medicina, estar na vanguarda das pesquisas médicas e vencer. E ela faz isso.

O MANUAL DA ESTRATÉGIA: CINCO ESCOLHAS, UMA ESTRUTURA, UM PROCESSO

Vencer deve estar no centro de qualquer estratégia. De acordo com nossos termos, e*stratégia é um conjunto coordenado e integrado de cinco escolhas: de uma ambição vencedora, de onde jogar, de como vencer, das principais competências e dos sistemas de gestão*. O Capítulo 1 introduz essas cinco escolhas essenciais como perguntas estratégicas. Cada um dos Capítulos 2 a 6 enfatiza de alguma forma uma das perguntas, explicando a natureza da escolha a ser feita, apresentando uma série de exemplos de escolhas realizadas e oferecendo alguns conselhos para fazer a escolha em seu contexto. As cinco escolhas compõem a *cascata de escolhas estratégicas*, a base de nosso trabalho sobre estratégia e a essência deste livro.

Para realmente refletir sobre estratégia, porém, a cascata de escolhas estratégicas não é suficiente. No Capítulo 7, fornecemos outra ferramenta — o *fluxo lógico estratégico*, uma estrutura projetada para direcionar seu pensamento da melhor maneira possível para as análises fundamentais que permeiam suas cinco escolhas estratégicas. Em seguida, no Capítulo 8, apresentamos uma metodologia específica para dar sentido às opções estratégicas conflitantes, um processo — chamado *engenharia reversa* — para fazer escolhas estratégicas. Tomados em conjunto, as cinco escolhas, uma estrutura e um processo compõem um manual para criar uma estratégia em qualquer organização.

Nossa intenção é fornecer um guia do tipo faça você mesmo para a realização de uma estratégia de negócios. Oferecemos conceitos, processos e ferramentas práticas de que você precisa para criar e desenvolver uma estratégia vencedora para seu negócio, trabalho ou organização — uma estratégia que atenda melhor seus clientes e o capacite a competir com mais sucesso e a vencer.

O mundo precisa de mais líderes que entendam a estratégia e sejam capazes de liderar o processo de estratégia de suas empresas. Precisa de competências estratégicas em todos os níveis organizacionais, em todos os tipos de setores, no governo, no sistema de saúde, na educação e na área social. A estratégia não precisa ser misteriosa. Conceitualmente, é simples e direta. Exige pensamento claro e sério, verdadeira criatividade, coragem e liderança pessoal. Mas pode ser feita.

CAPÍTULO UM
ESTRATÉGIA É ESCOLHA

No final da década de 1990, tornou-se claro que a P&G realmente precisava vencer no setor de cuidados com a pele. Esse setor (incluindo sabonetes, hidratantes, loções e outros tratamentos) constitui cerca de um quarto do total da indústria de cosméticos e tem o potencial de ser altamente rentável. Quando bem trabalhado, pode gerar grande fidelização do consumidor em comparação com outras categorias de beleza, como cuidados com o cabelo, cosméticos e fragrâncias.[1] Além disso, há significativa transferência de conhecimento e de habilidades entre o setor de cuidados com a pele e as outras categorias citadas em termos de tecnologia e insights do consumidor. Para ser um player confiável no mercado de beleza, a P&G precisava de marcas líderes para os setores de cuidados com o cabelo e de cuidados com a pele. O de cuidados com a pele era o elo mais fraco. A marca Oil of Olay, mais especificamente, batalhava arduamente para vencer nesse mercado. Essa não era a única marca de cuidados com a pele da P&G, mas era de longe a maior e a mais famosa.

Infelizmente, a marca sofria certo preconceito. A Oil of Olay era vista como antiquada e deixara de ser relevante. Ela chegou a ser ironicamente chamada "Oil of Old Lady", o que até tinha um pouco de verdade, uma vez que sua base de clientes envelhecia a cada ano. Ao escolher um tratamento de pele, as mulheres vinham ignorando a Oil of Olay em favor de marcas que tinham mais a oferecer. O produto básico da Oil of Olay (um creme cor-de-rosa apresentado em um frasco de plástico comum), vendido sobretudo em drogarias ao preço mínimo de US$ 3,99, simplesmente não era competitivo diante de um leque cada vez maior de produtos alternativos de cuidados com a pele. No final da década de 1990, as vendas da Oil of Olay estavam caindo abaixo de US$ 800 milhões por ano, de modo algum perto dos líderes da indústria na categoria de cuidados com a pele, um mercado que movia US$ 50 bilhões anualmente.

Tudo isso impunha uma escolha estratégica difícil e gerava uma série de possíveis respostas. A P&G poderia manter o *statu quo* da Oil of Olay e lançar uma alternativa mais adequada sob uma marca diferente para competir por uma nova geração de consumidores. Mas a construção de uma marca de cuidados com a pele, a partir do zero, para ganhar liderança de mercado poderia levar anos, até mesmo décadas. Uma possibilidade era a P&G fazer um ajuste imediato: comprar uma marca líder consagrada no setor de cuidados com a pele (pense nas marcas Clinique, da Estée Lauder, ou Nivea, da Beiersdorf) para realmente competir na categoria. No entanto, uma aquisição seria cara e especulativa. Além disso, ao longo da década anterior, a empresa tinha buscado ativamente várias oportunidades para desenvolver marcas líderes sem sucesso. Ela poderia tentar estender uma de suas marcas líderes de beleza, como a Cover Girl, para a categoria de cuidados com a pele. Isso também seria altamente especulativo. Mesmo para uma marca líder de cosméticos, não seria fácil ganhar impulso no setor de cuidados com a pele. Por fim, a P&G poderia tentar reviver a decadente Oil of Olay, ainda valiosa o suficiente para competir em um novo segmento. Isso significava encontrar uma forma de reinventar a marca na mente dos consumidores, um grande investimento sem garantia de sucesso. A P&G, porém, acreditava que a marca Oil of Olay tinha potencial, especialmente com a promoção certa.

A boa notícia era que a marca ainda era muito conhecida pelos consumidores da Oil of Olay e, como todo bom profissional de marketing sabe, o conhecimento precede o julgamento. Michael Kuremsky, gerente de marca da Oil of Olay para a América do Norte na época, resumiu o estado das coisas: "Ainda havia um monte de promessas. [Mas] não havia realmente um plano".² A equipe queria transformar a promessa em um plano. O plano era recriar a Oil of Olay — sua marca, seu modelo de negócio, suas embalagens e seus produtos, sua proposta de valor e até mesmo seu nome. Surgiu o *Oil of*, e a marca foi rebatizada como Olay.³

REINVENTANDO A OLAY

Unimos forças com Susan Arnold, então presidente do setor global de cosméticos, e focalizamos a estratégia de médio e longo prazos para produtos de beleza, trabalhando para estabelecer a P&G como candidata confiável no setor. À medida que aprendia o jogo dos cosméticos, a P&G poderia vencer em todas as categorias. Assim, investiu nas marcas SK-II (uma linha japonesa de cuidados com a pele superpremium adquirida quando a P&G comprou a Max Factor, em 1991), Cover Girl (marca líder de cosméticos da P&G), Pantene (sua maior marca de xampu e condicionador), Head & Shoulders (sua linha líder de xampu anticaspa) e Herbal Essences (sua marca de cuidados com o cabelo destinada a um público mais jovem). A companhia comprou a Wella e a Clairol para criar uma posição no segmento de *hair styling* e tinturas para cabelo. E ela buscou aquisições que poderiam construir liderança no setor de cuidados com a pele. A equipe da Olay, entretanto, trabalhava para reinventar a marca.

Liderada por Gina Drosos (então gerente-geral para o negócio de cuidados com a pele), a equipe começou a trabalhar para entender seus consumidores e a concorrência. Seus membros descobriram, e não foi surpresa, que os clientes da Olay existentes eram sensíveis ao preço e só investiam minimamente em cuidados com a pele. A sabedoria convencional era a de que o segmento de consumidores mais atraente era o de mulheres com mais de 50 anos, preocupadas em combater rugas. Essas mulheres pagariam um valor extra significativo por produtos promissores, e era aí que as marcas líderes tendiam a focalizar. Mas Drosos lembra o seguinte: "Descobrimos, ao analisar as necessidades do consumidor no mercado, que havia um potencial real de crescimento entre consumidoras acima de 35, idade a partir da qual as mulheres percebiam suas primeiras linhas e rugas. Antes disso, muitas ainda usavam no rosto loções para mãos e corpo ou simplesmente nada".⁴ A idade de 35 anos parecia ser uma grande oportunidade para oferecer produtos destinados aos cuidados com a pele. Nessa idade, as consumidoras tornam-se mais conscientes e empenhadas em tais cuidados — limpeza, tonificação, hidratação, cremes faciais para o dia, para a noite e semanais, entre outros tratamentos para manter a aparência de uma pele jovem e saudável. Depois dos 30, as mulheres tendem a se empenhar mais em cuidar da pele e estão mais dispostas a pagar por qualidade e inovação. Elas buscam uma marca preferida regularmente e tentam novas ofertas a partir dela. Tornam-se entusiastas leais. Era dessas consumidoras que a Olay precisava, mas, para jogar nesse segmento, ela teria de aumentar as apostas significativamente.

Na indústria da beleza, por tradição, as marcas de lojas de departamentos assumiram a liderança em inovação, desenvolvendo novos e melhores produtos que, ao longo do tempo, escorreram para o mercado de massa. Dada a melhor escala, custos de distribuição mais baixos e competências internas de pesquisa e desenvolvimento (P&D) consideráveis, havia uma oportunidade de liderar em inovação dentro do mercado. "Poderíamos inverter o paradigma de consumo de que a melhor tecnologia se dissemina por toda a economia, o chamado efeito *trickle down*", diz Drosos. "Poderíamos fazer com que a melhor tecnologia viesse da Olay." Assim, os cientistas da P&G começaram a trabalhar na prospecção e no desenvolvimento de compostos mais adequados e mais eficazes — produtos de cuidados com a pele que poderiam superar muito os produtos existentes no mercado. Em vez de focalizar exclusivamente o tratamento de rugas como benefício do produto, a Olay ampliou a proposta de valor.

A pesquisa mostrou que as rugas estavam entre uma das muitas preocupações das consumidoras. Joe Listro, vice-presidente de P&D da Olay, conta que, "além de rugas, havia pele seca, manchas de envelhecimento e problemas de tom irregular da pele. As consumidoras falavam: 'Temos essas outras necessidades'. Trabalhamos as tecnologias de um ponto de vista da biologia e da aparência perceptível da pele. Identificamos uma combinação de materiais chamada VitaNiacin, que mostrou benefícios visíveis por toda uma variedade dos fatores que realmente poderiam melhorar a aparência da pele".[5] A Olay buscou redefinir o que produtos antienvelhecimento poderiam fazer. O resultado foi o desenvolvimento de uma série de novos produtos, começando com o Olay Total Effects, em 1999, que combinava insights das consumidoras com melhores ingredientes ativos para combater os múltiplos sinais de envelhecimento. O desempenho dos produtos de cuidados com a pele teve uma melhoria significativa entre as consumidoras.

Produtos novos e mais eficazes poderiam plausivelmente ser vendidos em lojas de departamentos como a Macy's e a Saks, o *canal de prestígio* que representava mais da metade do mercado. Tradicionalmente, a Olay era vendida apenas nos pontos de venda de massa, como drogarias e lojas populares. Esses varejistas de massa, incluindo Walgreens, Target e Walmart, eram os maiores e melhores clientes da P&G em várias categorias. No entanto, a empresa tinha pouca experiência, e influência, em lojas de departamentos, nas quais vendia apenas algumas categorias. Para dar vazão aos pontos fortes da P&G, fazia sentido permanecer nos canais de massa, mas somente se os consumidores das lojas de departamentos migrassem para a Olay. Para ganhar com a Olay no mercado de massa, a companhia teria de criar uma ponte entre os mercados de massa e de prestígio, criando o que se chamaria categoria *masstige*. A Olay tinha de mudar a percepção do tratamento de pele no canal de massa, vendendo produtos mais sofisticados, de maior prestígio em um ambiente tradicionalmente de alto volume. Ela precisava atrair os consumidores tanto do canal de massa como do de prestígio. Para isso, o próprio produto seria apenas uma parte da batalha; a Olay também tinha de mudar a percepção da marca e do canal, pelo consumidor, por meio de posicionamento, embalagem, preços e promoções.

Primeiro, a Olay precisava convencer as mulheres que entendiam de tratamento de pele de que os novos produtos Olay eram tão bons quanto ou melhores que os artigos mais caros dos concorrentes. Tudo começou com a publicidade feita nas mesmas revistas e nos mesmos programas de televisão ocupados por marcas mais caras; a ideia era inserir a Olay na mesma categoria delas, na mente do consumidor. Os anúncios destacavam a Olay como uma forma de combater os sete sinais de envelhecimento, e especialistas foram convocados para reforçar as afirmações relativas aos novos e melhores ingredientes.

Drosos explica: "Desenvolvemos um programa de relações externas e de credenciamento. Determinamos quem seriam os influenciadores-chave para os consumidores. Abrimos nossos laboratórios para alguns dos melhores dermatologistas, para que vissem o trabalho que fazíamos". Testes independentes mostraram um desempenho dos produtos da Olay igual ou melhor que o de outras marcas vendidas em lojas de departamentos por centenas de dólares a mais e ajudaram a reformular a percepção dos consumidores a respeito do desempenho e do valor do que era oferecido no mercado. De repente, a Olay era vista como uma marca que apresentava produtos de alta qualidade a um preço acessível.

A Olay também precisava cuidar do visual de seus produtos. A embalagem tinha de representar uma ambição, mas também comunicar efetivamente as qualidades do produto. Recorda Listro que "a maioria dos produtos de massa, e, em certa medida, até mesmo dos de prestígio, era vendida em bisnagas ou em grandes potes genéricos. O que procurávamos era uma tecnologia que pudesse apresentar elegantemente um creme espesso, como uma loção. Descobrimos esse design que pode realmente bombear cremes". O resultado: uma embalagem que parecia bem diferente e se destacava na prateleira, mas que também funcionava eficazmente quando o produto era usado em casa.

O preço era o próximo elemento. Tradicionalmente, os produtos Olay eram vendidos, como grande parte das marcas encontradas em drogarias, na faixa abaixo de US$ 8 (enquanto as marcas nas lojas de departamentos poderiam custar de US$ 25 a US$ 400 ou mais). Como Drosos explica, nos cuidados com a pele, havia a crença generalizada "de que você recebe aquilo pelo que você paga. As mulheres achavam que os produtos disponíveis no canal de mercado de massa não eram tão bons". A publicidade e a embalagem da Olay prometiam um produto de alta qualidade, eficaz, que poderia competir com marcas das lojas de departamentos. O preço também precisava estar em perfeita sintonia — não tão alto para que os consumidores de massa se desinteressassem, mas não tão baixo para que os consumidores de prestígio (e mesmo as de massa) duvidassem de sua eficácia (a despeito da avaliação positiva que os especialistas independentes fizessem).

Listro lembra os testes que foram feitos para determinar a estratégia de preços para o Olay Total Effects: "Começamos a testar o novo produto Olay nas faixas de preços premium de US$ 12,99 a US$ 18,99 e obtivemos resultados muito diferentes". A US$ 12,99, havia uma resposta positiva e uma taxa razoavelmente boa de intenção de compra (a intenção declarada de comprar o produto no futuro). Mas a maioria das pessoas que sinalizaram o desejo de comprar a US$ 12,99 eram compradores de produtos de massa. Bem poucos compradores nas lojas de departamentos se interessavam pelo produto nessa faixa de preços. "Basicamente", explica Listro, "estávamos melhorando o padrão dos consumidores dentro do canal." Isso era bom, mas não o suficiente.

A US$ 15,99, a intenção de compra caía consideravelmente. Então, a US$ 18,99, alcançava o topo novamente. "Assim, US$ 12,99 parecia muito bom; US$ 15,99, nem tanto; e US$ 18,99 era excelente. Descobrimos que, a US$ 18,99, os consumidores começavam a comprar nos dois canais. A US$ 18,99, havia um grande valor para um comprador de produtos de prestígio que estava acostumado a gastar US$ 30 ou mais." O preço de US$ 18,99 estava logo abaixo da faixa da Clinique e consideravelmente abaixo da faixa da Estée Lauder. Para o comprador de produtos de prestígio, era uma pechincha, mas não tão barato a ponto de não ser confiável. E, para o comprador de produtos de massa, isso significava que o produto deveria ser consideravelmente melhor que qualquer outra coisa na prateleira para justificar esse extra. Listro continua: "Mas US$ 15,99 era terra de ninguém — muito caro para um comprador de massa e não suficientemente confiável para um comprador de prestígio". Assim, com um forte impulso da equipe de liderança sênior, a Olay deu um salto para os US$ 18,99 no lançamento do Olay Total Effects. Esse era o preço de varejo sugerido pelo fabricante, e a equipe trabalhou arduamente para convencer os varejistas a mantê-lo.

A energia começou a se acumular. A Olay seguiu sua estratégia desenvolvendo uma marca especial ainda mais cara, com um ingrediente ativo ainda melhor: Olay Regenerist. Então, foram introduzidos o Olay Definity e o Olay Pro-X, ainda mais especial — este último vendido a US$ 50, algo inconcebível dez anos antes. A equipe criou e implementou competências em torno da nova estratégia. Ao longo da década de 1990, os negócios de cuidados com a pele da P&G cresceram de 2% a 4% por ano. Após o relançamento, em 2000, a Olay teve crescimento de dois dígitos em vendas e lucros todos os anos durante a década seguinte. O resultado: uma marca de US$ 2,5 bilhões com margens extremamente altas e uma base de consumidores na parte mais atraente do mercado.

O QUE É (E O QUE NÃO É) ESTRATÉGIA

A Olay tinha um problema estratégico que muitas empresas enfrentam: uma marca estagnada, consumidores envelhecendo, produtos não competitivos, concorrência forte e impulso na direção errada. Sendo assim, por que a Olay foi capaz de ter enorme sucesso onde muitos fracassaram? As pessoas na Olay não são mais dedicadas ou mais ousadas nem têm mais sorte ou trabalham mais que as outras. Mas sua maneira de pensar a respeito das escolhas que faziam era diferente. Elas tinham uma abordagem clara e definida para a estratégia, um processo de pensamento que permitia que gerentes fizessem escolhas realmente mais claras. Esse processo, e a abordagem de estratégia que o sustenta, foi o que fez a diferença.

A estratégia talvez pareça algo místico e misterioso. No entanto, não é. Ela pode ser definida facilmente. É um conjunto de escolhas feitas para vencer. Mais uma vez, é um conjunto integrado de escolhas que posiciona a empresa em sua indústria para criar vantagem competitiva sustentável e valor superior em relação à concorrência. Especificamente, a estratégia é a resposta a essas cinco perguntas inter-relacionadas:

1. *Qual é sua ambição vencedora?* O objetivo de sua empresa, a ambição motivadora.

2. *Onde você vai jogar?* Um campo de jogo no qual você pode alcançar essa ambição.

3. *Como você vai vencer?* A maneira como você vai vencer no campo do jogo escolhido.

4. *Que competências devem estar disponíveis?* O conjunto e a configuração das competências necessárias para vencer no caminho escolhido.

5. *Quais sistemas de gestão são necessários?* Os sistemas e indicadores que disponibilizam as competências e apoiam as escolhas.

Essas escolhas e a relação entre elas podem ser entendidas como uma cascata, com as opções no topo definindo o contexto para as escolhas de baixo, e as da parte inferior refinando e influenciando as de cima (Figura 1-1).

Em uma organização pequena, pode muito bem haver uma única cascata que define o conjunto de escolhas para toda a organização. Mas, em grandes empresas, existem vários níveis de escolhas e cascatas interconectadas. Na P&G, por exemplo, há uma estratégia no nível da marca que articula as cinco escolhas para uma marca como Olay ou Pampers.

UMA CASCATA DE
ESCOLHAS INTEGRADAS F 1-1

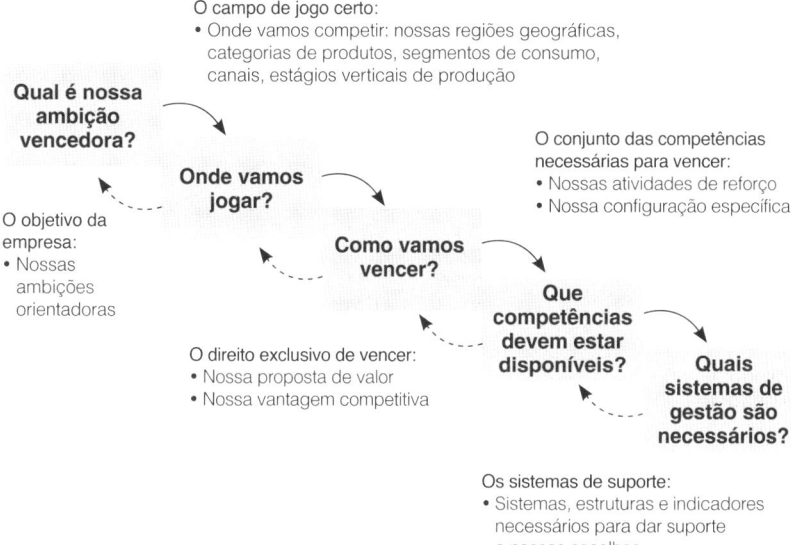

Há uma estratégia para categorias que abrange múltiplas marcas relacionadas, como cuidados com a pele ou fraldas. Há uma estratégia para setores que abrange múltiplas categorias, como produtos de beleza ou cuidados com o bebê. E, por fim, há também uma estratégia no nível da empresa. Cada estratégia influencia e é influenciada pelas escolhas acima e abaixo dela; as escolhas no nível da empresa — onde jogar, por exemplo — orientam as escolhas no nível do setor, que, por sua vez, afetam as escolhas no nível da categoria e no nível da marca. E as escolhas no nível da marca influenciam as escolhas no nível da categoria, que influenciam as escolhas no nível do setor e no nível da empresa. O resultado é um conjunto de cascatas aninhadas que cobrem toda a organização (Figura 1-2). As cascatas aninhadas significam que as escolhas acontecem em todos os níveis da companhia. Considere uma empresa que cria, fabrica e vende roupas de ioga. Ela almeja ter clientes muito fiéis à marca, para fazer a diferença no mundo e ganhar dinheiro fazendo isso.

A empresa escolhe jogar em lojas de varejo próprias, com roupas esportivas para mulheres. Decide vencer com base no desempenho e estilo. Cria roupas de ioga tecnicamente superiores (em termos de ajuste, flexibilidade, durabilidade, absorção de umidade etc.) e absolutamente interessantes. Gira

CASCATA ANINHADA
DE ESCOLHAS F. 1-2

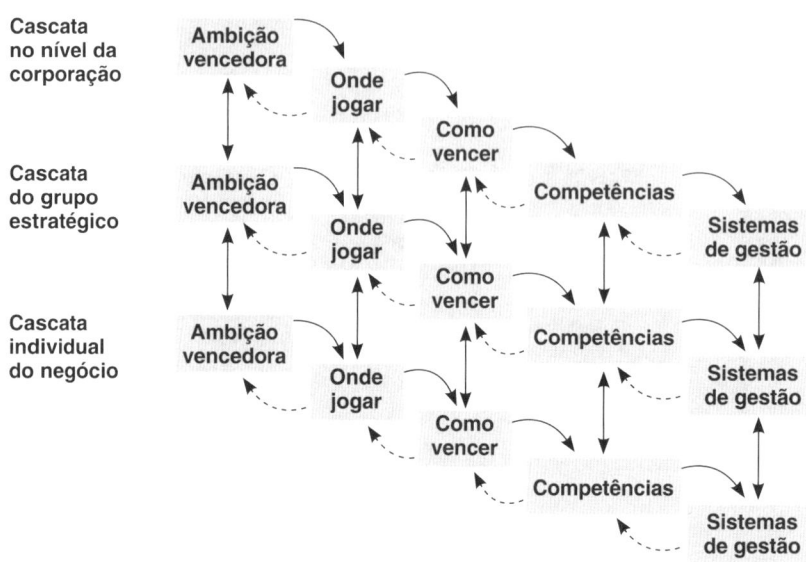

o estoque com frequência para criar uma sensação de exclusividade e escassez. Atrai clientes para a loja com funcionários que têm muita experiência. Define algumas competências essenciais para vencer, como design de produtos e da loja, atendimento ao cliente e perícia na cadeia de fornecimento. Cria processos de prospecção de fornecedores (*sourcing*) e design, sistemas de treinamento para o pessoal e sistemas de gerenciamento de logística. Todas essas escolhas são feitas na parte superior da organização.

Mas essas escolhas geram a necessidade de fazer mais opções no restante da organização. A equipe de produtos deve permanecer apenas no departamento de roupas ou se expandir para acessórios? Deve jogar no setor de moda masculina? O grupo de operações de varejo deve optar por uma estratégia de lojas físicas ou se expandir online? Dentro do varejo, deve haver um ou vários modelos de loja para se adaptar a diferentes públicos e segmentos de clientes? No nível da loja, como o funcionário deve atender o cliente, aqui e agora, a fim de vencer? Cada nível na organização tem uma cascata própria de escolhas estratégicas.

Considere a vendedora na loja de Manhattan. Ela define vencer como ser o melhor vendedor na loja e ter clientes que estejam satisfeitos com seu serviço. Ela sabe que está vencendo com base não apenas em seus números de vendas diárias, mas também em suas interações com os clientes frequentes e no feedback dos colegas. Sua escolha de onde jogar é em grande parte definida pelas pessoas que entram na loja, mas ela pode observar que existem vários tipos de clientes, horários do dia ou partes da loja em que pode ter seu melhor desempenho. Ela, portanto, volta sua atenção para lá. Em termos de como vencer, ela pode ter uma abordagem para os clientes que começam a praticar ioga e sentem-se intimidados por todas as escolhas (dando conselhos não apenas sobre roupas, mas também sobre como começar a praticar, tranquilizando-os de que tudo fará sentido com o tempo), outra para os aficionados (destacando as especificações técnicas das roupas, além de trocar histórias sobre aulas e instrutores) e ainda outra para os fashionistas que procuram calças de ioga tanto para fazer exercícios como para passear (apontando os novos produtos e enfatizando cores e designs exclusivos). Essa vendedora opta por desenvolver as próprias competências para se comunicar claramente, entender as especificações técnicas e praticar diferentes formas de ioga. Constrói os próprios sistemas de gestão, como uma planilha com truques pessoais para produtos e estilos e uma lista de suas academias e instrutores favoritos.

Essas escolhas de linha de frente talvez não pareçam tão complexas quanto as que o CEO tem de fazer, mas são realmente escolhas estratégicas. Como o CEO, uma vendedora deve fazer as melhores escolhas que puder, sob as restrições e incertezas existentes. Suas limitações provêm das escolhas feitas acima dela na organização, das demandas de seus clientes e das estratégias dos concorrentes. Para o CEO, as restrições provêm das expectativas dos mercados de capital, reservas de caixa da empresa e orientações do conselho de administração. A vendedora e o CEO fazem escolhas estratégicas e agem com base nelas — a única diferença é o escopo das escolhas e a natureza precisa das restrições.

A estratégia pode ser criada e aperfeiçoada em todos os níveis da organização usando a estrutura em cascata de escolhas. Cada quadro da cascata de escolhas é o tema de um dos próximos capítulos, mas por enquanto vamos explicar rapidamente cada um, usando as escolhas no nível da marca Olay e as escolhas no nível da empresa P&G como exemplo.

AMBIÇÕES VENCEDORAS

A primeira pergunta — qual é nossa ambição vencedora? — define o quadro para todas as outras escolhas. A empresa deve procurar vencer em determinada área e de determinada maneira. Se não busca vencer, está desperdiçando o tempo dos funcionários e dos investidores. Mas, para ser útil, o conceito abstrato de vencer deve ser convertido em ambições definidas, ou seja, comunicação sobre o futuro ideal. Em uma fase posterior do processo, uma empresa associa essas ambições com alguns benchmarks específicos para medir como está o desempenho.

Na Olay, as ambições vencedoras eram conquistar a liderança no mercado norte-americano, US$ 1 bilhão em vendas e uma participação global que colocasse a marca entre as líderes de mercado. Esperava-se que a Olay revitalizada e transformada se estabelecesse no setor de cuidados com a pele como uma base forte para produtos de beleza, bem como no setor de cuidados com o cabelo. Estabelecer e manter a liderança de um novo segmento *masstige*, posicionado entre o de massa e o de prestígio, era uma terceira ambição. Esse conjunto de ambições serviu como ponto de partida para definir onde jogar e como vencer, permitindo que a equipe da Olay visse um propósito maior naquilo que fazia. Clareza sobre as ambições vencedoras significava que as ações no nível da marca, categoria, setor e empresa eram medidas em relação a esse ideal.

No nível geral da empresa, vencer era fornecer as linhas de produtos mais valiosas que agregassem valor em cada categoria e setor em que a P&G escolhesse competir (em outras palavras, liderança de mercado em todas as categorias e setores da P&G). A ambição era criar vantagem competitiva sustentável, valor superior e retornos financeiros superiores. A comunicação dos objetivos da P&G, na época, era interpretada assim: "Vamos oferecer produtos e serviços de qualidade e valor superiores que melhorem a vida dos consumidores no mundo todo. Como resultado, os consumidores nos recompensarão com a liderança de vendas, a geração de lucro e de valor, permitindo que nossos funcionários, nossos acionistas e as comunidades em que vivemos e trabalhamos prosperem". Melhorar a vida dos consumidores para impulsionar a liderança em vendas, lucros e criação de valor era a mais importante ambição da empresa, que direcionou todas as escolhas posteriores segundo esse objetivo.

As ambições podem ser refinadas e revisadas ao longo do tempo. Não devem, contudo, mudar diariamente; elas existem para alinhar consistentemente as atividades na empresa, portanto têm de ser projetadas para durar algum tempo. Uma definição de vencer fornece um contexto para as demais escolhas estratégicas; em todos os casos, as escolhas devem se encaixar e apoiar as ambições da empresa. A questão sobre o que é uma ambição vencedora será mais explorada no Capítulo 2.

ONDE JOGAR

As próximas duas perguntas são onde jogar e como vencer. Essas duas escolhas, fortemente associadas, formam o núcleo da estratégia e resultam das duas perguntas mais críticas para sua formulação. A ambição vencedora define amplamente o escopo das atividades da empresa; onde jogar e como vencer definem as atividades específicas da organização — o que a empresa fará, e onde e como fará isso, para alcançar suas ambições.

Onde jogar representa o conjunto das escolhas que estreitam o campo competitivo. As perguntas a serem feitas focalizam onde a empresa competirá — em que mercados, com quais clientes e consumidores, em que canais, em quais categorias de produtos e em que estágio ou estágios verticais da indústria em questão. Esse conjunto de perguntas é vital; nenhuma organização pode ser todas as coisas para todas as pessoas e ainda vencer. Portanto, é importante entender que as escolhas sobre onde jogar capacitarão melhor a empresa a vencer. Uma companhia pode ter um foco estreito ou amplo. Ela pode competir em quaisquer segmentos demográficos (homens na faixa etária de 18 a 24 anos, moradores urbanos de meia-idade, mães que trabalham etc.) e regiões (local, nacional, internacional, mundo desenvolvido, países com economias em rápida expansão como o Brasil e a China). Ela pode competir em uma miríade de serviços, linhas de produtos e categorias. Ela pode participar de diferentes canais (diretamente com o consumidor, online, produtos em massa, alimentos, lojas de departamentos). Ela pode se envolver desde a parte inicial da cadeia produtiva (*upstream*) de sua indústria até a parte final da cadeia (*downstream*) ou ser integrada verticalmente. Essas escolhas, quando tomadas em conjunto, estabelecem o campo de jogo estratégico para a empresa.

A Olay fez estrategicamente duas escolhas decisivas sobre onde jogar: criar, com parceiros de varejo, um segmento *masstige* nas grandes redes, drogarias e supermercados, para competir com as marcas de prestígio, e desenvolver um novo e crescente segmento de consumidores para produtos de cuidados com a pele e antienvelhecimento. Muitas outras alternativas sobre onde jogar foram consideradas (como entrar em canais de prestígio e vender por meio de lojas de departamentos e lojas especializadas), mas, para vencer, as escolhas da Olay sobre onde jogar precisavam fazer sentido à luz das competências e escolhas da P&G a respeito de onde atuar no nível da empresa. A P&G tende a ser bem-sucedida quando o consumidor está altamente envolvido com a categoria do produto e se preocupa bastante com o desempenho do produto. Ela se destaca com marcas que prometem melhoria real quando o consumidor investe esforços regularmente, como parte de um regime bem definido. A P&G também tem bom desempenho com marcas que podem ser vendidas em seus melhores clientes, varejistas com os quais ela mantém relações fortes e pode agregar valor compartilhado significativo. Assim, a equipe da Olay decidiu onde jogar tendo as escolhas e competências da P&G em mente.

Corporativamente, quando chegou o momento de fazer a escolha sobre onde jogar, a companhia precisava definir quais regiões, categorias, canais e consumidores dariam à P&G uma vantagem competitiva sustentável. A ideia era jogar nas áreas onde as competências da P&G seriam decisivas e evitar áreas onde elas não seriam. O conceito que ajudou os líderes da P&G a optar por uma ou outra área e a definir o campo de jogo estratégico foi claramente a ideia de *essencial*.*

Queríamos jogar onde as forças essenciais da P&G permitissem que ela vencesse. Perguntamos quais marcas eram verdadeiramente essenciais, identificando aquelas que fossem claramente líderes na indústria ou na categoria, e dedicamos recursos a elas de maneira desproporcional. Perguntamos quais eram as regiões essenciais da P&G. Com 10 países representando 85% dos lucros, a P&G precisava se concentrar em vencer nesses países. Perguntamos onde consumidores esperavam que as marcas e os produtos da P&G fossem vendidos, isto é, em grandes redes de varejo, supermercados, lojas populares e drogarias. Abordar o que fosse essencial também se tornou um tema em inovação. Os cientistas da P&G determinaram quais eram as tecnologias essenciais em todos os negócios e as definiram como prioritárias. Queríamos mudar uma mentalidade de pura invenção para uma de inovação estratégica; o objetivo era buscar uma inovação que impulsionasse o que fosse essencial. Consumidores essenciais também eram um tema; impulsionamos os negócios para focalizar o consumidor que mais importava, tendo por alvo os segmentos de consumo mais atraentes. A busca pelo que fosse essencial tornou-se a primeira e mais fundamental escolha para definir onde o jogo seria jogado — focalizar marcas, regiões, canais, tecnologias e consumidores essenciais como uma plataforma para crescimento.

A segunda escolha sobre onde jogar foi estender o foco da P&G para as categorias demograficamente favorecidas e estruturalmente mais atraentes.

---

* *Core* no original em inglês. [N. da T.]

Por exemplo, o essencial era passar de tecidos para produtos de limpeza, de cuidados com o cabelo para tinturas e penteado e, mais amplamente, para beleza, saúde e cuidados pessoais.

A terceira escolha sobre onde jogar — a fim de se expandir para os mercados emergentes — foi impulsionada por aspectos demográficos e econômicos. Grande parte das famílias será formada, e a maioria dos bebês nascerá, nos mercados emergentes. O crescimento econômico nesses mercados será quatro vezes maior do que nos mercados desenvolvidos da OCDE (Organização para a Cooperação e Desenvolvimento Econômico). A questão dizia respeito a quantos mercados a P&G poderia assumir e em que ordem de prioridade. A companhia começou com China, México e Rússia, construindo competência e alcance ao longo do tempo, para posteriormente incluir Brasil, Índia e outros. Como Chip Bergh, ex-presidente do grupo para produtos de beleza globais e agora CEO da Levi Strauss & Co., observa: "Em 2000, cerca de 20% das vendas totais da P&G estavam nos mercados emergentes; a Unilever e a Colgate já estavam perto de 40%. Éramos uma companhia de produtos com preços premium, sempre correndo atrás da superioridade dos produtos. Nossa tendência era jogar, como empresa, nas camadas premium em quase todas as categorias".[6] Para competir no mundo em desenvolvimento, diz Bergh, uma mudança de orientação foi necessária: "Precisávamos começar a ampliar nosso portfólio e desenvolver propostas competitivas, incluindo estruturas de custos que nos permitissem entrar mais fundo nesses mercados emergentes. Há 1 bilhão de consumidores na Índia, e alcançávamos os 10% mais privilegiados".

Os mercados emergentes seriam uma importante escolha sobre onde jogar, mas não em todos os mercados emergentes de uma vez. China e Rússia representavam oportunidades únicas, na medida em que seus mercados se abriam simultaneamente para todos os interessados. Inicialmente a P&G focalizou esses países e estabeleceu fortes posições estratégicas de liderança nos dois mercados. Em seguida, considerou a difícil decisão sobre quais próximos mercados emergentes visar, e com quais produtos e categorias. Cuidados com o bebê na Ásia, por exemplo, fazia muito sentido — já que, no futuro previsível, a maioria dos bebês do mundo nasceria na Ásia. Produtos de lavanderia e beleza também faziam sentido nos mercados emergentes, por razões de valor da marca, escala e preferência do consumidor. Assim, a P&G decidiu fazer incursões na Ásia, nessas três categorias, e as fez. Em 2011, 35% do total de vendas veio do mundo em desenvolvimento.

Em suma, havia três escolhas críticas sobre onde jogar para a P&G, no nível corporativo:

• Crescer nos negócios essenciais e a partir deles, focalizando segmentos de consumo, canais, clientes, regiões geográficas, marcas, tecnologias e produtos essenciais.

• Expandir a liderança no setor de lavanderia e produtos de limpeza, e construir liderança de mercado nas categorias de beleza e cuidados pessoais mais demograficamente favorecidas e estruturalmente atraentes.

• Expandir a liderança em mercados emergentes demograficamente favorecidos, priorizando-os de acordo com sua importância estratégica para a P&G.

No Capítulo 3, voltaremos à pergunta sobre onde jogar, explorando as diferentes maneiras de definir o campo de jogo e as lições que podem ser aprendidas por meio de marcas como Bounty e Tide.

COMO VENCER

Onde jogar seleciona o campo de jogo; como vencer define as escolhas para vencer nesse campo. É a receita para o sucesso nos segmentos, categorias, canais, geografias etc. escolhidos. A escolha sobre como vencer está intimamente associada à escolha sobre onde jogar. Lembre-se de que não é como vencer em geral, mas como vencer dentro dos domínios escolhidos para jogar.

As escolhas sobre onde jogar e como vencer devem fluir também delas mesmas, reforçando-se mutuamente. Vamos comparar dois impérios em restaurantes — Olive Garden e Mario Batali. Ambos se especializaram em comida italiana e são bem-sucedidos em vários locais. Mas eles representam escolhas muito diferentes sobre onde jogar.

O Olive Garden é uma rede de restaurantes informais com preços médios e escala considerável — mais de 700 restaurantes em todo o mundo. Como resultado, suas escolhas sobre como vencer se relacionam ao atendimento das necessidades dos clientes médios e se concentram em alcançar resultados confiáveis e consistentes ao contratar milhares de funcionários para recriar milhões de refeições que atenderão a uma grande variedade de sabores. O Mario Batali, de outro lado, compete no segmento de restaurantes requintados e faz isso apenas em alguns lugares — Nova York, Las Vegas, Los Angeles e Cingapura. Esse restaurante vende refeições criando receitas inovadoras e interessantes, prospectando os melhores ingredientes, prestando um serviço excelente e personalizado, e compartilhando seu toque de classe com clientes famosos — o toque de classe gerado pela fama do site Batali's Food Network e por ter caído no gosto de celebridades como a atriz Gwyneth Paltrow.

Em estratégias vencedoras, as escolhas sobre onde jogar e como vencer se encaixam para tornar a empresa mais forte. Dadas as escolhas sobre onde jogar desses dois restaurantes, não faria sentido que o Olive Garden tentasse vencer aumentando o status de celebridade de seu chef de cozinha, nem que o Batali sequer cogitasse fazer com que todos os seus restaurantes tivessem a mesma aparência. Mas, se quisesse se expandir seriamente e transformar-se em uma rede de restaurantes casuais com preços mais baixos, como o Wolfgang Puck fez, o Batali precisaria expandir suas escolhas sobre como vencer para se ajustar à opção mais ampla sobre onde jogar. Se não conseguisse fazer isso, ele provavelmente não envolveria o novo mercado. As escolhas sobre onde jogar e como vencer devem ser consideradas em conjunto, porque nenhuma escolha sobre como vencer é perfeita, ou mesmo apropriada, para todas as escolhas sobre onde jogar.

Para determinar como vencer, uma organização deve decidir o que lhe permitirá agregar valor único e entrega sustentável que tenha valor para os clientes de uma forma que seja distinta da de seus concorrentes. Michael Porter chamou isso de vantagem competitiva — a maneira específica como uma empresa utiliza suas vantagens para criar valor superior para um consumidor ou cliente e, por sua vez, retornos superiores para ela.

Para a Olay, as escolhas sobre como vencer foram: formular produtos de cuidados com a pele realmente melhores, que de fato combatessem os sinais de envelhecimento; criar uma campanha de marketing poderosa que articulasse claramente a promessa da marca (combater os sete sinais de envelhecimento) e que estabelecesse um canal *masstige*; e trabalhar com grandes varejistas para concorrer diretamente com marcas de prestígio. A escolha *masstige*, uma decisão de vencer nos canais que a P&G conhecia melhor, exigia uma mudança significativa na formulação dos produtos, design de embalagens, influência da marca e preços para recompor a proposta de valor para os varejistas e consumidores.

Corporativamente, a P&G optou por: manter o foco no essencial; ampliar as linhas de produtos de limpeza, beleza, saúde e cuidados pessoais; e expandir-se nos mercados emergentes. As escolhas sobre como vencer precisavam estar em perfeita sintonia com as escolhas sobre onde jogar. Para serem bem-sucedidas, as escolhas sobre como vencer devem ser adequadas ao contexto específico da empresa em questão e dificultar a cópia pelos concorrentes. As vantagens competitivas da P&G são sua capacidade de compreender seus consumidores essenciais e criar marcas diferenciadas. Ela vence construindo e reconstruindo incansavelmente suas marcas, por meio da tecnologia inovadora de produtos. Aproveita a escala global e parcerias fortes com fornecedores e clientes nos canais para dispor de uma forte distribuição varejista e fornecer valor para o consumidor nos mercados escolhidos. Se a P&G jogasse de acordo com seus pontos fortes e investisse neles, poderia sustentar uma vantagem competitiva por meio de um modelo único de entrada no mercado.

As escolhas sobre onde jogar e como vencer da P&G não são apropriadas para qualquer contexto. O segredo para fazer as escolhas certas para a empresa é que elas devem ser factíveis e decisivas para você. Se você é uma pequena empresa empreendedora enfrentando concorrentes muito maiores, fazer uma escolha sobre como vencer com base na escala não faria muito sentido. Mas simplesmente porque você é pequeno não quer dizer que vencer por meio de escala é impossível. Não descarte a possibilidade de que você pode mudar o contexto para viabilizar suas escolhas. Bob Young, cofundador da Red Hat, Inc., sabia exatamente onde queria que sua empresa jogasse: ele queria atender clientes corporativos com softwares corporativos de código-fonte aberto. Em sua opinião, a escolha sobre como vencer nesse contexto exigia escala — Young viu que havia maior probabilidade de os clientes corporativos comprarem de um líder de mercado, especialmente de um que fosse dominante. Na época, o mercado do Linux era altamente fragmentado, sem um líder claro. Young teve de mudar o jogo — literalmente distribuindo os softwares via download gratuito — para alcançar uma fatia de mercado dominante e se tornar confiável para os departamentos corporativos de tecnologia da informação (TI). Nesse caso, Young definiu as escolhas sobre onde jogar e como vencer, e então construiu o restante de sua estratégia (ganhar receitas por meio de serviços, em vez de vendas de software) em torno dessas duas escolhas. O resultado foi uma companhia de bilhões de dólares com um negócio corporativo próspero.

As inúmeras formas de ganhar, e possibilidades de pensar com elas, serão exploradas mais detalhadamente no Capítulo 4. Lá, começaremos com a história de um conjunto de tecnologias que representaram uma escolha sobre como vencer particularmente desafiadora para a P&G.

COMPETÊNCIAS ESSENCIAIS

Duas questões surgem do núcleo da estratégia e dão suporte a ele: (1) quais competências devem estar disponíveis para vencer e (2) quais sistemas de gestão são necessários para dar suporte às escolhas estratégicas. A primeira questão, a escolha das competências, relaciona-se à variedade e qualidade das atividades que permitirão a uma empresa vencer onde ela tiver escolhido jogar. As competências são o mapa das atividades e habilidades que sustentam criticamente escolhas sobre onde jogar e como vencer específicas.

A equipe da Olay tinha de investir na construção e criação de suas competências em várias frentes: claramente, a inovação seria vital, e não apenas inovação em produtos, mas também em embalagem, distribuição, marketing e até no modelo de negócio, em que desempenharia papel relevante. A equipe precisaria alavancar os insights dos consumidores para compreender verdadeiramente um segmento diferente. Ela teria de construir a marca e a publicidade com grandes varejistas, de novas maneiras. A Olay e os produtos de cuidados com a pele da P&G não conseguiriam fazer isso sem estabelecer uma parceria. Assim, eles formaram uma parceria com inovadores de ingredientes (Cellderma), designers (Ideo e outras), agências de publicidade e relações públicas (Saatchi & Saatchi) e os principais influenciadores (como editores de revistas de beleza e dermatologistas, para obter endossos confiáveis sobre o desempenho de seus produtos). Essa aliança em rede das competências internas e externas criou um sistema único e poderoso de atividades. Ela exigia aprofundar as competências existentes e construir novas.

Na P&G, uma organização com mais de 125 mil funcionários no mundo todo, a gama de competências é diversificada. No entanto, apenas algumas competências são absolutamente fundamentais para vencer nos lugares e da maneira que ela escolheu:

Entender profundamente o consumidor. Essa é a habilidade de realmente conhecer os clientes e usuários finais. O objetivo é descobrir as necessidades não articuladas dos consumidores, conhecer os consumidores melhor que qualquer concorrente e ver as oportunidades antes que elas se tornem óbvias para os outros.

Inovação. Inovação é a alma da P&G. Ela procura transformar a compreensão profunda das necessidades dos consumidores em novos e continuamente melhores produtos. Esforços de inovação podem ser aplicados ao produto, à embalagem, ao modo como a P&G atende seus consumidores e trabalha com seus parceiros comerciais ou até mesmo a seus modelos de negócio, habilidades essenciais e sistemas de gestão.

Construção da marca. O branding há muito tempo é uma das competências mais fortes da P&G. Definindo melhor e destilando o processo de construção da marca, ela pode treinar e aprimorar nessa disciplina líderes e profissionais de marketing que trabalhem com marcas de maneira eficaz e eficiente.

Competência de entrar no mercado. Diz respeito ao relacionamento com o consumidor. A P&G é bem-sucedida em alcançar seus clientes e consumidores, na hora certa, no lugar certo, no caminho certo. Ao investir em parcerias exclusivas com os varejistas, conseguiu criar estratégias revolucionárias para entrar no mercado, o que lhe permitiu oferecer mais valor aos consumidores na loja e aos varejistas por toda a cadeia de fornecimento.

Escala global. A P&G é uma organização global e multicategoria. Em vez de operar em feudos distintos, suas categorias podem aumentar o poder, contratando em conjunto, aprendendo em conjunto, comprando em conjunto, pesquisando e testando em conjunto e entrando no mercado em conjunto. Na década de 1990, a P&G combinava uma série de serviços internos de suporte, como serviços para funcionários e TI, sob um único guarda-chuva — serviços de negócios globais (*global business services*, GBS) —, para que ela pudesse capturar os benefícios de escala dessas funções de maneira global.

Essas cinco competências essenciais apoiam e reforçam umas às outras e, em conjunto, destacam a P&G. Isoladamente, cada competência é forte, mas insuficiente para gerar uma verdadeira vantagem competitiva no longo prazo. Em vez disso, a maneira como todas elas funcionam em conjunto e se reforçam mutuamente é o que gera vantagem duradoura. Uma nova grande ideia dos laboratórios da P&G pode ser efetivamente transformada em uma linha de produtos e colocada nas prateleiras em todo o mundo, nas melhores lojas de varejo de cada mercado. É difícil para os concorrentes alcançarem essa combinação. As competências essenciais, e a maneira como elas se relacionam com uma vantagem competitiva, serão discutidas no Capítulo 5.

SISTEMAS DE GESTÃO

A escolha estratégica final na cascata focaliza os sistemas de gestão. São os sistemas que promovem, apoiam e avaliam a estratégia. Para serem realmente eficazes, eles devem ser intencionalmente projetados para dar suporte às escolhas e às competências. Os tipos de sistemas e indicadores variam de uma escolha para outra, de uma competência para outra e de uma empresa para outra. Em geral, porém, os sistemas precisam garantir que as escolhas sejam transmitidas para toda a organização, que os funcionários sejam treinados para atender às escolhas e aprimorar as competências, que planos sejam criados para investir e sustentar as competências ao longo do tempo e que a eficácia das escolhas e o progresso em direção às ambições sejam medidos.

Sob as escolhas e competências da Olay, a equipe construiu sistemas de suporte e indicadores que incluíam uma estratégia de recursos humanos pautada pela máxima "Ame o trabalho que você faz" (para estimular o desenvolvimento individual e aprofundar o grupo de talentos no setor de beleza) e detalhou sistemas de monitoramento para medir as respostas dos consumidores à marca, embalagens, linhas de produtos e todos os outros elementos do mix de marketing. A equipe da Olay se organizou em torno da inovação, criando uma estrutura em que uma das equipes trabalhava na estratégia e lançamento de produtos atuais, enquanto outra criava a próxima geração. A empresa formou profissionais capacitados em marketing e P&D, que poderiam convencer editores de revistas de beleza e dermatologistas. A equipe da Olay estabeleceu parcerias com empresas líderes de marketing e design de lojas, criou displays atraentes e convidativos para impulsionar compras. Além disso, alavancou sistemas da P&G como compras globais, a organização de desenvolvimento de mercado (ODM) e o GBS, para que as pessoas nas equipes de produtos de cuidados com a pele, e na Olay, focalizassem aquilo que agregasse mais valor.

No nível corporativo, os sistemas de gestão incluíam diálogos sobre estratégia, avaliações do programa de inovação, opiniões sobre o valor da marca, discussões sobre o plano orçamentário e operacional e avaliações sobre o desenvolvimento da avaliação de talentos. A partir de 2000, cada um desses sistemas de gestão foi alterado significativamente para que fosse mais eficaz. Todos os sistemas foram integrados, reforçando-se mutuamente, e se mostraram cruciais para a vitória. Sistemas de gestão em geral, e a maneira como eles funcionam especificamente na P&G, serão mais explorados no Capítulo 6.

O PODER DAS ESCOLHAS

Começamos essa discussão com a história da Olay. Em nossa opinião, a Olay foi bem-sucedida porque tinha um conjunto integrado de cinco escolhas estratégicas (Figura 1-3) que se encaixavam perfeitamente com as escolhas da empresa controladora (Figura 1-4).

ESCOLHAS DA OLAY F. 1-3

Qual é nossa ambição vencedora?
- Tornar-se uma marca líder em cuidados com a pele
- Ajudar a estabelecer um pilar fundamental nos negócios essenciais da P&G para produtos de beleza, juntamente com cuidados com o cabelo
- Vencer de maneira convincente em nossos canais e nos mercados escolhidos

Onde vamos jogar?
- Mover-se para mercados sofisticados (no canal *masstige*) com os grandes varejistas existentes
- Visar mulheres mais jovens, na faixa dos 30 a 40 anos, que começam a querer e precisar de produtos antienvelhecimento
- Vender nas principais regiões geográficas (América do Norte e Reino Unido)

Como vamos vencer nos mercados escolhidos?
- Melhores produtos de cuidados com a pele antienvelhecimento
- Campanha de marketing para vencer conectada aos insights do consumidor (combater os sete sinais de envelhecimento)
- Estabelecer um segmento *masstige* para competir diretamente com marcas de prestígio em lojas de departamentos e lojas especializadas

Quais competências devem estar disponíveis para vencer?
- Alavancar as competências da P&G de acordo com a compreensão do contexto do consumidor, construção de marca, inovação, entrada no mercado e escala da empresa
- Formar parcerias para construir uma gama completa de produtos de beleza, design, inovação, canais, influenciadores e competências de marketing necessárias para conquistar consumidores

Do que os sistemas de gestão precisam?
- Alavancar os sistemas da P&G
- Sistemas de canais e parceiros
- "Ame o trabalho que você faz"

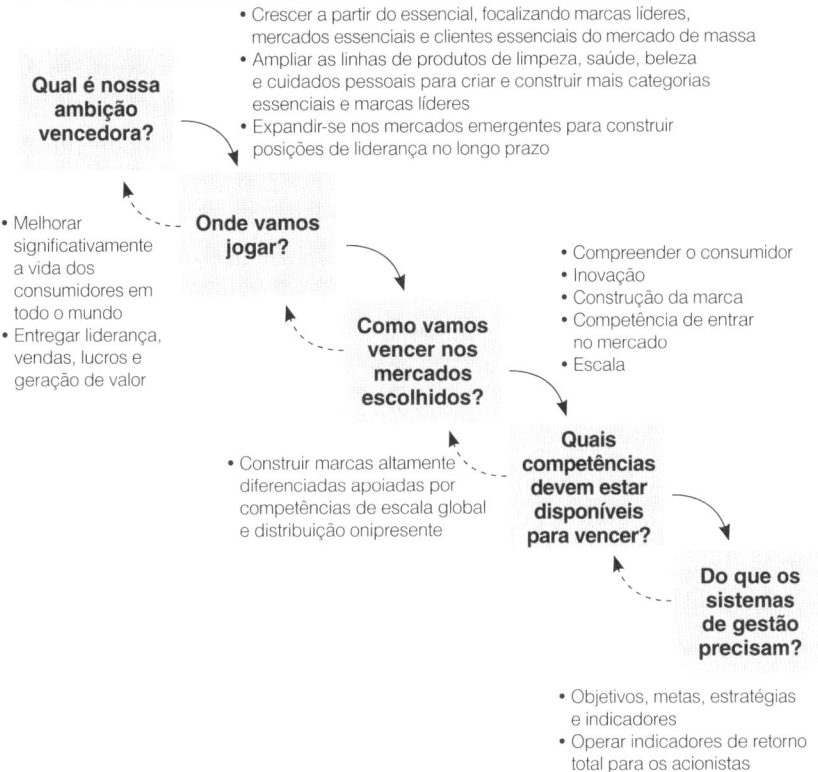

ESCOLHAS DA P&G
F. 1-4

Qual é nossa ambição vencedora?
- Melhorar significativamente a vida dos consumidores em todo o mundo
- Entregar liderança, vendas, lucros e geração de valor

Onde vamos jogar?
- Crescer a partir do essencial, focalizando marcas líderes, mercados essenciais e clientes essenciais do mercado de massa
- Ampliar as linhas de produtos de limpeza, saúde, beleza e cuidados pessoais para criar e construir mais categorias essenciais e marcas líderes
- Expandir-se nos mercados emergentes para construir posições de liderança no longo prazo

Como vamos vencer nos mercados escolhidos?
- Construir marcas altamente diferenciadas apoiadas por competências de escala global e distribuição onipresente

Quais competências devem estar disponíveis para vencer?
- Compreender o consumidor
- Inovação
- Construção da marca
- Competência de entrar no mercado
- Escala

Do que os sistemas de gestão precisam?
- Objetivos, metas, estratégias e indicadores
- Operar indicadores de retorno total para os acionistas
- Desenvolvimento de liderança

Como as escolhas estavam bem integradas e reforçavam as escolhas nos níveis de categoria, setor e empresa, a P&G, ao ser bem-sucedida no nível da marca Olay, na verdade ajudou a realizar as estratégias delineadas acima dela.

A Olay alavancou as competências essenciais da P&G de uma forma que fez sentido para a marca. A equipe da Olay utilizou seu profundo conhecimento dos consumidores para determinar onde e como poderia posicionar a marca como uma potência no mercado de produtos antienvelhecimento. Ela alavancou a escala e a liderança de P&D para criar um produto melhor a um preço competitivo. Usou, ainda, sua perícia na construção de marcas e os relacionamentos de canal da P&G para convencer os consumidores a experimentar o produto nas prateleiras das lojas. Tudo isso foi crucial para reinventar a marca, transformar sua posição no mercado e realmente vencer.

RESUMINDO

Não é tão fácil percorrer toda a cascata de escolhas. Fazer isso não é um processo linear de uma via. Não há uma lista de verificação que permita criar e articular as ambições, passar para as escolhas sobre onde jogar e como vencer, e então considerar as competências. Em vez disso, a construção de uma estratégia é um processo iterativo no qual todas as partes móveis influenciam umas às outras e têm de ser levadas em conta conjuntamente. A empresa deve entender suas competências essenciais existentes e considerá-las ao decidir onde jogar e como vencer. Mas talvez ela precise gerar novas competências essenciais e investir nelas para também dar suporte a escolhas prospectivas sobre onde jogar e como vencer. Considerando o ciclo de feedback dinâmico entre as cinco escolhas, a estratégia de negócios não é algo fácil de implementar. No entanto, é factível. Uma estrutura clara e poderosa para pensar nas escolhas é um começo útil para gestores e outros líderes que buscam melhorar a estratégia para seu negócio ou função.

A estratégia de negócios não precisa ser a busca por um comitê de especialistas. Ela pode ser desmistificada em um conjunto de cinco perguntas importantes que podem (e devem) ser feitas em todos os níveis da empresa: qual é sua ambição vencedora? Onde você deve jogar? Como você pode vencer? De quais competências você precisa? Quais sistemas de gestão apoiarão tudo isso? Essas escolhas, que podem ser entendidas como uma cascata de escolhas estratégicas, podem ser resumidas em uma única página. Elas podem criar um entendimento comum da estratégia de sua empresa e o que deve ser feito para alcançá-la. A essência de cada escolha e como pensar nas escolhas (separadamente e em conjunto) serão o tema dos próximos cinco capítulos, começando com a primeira pergunta: o que é a ambição vencedora?

CASCATA DE ESCOLHAS: O QUE FAZER E O QUE EVITAR

No final de cada capítulo, vamos compartilhar alguns rápidos conselhos — as coisas que você deve fazer ou evitar fazer à medida que aplica as lições do capítulo a seu negócio.

> » Lembre-se de que uma estratégia de negócios resulta de escolhas vencedoras. Trata-se de um conjunto coordenado e integrado de cinco escolhas muito específicas. Definida sua estratégia, escolha o que fará e o que não fará.

» Percorra todo o caminho por todas as cinco escolhas. Não pare depois de definir o que é vencer, depois de escolher onde jogar e como vencer, ou mesmo depois de avaliar suas competências. Todas as cinco perguntas devem ser respondidas se você quiser criar uma estratégia viável, valiosa e sustentável.

» Pense em estratégia como um processo iterativo; à medida que você descobre os insights em um estágio da cascata, talvez você precise rever as escolhas feitas em outras partes dela.

» Entenda que a estratégia é traçada em múltiplos níveis da empresa. Uma organização pode ser pensada como um conjunto de cascatas aninhadas. Tenha em mente as outras cascatas ao trabalhar na sua.

» Lembre-se de que não existe uma única estratégia perfeita; descubra as opções distintivas que funcionam para você.

CAPÍTULO DOIS

O QUE É VENCER

As ambições orientam uma empresa. Pense na missão da Starbucks: "Inspirar e fomentar o espírito humano — uma pessoa, uma xícara e um bairro de cada vez". Veja a da Nike: "Trazer inovação e inspiração para cada atleta* no mundo" (na nota adicional, indicada pelo asterisco, lê-se: "*Se você tem um corpo, você é um atleta"). E a do McDonald's: "Ser o lugar preferido de nossos clientes, onde encontram suas refeições preferidas". Cada uma dessas expressões é uma declaração do que a empresa pretende ser e uma reflexão a respeito de sua razão de existir. Mas uma missão sublime não é uma estratégia. É apenas um ponto de partida.

O primeiro quadro na cascata de escolhas estratégicas — qual é nossa ambição vencedora? — define o objetivo da empresa, sua missão e ambição orientadoras, em termos estratégicos. Como é vencer para essa organização? Qual é, especificamente, sua ambição estratégica? Essas respostas são a base da discussão da estratégia; elas estabelecem o contexto para todas as escolhas estratégicas que se seguem.

Há muitas maneiras de expressar a ambição de mais alto nível de uma empresa. Como regra geral, porém, comece com as pessoas (consumidores e clientes), em vez de com o dinheiro (preço das ações).

Peter Drucker afirmou que o propósito de uma organização é criar um cliente, e isso ainda é verdadeiro hoje. Considere as missões observadas anteriormente. Starbucks, Nike e McDonald's, cada uma extremamente bem-sucedida a sua maneira, compõem suas ambições em torno dos clientes. E observe o teor delas: a Nike quer atender cada atleta (e não apenas alguns deles); o McDonald's quer ser a lanchonete preferida de seus clientes (e não apenas uma opção conveniente para famílias de passagem). Essas empresas não querem simplesmente atender os clientes, querem vencer com eles. E essa é a dimensão individual mais crucial da ambição de uma empresa: uma empresa deve jogar para vencer. Jogar apenas para participar é uma atitude derrotista. É uma receita para a mediocridade. Vencer é o que importa — e é o critério final de uma estratégia bem-sucedida. Depois que a ambição vencedora é definida, as demais perguntas estratégicas se relacionam diretamente com encontrar maneiras de vencer.

Por que é tão importante que o vencer seja uma ambição explícita? Vencer vale a pena. Uma proporção significativa (e muitas vezes uma parcela desproporcional) da criação de valor de uma indústria vem do líder da indústria. Mas vencer também é difícil. Vencer exige escolhas difíceis, esforço dedicado e investimento substancial. Muitas empresas tentam vencer e não conseguem. Imagine, então, a chance de vencer sem se preparar explicitamente para isso. Quando uma empresa se organiza apenas para participar, em vez de se preparar para vencer, ela não consegue, inevitavelmente, fazer as escolhas difíceis e os investimentos significativos que poderiam tornar o vencer uma possibilidade concreta. Uma ambição demasiadamente modesta é muito mais perigosa do que uma excessivamente sublime. Muitas empresas acabam definhando por causa de ambições modestas.

JOGAR POR JOGAR

Considere uma das apostas estratégicas mais caras do século passado: a decisão da General Motors de lançar o Saturn. O contexto é importante, claro. Na década de 1950, no final da gestão do lendário presidente Alfred P. Sloan, a GM tinha mais funcionários do que qualquer outra empresa no mundo e dominava mais da metade do mercado automobilístico dos EUA. Ela era a maior das Big Three e, por um período, a maior e mais poderosa empresa do planeta. Mas Sloan se aposentou. Os gostos mudaram, em parte como resposta às crises de petróleo da década de 1970. As importações mais baratas e eficientes de combustível começaram a tornar a linha da GM cara e antiquada.

Na década de 1980, as marcas essenciais norte-americanas da GM — incluindo Oldsmobile, Chevrolet e Buick — estavam em queda. A preferência dos compradores mais jovens começava a se voltar para os modelos de carros menores e mais econômicos da Toyota, da Honda e da Nissan. Os custos também eram uma preocupação crescente; à medida que a mão de obra sindicalizada da GM envelhecia, os generosos benefícios da aposentadoria tornavam os custos herdados cada vez mais altos — e esses custos eram repassados aos compradores de automóveis. Nesse meio-tempo, as relações com a United Auto Workers estavam ruins e não melhoravam. Então a GM começou a reestruturar as operações, fechar fábricas, deslocar recursos e demitir dezenas de milhares de trabalhadores.

Em 1990, em uma encruzilhada estratégica, a GM fez uma escolha ousada. Ela lançou uma nova marca para competir no mercado de carros compactos. O Saturn — "um tipo diferente de empresa, um tipo diferente de carro" — seria a primeira marca nova da GM em quase 70 anos, e pela primeira vez a GM usaria uma subsidiária, em vez de uma divisão, para fabricar e vender carros. O objetivo, segundo o então presidente, Roger Smith, era "vender um carro no segmento mais baixo do mercado e ainda ganhar dinheiro".[1]

Em suma, o Saturn era a resposta da GM às importações japonesas que ameaçavam dominar o mercado de carros compactos; foi uma estratégia defensiva, uma forma de jogar no segmento de carros compactos, projetada para proteger o que restou do terreno que a GM estava perdendo.

A GM estabeleceu um escritório central separado para o Saturn. Negociou um acordo simplificado e flexível com o sindicato da categoria (United Auto Workers) para a fábrica do Saturn em Spring Hill, garantindo aos trabalhadores maior controle e maior participação nos lucros, em troca de pisos salariais mais baixos. O Saturn também adotou uma abordagem muito diferente para o serviço de atendimento ao cliente, começando com uma política de preço único em todas as concessionárias. Com o Saturn, "os clientes recebiam atenção individual geralmente só dada para carros de luxo [...] Por uma questão de política, os funcionários paravam o que estavam fazendo e faziam uma festa no showroom quando um cliente recebia as chaves de um novo Saturn".[2] Lançado com bastante alarde, o Saturn parecia ser a bala de prata da GM — a iniciativa estratégica inovadora que finalmente mudaria as coisas.

No final das contas, não foi isso que aconteceu. Após cerca de 20 anos e, por estimativas de analistas, US$ 20 bilhões em perdas, o Saturn desapareceu. No final de 2010, a divisão foi fechada, assim como todas as concessionárias. A GM, emergindo de seu plano falimentar, agora é uma sombra de si mesma, e sua participação no mercado dos EUA é de menos de 20%.[3] O lançamento do Saturn não foi a causa da falência da GM, mas contribuiu bastante. Veículos Saturn, embora tivessem angariado proprietários fiéis, nunca alcançaram a massa crítica necessária para sustentar uma linha completa de carros ou uma rede nacional de concessionárias. Como um ex-diretor da GM disse do Saturn, "ele talvez tenha sido o maior fiasco da história automobilística desde que Edsel assumiu a Ford".[4]

As pessoas responsáveis pelo Saturn desejavam participar do segmento norte-americano de carros compactos com compradores mais jovens. De outro lado, a Toyota, a Honda e a Nissan almejavam vencer nesse segmento. Adivinhe o que aconteceu? Essas empresas aspiravam ao topo, fazendo as escolhas estratégicas difíceis e os investimentos substanciais necessários para vencer. A GM, com o Saturn, jogou e investiu em um padrão muito mais baixo. Inicialmente, como marca, o desempenho do Saturn era satisfatório. Mas ele precisava de recursos substanciais para competir com seus maiores concorrentes, que investiam em ritmo cada vez mais acelerado. A GM não podia e não conseguiu manter esse ritmo. O Saturn morreu não porque era um carro ruim, mas porque as ambições com relação a ele eram modestas demais para mantê-lo vivo. Não houve escolhas vencedoras sobre onde jogar e como vencer nem quanto às competências e sistemas de gestão necessários.

Para sermos justos, a GM tinha uma série de desafios que tornou a estratégia de jogar para vencer uma perspectiva preocupante — relações sindicais problemáticas, altos custos herdados de assistência médica e de pensões e regulamentos difíceis das concessionárias. No entanto, jogar por jogar, em vez de procurar jogar para vencer, perpetuou os problemas gerais da corporação, em vez de superá-los. Compare a abordagem da GM com a da P&G, em que a empresa joga para vencer sempre que escolhe jogar. E a abordagem é válida mesmo nos locais mais improváveis. O objetivo de jogar para vencer é algo relativamente simples em um mercado de consumo. Mas como é isso para uma função interna, de serviços compartilhados? Mesmo aí, você pode jogar para vencer, como Filippo Passerini, presidente de GBS da P&G, demonstra.

JOGANDO PARA VENCER

Ao final da bolha da internet, o mundo da TI era uma confusão. A Nasdaq tinha derretido, derrubando com ela a credibilidade da indústria de alta tecnologia e os índices de mercado mais importantes, jogando a economia em uma recessão. Mas, apesar do colapso, estava claro que os investimentos em infraestrutura e serviços continuariam a crescer. Serviços de TI estavam longe de ser uma competência essencial para a maioria das empresas (incluindo a P&G), e os custos e as complexidades do fornecimento de serviços de TI internos eram assustadores. Felizmente, a seu favor havia um novo tipo de fornecedor de serviços: as empresas de terceirização de processos de negócio (*business process outsourcer*, BPO). Essas empresas (incluindo IBM, EDS, Accenture, TCS e Infosys) forneceriam uma variedade de serviços de TI terceirizados, sendo remuneradas para gerenciar a complexidade. À medida que a poeira do pós-colapso assentava, rapidamente as empresas de informatização enfrentaram decisões sobre como os BPOs deveriam ser utilizados, qual parceiro de BPO selecionar e a melhor maneira de fazer isso. Não era fácil; as implicações de uma escolha errada poderiam custar milhões de dólares e trazer terríveis dores de cabeça ao longo do tempo.

Na P&G, muitas das operações que poderiam ser terceirizadas foram agrupadas, em uma reestruturação realizada em 1999. O GBS ficou responsável pelos serviços corporativos, incluindo TI, gestão de instalações e suporte a funcionários. Em 2000, três opções para o futuro do GBS estavam sendo ativamente analisadas: manter o curso e continuar a executar o GBS internamente; criar uma subsidiária do GBS (parcial ou total) para permitir que ela se tornasse um player fundamental nos negócios de BPO; ou terceirizar a maior parte do GBS para uma das grandes empresas de BPO existentes.

Não era uma decisão fácil. Os mercados de ações e a economia estavam em baixa, assim como os preços das ações dos BPOs de capital aberto. Se concluído, o negócio seria altamente complexo e em um tamanho sem precedentes para a indústria de BPO global. A P&G nunca tinha terceirizado ou vendido algo que afetasse tamanha quantidade de funcionários, assim o impacto sobre o moral e a cultura seria altamente incerto. À medida que as opções tornaram-se públicas aos funcionários, alguns deles temiam que a companhia transformasse funcionários leais da P&G em *escravos*.

A coisa mais fácil a fazer seria declarar que a questão era muito desagregadora e manter o *statu quo*. Afinal, o GBS funcionava muito bem. Ele tinha bom desempenho em seu espaço e fornecia serviços de alta qualidade para uma ampla variedade de clientes internos. De outro lado, a P&G poderia adotar a próxima opção mais convencional: realizar um único grande acordo com uma empresa de BPO de ponta como a IBM Global Services ou a EDS. Por fim, a companhia poderia reconhecer que uma grande empresa interna de serviços globais não representava um uso eficiente dos recursos da P&G e fundir o GBS em um BPO próprio. Qualquer uma dessas escolhas pareceria sensata, dadas as circunstâncias. Mas nenhuma respondia efetivamente à pergunta de como a P&G poderia vencer com seus serviços globais.

A equipe sênior não estava convencida de que todas as opções estavam na mesa. Então, Filippo Passerini, que tinha forte formação em TI e experiência em gestão de marketing, foi convidado a refletir sobre as alternativas existentes e, se apropriado, sugerir possibilidades adicionais. Passerini preferiu a escolha convencional. Teoricamente, terceirizar para um único grande BPO criaria consideráveis economias de escala. Ficou claro que o acordo seria bom para o parceiro de BPO, que lhe garantiria o maior acordo de terceirização na história da indústria. Mas não havia nenhuma razão óbvia pela qual o acordo ajudaria a P&G a vencer. A P&G queria obter mais do que uma economia de custos e um comprometimento com um nível predefinido de serviço, por meio de um acordo de terceirização. Queria flexibilidade, um parceiro que pudesse inovar com ela para agregar um valor que não existia na estrutura atual.

Passerini rapidamente apresentou uma nova opção. Em vez de assinar um único acordo, a P&G terceirizaria diversas atividades de GBS para os melhores parceiros de BPO, encontrando um parceiro ideal para gerenciar as instalações, outro para gerenciar a infraestrutura de TI e assim por diante. A lógica dessa opção pelo *melhor em cada área* era que as necessidades da P&G são muito variadas e que uma diversidade maior de parceiros especializados seria capaz de atender de maneira mais eficiente às necessidades. Passerini viu que a especialização poderia melhorar a qualidade e diminuir o custo das soluções de BPO. Ele acreditava que a P&G poderia gerenciar a complexidade dos múltiplos relacionamentos para criar mais valor do que seria possível com um único relacionamento. Além disso, múltiplos parceiros significariam menos riscos, e eles poderiam ser comparados entre si para promover um desempenho melhor. Por fim, a terceirização liberaria os recursos de GBS restantes para investir nas competências essenciais da P&G e construir uma vantagem competitiva sustentável.

Nesse caso, adotar uma abordagem baseada no *melhor em cada área* era muito atraente. Em 2003, a P&G formou parcerias de BPO com a Hewlett-Packard, para suporte e aplicativos de TI, com a IBM Global Services, na área de serviços para funcionários, e com a Jones Lang LaSalle, para o gerenciamento das instalações. Mais importante, Passerini simplesmente não selecionou o maior ou mais conhecido player em cada área de atuação de BPO. Na verdade, como ele explica, escolheu parceiros levando em consideração outro critério essencial: "Para cada um deles, havia um denominador comum: interdependência. Aconteceu de diferentes maneiras. Para a HP, eles eram um quarto player distante na indústria. Com a P&G, eles ganhavam visibilidade e credibilidade instantâneas. Assim como eles são importantes para nós, porque todos os nossos sistemas agora operam na plataforma HP, somos igualmente importantes para eles [como seu principal cliente]. Para cada um deles [os melhores parceiros], o benefício era diferente, mas todos se tornaram interdependentes em relação à P&G".[5] Passerini tinha criado uma forma mais elaborada de pensar no relacionamento de BPO, que trazia a seguinte pergunta: sob quais condições podemos nos ajudar mutuamente a vencer?

A abordagem de Passerini foi um sucesso. As três parcerias iniciais tiveram bom desempenho e levaram a outras mais significativas, para diferentes serviços. O custo dos serviços caiu. Enquanto isso, a qualidade e os níveis de serviço melhoraram. As taxas de satisfação para os 6 mil funcionários que foram transferidos para os parceiros de BPO também subiram muito; agora eles são uma parte essencial das novas empresas, em vez de uma parte não essencial da P&G. E a abordagem liberou os membros da equipe de GBS da P&G para que eles se dedicassem à inovação e construção de sistemas de TI que apoiassem as escolhas e competências estratégicas da P&G, como criar experiência de compras virtuais do mais alto nível e um "cockpit" baseado em desktop que fornece aos líderes da P&G ferramentas de tomada de decisão instantâneas. O GBS foi capaz de terceirizar o elemento infraestrutura dos serviços compartilhados da P&G e focalizar internamente áreas onde ele poderia construir vantagem estratégica. A abordagem da P&G para esse conjunto de transações tornou-se um modelo para outras empresas, uma vez que múltiplos BPOs, em vez de um só, são cada vez mais uma preferência pela indústria.

Se a ambição para o GBS tivesse sido chegar a uma solução suficientemente boa, a opção *o melhor em cada área* nunca teria sido apresentada. Mas a ambição era consideravelmente maior. As perguntas feitas foram: que escolha ajudaria a P&G a vencer? E como essa escolha poderia criar vantagem competitiva sustentável? Essas perguntas continuam a ser feitas. Agora chefe de uma empresa de GBS mais ágil, Passerini pensa em prestar serviços à P&G em termos da criação de uma equação de valor vencedora. "Temo me tornar uma commodity", diz ele. "[Em TI] você precisa ser distintivo para evitar a comoditização. Nossa missão é fornecer um valor exclusivo para a P&G. Focalizamos tudo o que seja distintivo e exclusivo; qualquer coisa que seja commodity, como não há vantagem competitiva em fazer isso internamente, terceirizamos."

O desejo de vencer estimula uma mentalidade competitiva útil, um desejo de fazer melhor sempre que possível. Por essa razão, o GBS compete por seus clientes internos. Passerini explica: "Não decretamos novos serviços; nós os oferecemos [para as empresas e departamentos] a um custo. Se as unidades de negócios gostarem deles, vão comprá-los. Se não gostarem, vão ignorá-los". Esse mercado aberto fornece um feedback importante e mantém o GBS pensando em como vencer com os clientes internos e agregar novo valor. Tanto assim que Passerini, em uma reunião da equipe de liderança global, levantou-se e prometeu: "Forneçam-me algo que eu possa transformar em um serviço, e eu economizarei para vocês 17 centavos por dólar". Era uma oferta provocante, e ela definiu o tom da equipe. Suficientemente bom não era uma opção. Fornecer serviços não era a estratégia. Prestar melhores serviços com qualidade mais alta e custos mais baixos — e funcionar como um mecanismo de inovação para a empresa — era a estratégia. Era uma estratégia voltada para vencer.

COM AQUELES QUE MAIS IMPORTAM

Para definir ambições adequadamente, é importante entender quem está do seu lado e com quem você está competindo. Portanto, é importante refletir sobre o negócio em que você está, seus clientes e seus concorrentes. Era preciso que os negócios da P&G fossem desenvolvidos ao lado daqueles que mais importavam para competir contra os melhores. Queríamos que o foco estivesse voltado para os consumidores mais importantes e os melhores concorrentes, em vez de internamente, direcionado para os próprios produtos e inovações.

A maioria das empresas, quando perguntadas em que negócio estão, dirá qual é sua linha de produtos ou detalhará sua oferta de serviços. Muitos fabricantes de telefones portáteis, por exemplo, diriam que estão no negócio de produzir smartphones. Provavelmente não diriam que o negócio deles é conectar pessoas e permitir comunicação em qualquer lugar, a qualquer momento. Mas esse é o negócio em que eles estão — e um smartphone é apenas uma forma de conseguir fazer isso. Imagine uma empresa no setor de cuidados com a pele. Quando perguntada, é muito mais provável que ela diga que produz uma linha de produtos de cuidados com a pele, em vez de dizer que está em um negócio que ajuda as mulheres a ter uma pele mais saudável e uma aparência mais jovem ou que ajuda as mulheres a se sentirem belas. É uma diferença sutil, mas importante.

As descrições anteriores são exemplos de miopia do marketing, algo que o economista Theodore Levitt identificou meio século atrás e um perigo que ainda está bem vivo hoje em dia. Empresas nas garras da miopia do marketing ficam com a visão distorcida de seus produtos e não conseguem vislumbrar o propósito maior ou a verdadeira dinâmica do mercado. Essas empresas gastam bilhões de dólares produzindo uma nova geração de produtos ligeiramente melhores do que a antiga geração. Elas usam indicadores totalmente internos de progresso e sucesso — patentes, realizações técnicas e afins — sem nunca parar um pouco para considerar as necessidades dos consumidores e o mercado em transformação ou perguntar em que negócio elas realmente estão, a qual consumidor elas precisam responder e como atender a suas necessidades de maneira melhor.

O maior perigo de ter a visão baseada nos produtos é que ela faz com que você se concentre nas coisas erradas — em materiais, engenharia e química. Ela o afasta do consumidor. Ambições vencedoras devem ser trabalhadas abertamente na cabeça do consumidor. As ambições mais poderosas sempre colocarão o consumidor, não o produto, como principal objetivo. No negócio de produtos de limpeza da P&G, por exemplo, a ambição não é ter o detergente mais poderoso ou a água sanitária mais eficaz, mas a reinvenção das experiências de limpeza, removendo o trabalho duro das tarefas domésticas. A ambição é desenvolver produtos que mudem o mercado, como Swiffer, Mr. Clean Magic Eraser e Febreze.

CONTRA OS MELHORES

Então há concorrência. Ao definir as ambições vencedoras, você deve analisar todos os concorrentes e não apenas aqueles que você conhece melhor. Naturalmente, comece com os suspeitos de sempre. Analise seus maiores concorrentes, seus concorrentes históricos — para a P&G são a Unilever, a Kimberly-Clark e a Colgate-Palmolive. Focalize o melhor concorrente em sua área de atuação, expandindo a visão para determinar o potencial desse concorrente.

Essa era a abordagem que procurávamos promover na P&G. Em diferentes setores e categorias, descobrimos que os melhores concorrentes frequentemente eram empresas locais, concorrentes trabalhando com marcas próprias ou genéricas e empresas menores de bens de consumo. Assim, a equipe de produtos para o lar começou a focalizar a Reckitt Benckiser (fabricante do Calgon, do Woolite, do Lysol e do Air Wick).

Não foi fácil convencer os líderes da equipe a levar a Reckitt Benckiser mais seriamente, mas, analisando a posição competitiva da empresa em relação à P&G — o resultado do desempenho do concorrente comparado ao da P&G —, tudo ficava muito claro. A P&G teve uma sequência de seis anos de receitas fortes e crescimento de dois dígitos dos lucros por ação, e a Reckitt Benckiser superava esses números. A questão não era propriamente a Reckitt Benckiser, e sim como fazer os gerentes-gerais repensarem sua posição. As perguntas eram: "Quem realmente são os melhores concorrentes? Mais importante, o que eles fazem estratégica e operacionalmente melhor do que aquilo que fazemos? Onde e como eles nos superam? O que poderíamos aprender com eles e fazer de maneira diferente?". Analisar os melhores concorrentes, não importa qual empresa seja, fornece insights úteis para as muitas maneiras de vencer.

RESUMINDO

A essência de uma grande estratégia é fazer escolhas — escolhas claras e difíceis, como em quais negócios estar e em quais não estar, onde jogar nos negócios que você escolhe, como vencer onde você joga, quais competências você transformará em pontos fortes e como os sistemas internos transformarão essas escolhas e competências em um excelente desempenho no mercado. Tudo começa com uma ambição de vencer e uma definição do que é vencer.

A menos que vencer seja a ambição final, é improvável que uma empresa invista os recursos necessários em quantidade suficiente para criar vantagem competitiva sustentável. Mas apenas ambições não bastam. Folheie o relatório anual de uma empresa; é quase certo que você encontrará a missão ou a visão. No entanto, na maioria das empresas, é muito difícil perceber como a missão se traduz em uma estratégia real e, em última análise, em ação estratégica. Muitos altos executivos acreditam que sua função em uma estratégia é principalmente compartilhar suas aspirações com os funcionários. Infelizmente, nada acontece depois disso. Sem que as escolhas sobre onde jogar e como vencer estejam conectadas à ambição, uma visão torna-se frustrante e, em última instância, deixa de ser gratificante para os funcionários. A empresa precisa das escolhas sobre onde jogar e como vencer para poder agir adequadamente. Sem elas, não pode vencer. O próximo capítulo discutirá a questão de onde jogar.

AMBIÇÃO VENCEDORA: O QUE FAZER E O QUE EVITAR

- » Jogue para vencer, em vez de simplesmente competir. Defina o que é vencer em seu contexto e imagine o cenário de um futuro brilhante e bem-sucedido para a organização.

- » Crie aspirações que sejam significativas e poderosas para os funcionários e consumidores; não se trata de encontrar a linguagem perfeita ou a visão de consenso, mas de entender a razão de a organização existir.

- » Comece com os consumidores, em vez de produtos, ao pensar sobre o que significa vencer.

- » Defina ambições vencedoras (e faça as outras quatro escolhas) para as funções internas e para as linhas de negócios e marcas competitivas. Pergunte: o que é vencer para essa atividade? Quem são seus clientes, e o que significa vencer com eles?

- » Reflita sobre como vencer a concorrência. Eleja seus concorrentes tradicionais e procure também concorrentes inesperados.

- » Não pare aqui. Aspirações não são a estratégia, mas apenas o primeiro quadro na cascata de escolhas.

A ESTRATÉGIA COMO MANEIRA DE VENCER
A.G. LAFLEY

Em mais de 40 anos no negócio, descobri que a maioria dos líderes não gosta de fazer escolhas; eles preferem manter suas alternativas em aberto. Escolhas exigem esforço, envolvimento e geram um grau de risco pessoal que pode ser incômodo. Também descobri que poucos líderes podem realmente definir o que é vencer. Eles geralmente falam de indicadores financeiros de curto prazo ou de uma simples fatia de um mercado muito restrito. Com isso, considerando apenas as opções, mas sem se preocupar com escolhas vencedoras e sem conseguir definir enfaticamente o que é triunfar, esses líderes optam por jogar, mas não por vencer. No melhor dos casos, eles acabam se contentando com os resultados médios da indústria.

A P&G em que ingressei no final da década de 1970 não era muito boa em fazer escolhas e definir o que é vencer. Em junho de 1977, comecei a trabalhar como assistente no departamento de produtos de lavanderia, carinhosamente conhecido como Big Soap. Na época, a P&G vendia 15 marcas de sabão em pó e outros tipos de sabão, além de cinco marcas de detergente para louça, consideravelmente mais do que os consumidores precisavam ou queriam, e mais do que seus clientes de varejo poderiam distribuir, promover e vender. Hoje, a P&G tem cinco marcas de sabão em pó e três de detergente para louça. Com isso, as vendas líquidas, a participação no mercado, a margem bruta e operacional da companhia, além da criação de valor, crescem consistentemente. Mais importante, a P&G tornou-se líder incontestável no mercado dos EUA. A Colgate-Palmolive e a Unilever, grandes concorrentes, efetivamente abandonaram essas categorias nos Estados Unidos; elas transformaram as marcas restantes em marcas de loja produzidas sob contrato, o que na maioria dos casos é uma empresa terceirizada fraca para concorrer com a P&G e marcas próprias ou genéricas. A vitória da P&G na categoria de produtos de lavanderia na América do Norte é resultado de uma série de escolhas estratégicas claras, conectadas e mutuamente reforçadoras que começaram a ser feitas no início da década de 1980. Várias marcas líderes, setores e categorias da P&G queriam vencer nessa categoria e descobriram maneiras bem-sucedidas de conseguir isso.

Mesmo depois de definir melhor o que é vencer no nível de marca e categoria, a P&G nem sempre teve a mesma clareza no nível da companhia como um todo, o que resultou em períodos de fraco desempenho. No início da década de 1980, a liderança da empresa estava frustrada por causa da queda da receita e do volume de vendas. Decidiu, então, estimular o crescimento da receita organicamente e por meio de aquisições. Sem uma estratégia clara de onde jogar ou como vencer, o resultado foram aquisições confusas que nunca retornaram o custo do capital (Orange Crush, Ben Hill Griffin, Bain de Soleil etc.) e uma série de marcas novas e produtos novos fracassados, incluindo Abound, Citrus Hill, Cold Snap, Encaprin, Solo e Vibrant. Entre 1984 e 1985, a P&G teve a primeira queda nos lucros desde a Segunda Guerra Mundial. Em 1986, sofreu sua primeira grande reestruturação e falta de pagamento de dívidas. Nesse ponto, Michel Porter e a Monitor foram chamados. Foi a primeira experiência da P&G com estratégia de negócios, e tive a sorte de ser uma das cobaias da primeira aula de Porter.

Infelizmente, a primeira inoculação não deu certo. Quando a companhia começou a se recuperar, graças a outra grande reestruturação e forte crescimento internacional, e os resultados financeiros de curto prazo passaram a melhorar, a P&G esqueceu a maior parte do que tinha aprendido. Quando a receita caiu novamente no final dos anos 1990, a empresa recorreu à mesma abordagem atabalhoada de fusões e aquisições, novas categorias e novas marcas. Dessa vez, as apostas eram ainda maiores em novos produtos e novas tecnologias, incluindo robôs para limpar casas, copos e pratos de papel, até mesmo novos formatos de varejo. As aquisições se diversificaram ainda mais, incluindo a PUR, empresa do setor de águas, e a Iams, fabricante de comida para animais de estimação. A P&G pensou seriamente em adquirir a Eastman Kodak Company, perdeu um leilão para a Pfizer pela American Home Products e tentou comprar a Warner-Lambert para entrar no negócio de produtos farmacêuticos. A tentativa novamente, e sem surpresas, não deu certo.

Na época de minha eleição para presidente, em 2000, a maioria dos negócios da P&G errava seus alvos, vários deles por uma grande margem. A companhia tinha investido muito e diversificado excessivamente os negócios. Ela não vencia entre aqueles que mais importavam — consumidores e clientes. Ao visitar todos os nossos principais varejistas nos 30 primeiros dias no cargo, descobri que a P&G era a maior fornecedora, mas nem de longe a melhor. Os consumidores estavam abandonando a P&G, como ficou evidenciado pelas baixas taxas de avaliação de produtos e pela menor participação no mercado da maioria das marcas líderes.

Eu estava determinado a colocar a estratégia da P&G no rumo certo. Para mim, o certo significava que a P&G focalizaria maneiras viáveis de vencer entre os consumidores que mais importavam e competir com os melhores concorrentes. Isso significava que os líderes fariam escolhas estratégicas reais (identificando o que eles fariam e o que não fariam, onde jogariam e onde não jogariam, e como especificamente criariam uma vantagem competitiva para vencer). E isso significava que os líderes em todos os níveis da organização se tornariam estrategistas capazes, bem como operadores capazes. Eu estava decidido a ensinar estratégia até que a P&G fosse excelente nisso.

Além do mais, queria que a equipe entendesse que estratégia é o pensamento disciplinado que exige escolhas difíceis e que tudo se resume a vencer. Crescer ou crescer mais rápido não é uma estratégia. Construir participação de mercado não é uma estratégia. Crescimento de 10% ou mais do lucro por ação não é uma estratégia. Vencer o concorrente XYZ não é uma estratégia. Uma estratégia é um conjunto coordenado e integrado de escolhas sobre onde jogar, como vencer, das competências essenciais e dos sistemas de gestão que satisfaçam especificamente as necessidades do consumidor, criando assim vantagem competitiva e valor superior para uma empresa. Estratégia é uma forma de vencer — e nada menos.

CAPÍTULO TRÊS

ONDE JOGAR

      or décadas, a Bounty foi uma marca forte para a P&G. Da década de
P   1970 à de 1990, comerciais de televisão com Nancy Walker como uma
      garçonete (aficionada por toalha de papel) chamada Rosie consagraram
      a marca de toalha de papel nos corações e mentes dos consumidores.
O slogan dos anúncios — "A mais absorvente" — era tão conhecido como o
"Não saia de casa sem ele" da American Express ou o "Bom até a última gota"
da Maxwell House. Uma vantagem de tecnologia proprietária fazia a Bounty
ser muito mais absorvente do que as marcas concorrentes, e ela tornou-se a
marca líder de toalha de papel na América do Norte. Mesmo depois de aposentar a personagem Rosie, a marca continuou a crescer, agregando um ponto
de share por ano, como um relógio.

    Mas, no final de 1990, a marca Bounty enfrentava um desafio. A
América do Norte sempre fora o melhor e maior mercado, mas, como
a P&G focava uma agenda de globalização, a equipe do segmento de
lenço e toalha de papel (que era responsável pela Bounty, pelo papel
higiênico Charmin e pelo lenço de papel Puffs) havia embarcado em
uma onda de compras globais, adquirindo marcas e fábricas na Europa,
Ásia e América Latina. As aquisições consumiam dinheiro e restrin-

giam o crescimento e a lucratividade em seu principal mercado, os EUA. Quando, em 2001, Charlie Pierce assumiu a presidência da área global de cuidados com a família (o segmento de lenço e toalha de papel renomeado), era hora de mudar de rumo. Como Pierce colocou, "acho que fui contratado para anunciar a crise".[1]

A expansão global era claramente problemática, mas também a falta de foco estratégico, especialmente em P&D. A equipe de produtos de cuidados com a família, inspirada por ambiciosas metas corporativas de crescimento que incentivavam a pensar grande, trabalhava em ideias tangenciais, vazias, como a tecnologia de embalagem com película plástica, recipientes para alimentos e pratos de papel. Esses novos produtos poderiam se tornar iniciativas lucrativas, mas tinham pouca conexão com toalha de papel, papel higiênico e lenço de papel melhores. Parte da equipe começou a acreditar que os negócios globais de cuidados com a família nunca gerariam retornos financeiros com as marcas de toalha de papel e de papel higiênico estruturalmente pouco atraentes; assim, ela procurou outros produtos e segmentos para realizar o crescimento. Pierce recorda sua reação inicial: "Se é verdade que não podemos gerar um retorno decente com as marcas existentes, devemos sair completamente do negócio".

Seria verdade? A P&G tinha feito escolhas corporativas sobre onde jogar para crescer em e a partir de suas competências essenciais; para estender para as categorias de cuidados com o lar, beleza, saúde e cuidados pessoais; e para construir uma presença nos mercados emergentes. Com essas escolhas, a P&G acreditava que poderia vencer por meio de sua capacidade de entender os consumidores essenciais, criando e construindo marcas diferenciadas, e por meio de P&D, design de produtos inovadores, escala global e parcerias fortes com fornecedores e clientes de canais. Tudo isso apresentava um desafio para os produtos de cuidados com a família. Na Europa, Ásia e América Latina, o excesso de capacidade de produção e a predominância de marcas próprias transformavam a categoria em uma commodity. Nos mercados emergentes, preços e propensão para pagar eram tão baixos que a diferenciação da marca conferia pouca ou nenhuma vantagem. A estratégia de nicho nos mercados emergentes — visar apenas os poucos clientes que valorizavam o desempenho premium — era quase impossível, porque os requisitos de capital dos produtos de papel significam que uma empresa deve ter escala substancial para ser econômica. No entanto, a ideia de construir negócios verdadeiramente globais no setor de lenços e toalhas de papel era insustentável.

A boa notícia era que o negócio poderia ser estruturalmente atraente na América do Norte; a P&G poderia ter uma marca líder de bilhões de dólares com economias de escala de produção significativas somente com as vendas na América do Norte. A equipe de cuidados com a família poderia dar um passo atrás e escolher jogar apenas na América do Norte, na metade superior do mercado, e, com o tempo, vender seus ativos no resto do mundo. Dar um passo atrás foi uma escolha que a P&G tinha feito antes. A companhia havia escolhido entrar ou permanecer em categorias que, em geral, eram estruturalmente pouco atraentes, mas tinha jogado apenas nos segmentos potencialmente atraentes, trabalhando arduamente na precificação, gastos de capital e despesas operacionais, design de produtos e embalagem, custos operacionais e escala. Produtos de lavanderia, cuidados femininos e perfumes refinados foram eliminados como categorias não vencedoras, antes de a P&G encontrar uma forma de jogar com seus pontos fortes apenas nos segmentos mais atraentes. Em cada caso, escolher onde jogar também envolvia explicitamente escolher onde não jogar, tudo dentro de uma estrutura geral da indústria.

Com a região geográfica decidida, a escolha de onde jogar mudou para produtos. Quando a escolha de onde jogar tornou-se global, a equipe de inovação decidiu logicamente buscar uma série de novos produtos e categorias, como recipientes para alimentos e copos de papel, que estavam fora do setor essencial de toalhas e lenços de papel. Dada a natureza pouco atraente dos negócios globais de toalhas e lenços de papel, fazia algum sentido testar categorias de produtos potencialmente mais rentáveis. Mas essa abordagem significava que, em vez de inovar nos produtos existentes, a equipe buscaria categorias de produtos mais especulativas. Depois que a escolha da região geográfica reduziu a área de atuação, os produtos de cuidados com a família poderiam reorientar a escolha de onde jogar o negócio essencial, focalizando a melhoria de sua posição competitiva em papel higiênico e em toalhas e lenços de papel. Era possível se concentrar novamente nas marcas Bounty, Charmin e Puffs.

A equipe começou com a Bounty e com os consumidores. Compreender profundamente o consumidor está no centro da discussão da estratégia. Para ser eficaz, a estratégia deveria estar enraizada no desejo de satisfazer as necessidades dos usuários de uma forma que criasse valor para a empresa e para o consumidor. Ao considerar onde jogar entre segmentos de consumidores, a equipe da Bounty fez algumas perguntas críticas: quem é o consumidor? Qual é o trabalho a ser feito? Por que os consumidores escolhem o que escolhem em relação ao trabalho a ser feito? A Bounty tinha uma percepção e um valor de marca tremendos no mercado da América do Norte. "Ela de longe tinha o melhor valor de marca em sua categoria, um dos valores de marca mais fortes na empresa", diz Pierce. "Se você perguntasse, praticamente 100% das pessoas diriam que a Bounty era uma marca excelente e um produto muito bom. Mesmo assim, algumas acabavam comprando outra coisa. O que havia de errado nesse caso?" Pierce e sua equipe estavam dispostos a entender verdadeiramente as necessidades, os hábitos e as práticas dos consumidores que se relacionavam com toalhas de papel.

Ao observar e conversar com os consumidores, descobriram que havia três tipos de usuários de toalha de papel. O primeiro grupo se preocupava com a resistência e a capacidade de absorção. Para esse grupo, a Bounty era perfeita — uma excelente combinação dos dois atributos com os quais eles mais se importavam. A equipe descobriu que, entre esses consumidores, a Bounty era claramente vencedora. Aqui, "a Bounty não tinha uma participação de 40%", conta Pierce. "Tinha uma participação de 80%."

No entanto, muitos consumidores não se encaixavam na categoria resistência e capacidade de absorção; eles se enquadravam nos dois segmentos remanescentes. O segundo segmento consistia de consumidores que queriam uma toalha de papel que desse uma sensação semelhante à proporcionada por um pano de limpeza. Para eles, resistência ou capacidade de absorção não eram tão importantes, certamente bem menos que para o grupo dos produtos Bounty. Em vez disso, para esse segmento de consumidores, a maciez e a sensação que a toalha de papel passava eram importantes. Para o segmento final, o preço era a prioridade, embora não fosse a única preocupação, segundo Pierce. "A necessidade desses consumidores também era a resistência. Ela não estava toda na capacidade de absorção, porque eles tinham um comportamento compensador para corrigir as deficiências da absorção das toalhas de papel de menor preço: eles simplesmente usariam mais folhas." Esses consumidores se sentiam à vontade usando mais folhas toalha de papel de preço mais baixo quando necessário, em vez de gastar mais dinheiro com uma marca premium, que sempre permitia o uso de menos folhas. Era uma troca que fazia sentido para eles.

A Bounty havia capturado a maior parte do primeiro segmento de consumidores, mas tinha pouca penetração nos outros dois. Pierce queria jogar em todos os três segmentos para alcançar maior escala e melhorar a lucratividade. Avançando o filme, a Bounty não se tornaria um, mas três produtos distintos — cada um projetado para alcançar um segmento de consumidores específico. A Bounty tradicional permaneceria inalterada e atenderia o primeiro segmento, aqueles que já adoravam a marca. Um novo produto, chamado Bounty Extra Soft, teria por alvo os consumidores que desejavam uma tolha de papel macia que desse uma sensação de pano de limpeza. E então havia o segmento final — o segmento de resistência e preço. Esses consumidores apresentavam um desafio e tanto.

A maioria das toalhas de papel de menor preço no mercado era de má qualidade e a equipe da Bounty não queria desvalorizar a marca essencial associando-a a um produto abaixo da média. "Esses produtos falhavam miseravelmente em termos de resistência", observa Pierce. "Eles rasgavam e não absorviam. Desintegravam-se quando usados na limpeza. Então, era necessário não apenas lidar com a sujeira, mas também com os resíduos da toalha." Para ter o nome Bounty — mesmo a um preço psicológico de valor —, um produto teria de cumprir com o valor da marca Bounty. A nova oferta para o segmento de resistência e preço foi projetada não como uma versão enxuta da Bounty, mas como um novo produto com as necessidades específicas dos consumidores em mente. A Bounty Basic era consideravelmente mais resistente que qualquer outra marca de valor, com um preço cerca de 75% menor que o da Bounty tradicional. Separado da Bounty tradicional nas prateleiras e colocado ao lado das outras marcas de baixo preço, o novo produto falava diretamente para o terceiro segmento de consumidores.

Embora houvesse alguma preocupação de que os consumidores da Bounty pudessem migrar para a Bounty Basic, mais barata, os atributos relativos dos três produtos atendiam tão bem às necessidades dos três segmentos que poucas mudanças de fato ocorreram. Pierce observa: "A Bounty antiga era um produto que existia havia décadas. A Bounty moderna agora é composta por três produtos que foram projetados com base em uma compreensão muito clara do consumidor e da segmentação dos consumidores. Os três são muito diferentes entre si do ponto de vista do desempenho do produto, e cada um é projetado para atender às necessidades de seus usuários."

Essencialmente, a equipe de produtos de cuidados com a família optou por não jogar na parte realmente commodity do mercado; embora a Bounty Basic seja uma oferta de valor, seu preço está entre marcas premium e marcas genéricas e oferece uma vantagem clara em relação à resistência. Permanecendo no espaço não commodity, tanto em termos de variedade de produtos como de preços, a P&G pode visar seus consumidores essenciais por meio de seus principais varejistas (os melhores e maiores clientes), alavancando as vantagens essenciais em inovação e construção da marca. Pierce e sua equipe fizeram escolhas de onde jogar sobre a região geográfica (América do Norte), consumidores (três segmentos na metade superior do mercado), produtos (toalhas de papel, marcas premium e de preços mais baixos), canais (supermercados, grandes redes varejistas, drogarias e lojas do tipo clube de compras, como a Costco) e etapas de produção (P&D e produção da própria toalha de papel, mas sem entrar no processo de cultivo de árvores e produção da polpa). Fazer essas claras escolhas de onde jogar, para a Bounty e a categoria de produtos de cuidados com a família, estimulou a inovação e ajudou a solidificar ainda mais as marcas já poderosas. Como resultado, os produtos de cuidados com a família da P&G fizeram o negócio crescer consistentemente e criaram valor nos níveis líderes do setor.

A IMPORTÂNCIA DO CAMPO DE JOGO CERTO

A escolha sobre onde jogar define o campo de jogo para a empresa (ou marca, ou categoria etc.). É uma questão que se refere ao negócio em que você está. É uma escolha sobre onde competir e onde não competir. Compreender essa escolha é crucial, porque o campo de jogo que você escolhe também é o lugar onde terá de encontrar maneiras de vencer. Escolhas sobre onde jogar ocorrem em vários domínios, principalmente os seguintes:

- *Região geográfica.* Em que países ou regiões você quer competir?

- *Tipo de produto.* Que tipos de produtos e serviços você oferece?

- *Segmento de consumo.* Que grupos de consumidores você quer alcançar? Em que nível de preços? Quer satisfazer quais necessidades do consumidor?

- *Canal de distribuição.* Como você alcançará seus clientes? Que canais utilizará?

- *Estágio vertical de produção.* Em que estágios da produção você se envolverá? Onde, ao longo da cadeia de valor? Em que amplitude ou com que limitação?

Muitas considerações pontuais precisam ser feitas em uma escolha abrangente sobre onde jogar. E as considerações são as mesmas, independentemente do tamanho da empresa ou setor econômico. Pense em um pequeno agricultor. Ele deve responder a uma série de perguntas para ter uma noção clara de seu campo de jogo. Ele só vai vender localmente ou a amigos e vizinhos, ou tentará participar de uma cooperativa que tenha maior alcance geográfico? Que frutas e hortaliças cultivará? Ele vai vender produtos orgânicos ou não orgânicos? Vai vender frutas não processadas em lote ou frutas processadas na forma de suco? Vai vender direto ao consumidor ou por meio de um intermediário? Se transformar a fruta em suco, ele mesmo fará isso ou terceirizará a fase da produção? Se for ponderado, o agricultor considerará onde jogar de um modo que lhe permita escolher regiões geográficas, segmentos, produtos, canais e opções de produção que funcionem bem em conjunto (por exemplo, vender hortaliças orgânicas nos mercados locais ou processar as frutas para vender nacionalmente e, ao mesmo tempo, minimizar a perda por deterioração).

Startups, pequenas empresas, companhias regionais ou nacionais e até mesmo multinacionais enfrentam um conjunto análogo de escolhas de onde jogar. As respostas, naturalmente, diferem. Pequenas empresas podem ter escolhas de onde jogar mais estreitas que organizações maiores, principalmente em função da capacidade e da escala. No entanto, mesmo as maiores devem fazer escolhas explícitas para competir em certos locais, com certos produtos, para certos clientes (e não em, com e para outros). A escolha de atender todo mundo em todos os lugares — ou simplesmente atender todos — é uma escolha perdedora.

Escolher onde jogar também implica escolher onde não jogar. Isso é mais fácil quando você leva em conta onde expandir (ou não), mas significativamente mais difícil quando considera se deve permanecer nos locais e segmentos que atende atualmente. O *statu quo* — continuar nos locais e segmentos em que você sempre esteve — é muitas vezes uma escolha não examinada, implícita. O fato de você ter feito determinada escolha de onde jogar no passado não é razão para permanecer aí. Considere uma empresa como a General Electric. Uma década atrás, ela obtinha receitas consideráveis das divisões de entretenimento (NBC e Universal) e negócios com materiais (plástico e silício). Ela, então, refez seu portfólio para focalizar muito mais infraestrutura, energia e transporte, que são atividades em que suas competências distintivas podem fazer uma diferença real para vencer. Essa foi uma escolha explícita sobre onde não jogar.

Inevitavelmente, o significado de cada dimensão da escolha de onde jogar vai variar de acordo com o contexto. Cada dimensão deve ser considerada cuidadosamente e terá um peso diferente em situações diferentes. Uma startup pode focalizar inicialmente produtos ou serviços a serem oferecidos. Uma gigante estagnada pode focalizar consumidores — procurando entender mais profundamente as necessidades e novas formas de abordar a segmentação — para reduzir e refinar uma escolha de onde jogar excessivamente ampla.

Na P&G, escolhas sobre onde jogar começam com o consumidor: quem ele é? O que quer e de que precisa? Para vencer com produtos para mães, a P&G investe pesadamente em compreendê-las verdadeiramente — por meio de observação, visitas domiciliares, investimento significativo para descobrir necessidades não satisfeitas e não expressas. Somente por meio de um esforço concentrado para entender o consumidor, suas necessidades e a maneira como a P&G pode satisfazer melhor essas necessidades é que é possível determinar efetivamente onde jogar — em que negócios entrar ou de quais sair, quais produtos vender, quais mercados priorizar etc. Como o atual CEO, Bob McDonald, explica: "Entender o consumidor é nossa prioridade. Vamos fundo. Mergulhamos no dia a dia das pessoas. Trabalhamos duro para descobrir as tensões que podemos ajudar a resolver. A partir dessas tensões, vêm insights que levam a grandes ideias".[2] Essas grandes ideias podem ser a base de uma escolha de onde jogar poderosa.

A escolha do canal de distribuição também é uma prioridade importante para a P&G, por causa do tamanho e poder de mercado dominantes dos varejistas em questão. A Tesco detém mais de 30% do mercado britânico.[3] O Walmart atende cerca de 200 milhões de norte-americanos por semana.[4] Outros players, como a Loblaw, no Canadá, e o Carrefour, na Europa, têm uma presença regional substancial. Por essa razão, um canal é uma consideração sobre onde jogar particularmente crucial para a empresa. É claro que, para alguns setores, não há nenhuma consideração real em relação ao canal (por exemplo, nos setores de serviços que lidam diretamente com o consumidor final). Mais uma vez, o contexto é importante — e cada empresa deve avaliar o peso das diferentes escolhas de onde jogar.

Uma consideração final sobre onde jogar é o cenário competitivo. Assim como faz ao definir aspirações vencedoras, uma empresa deve fazer suas escolhas de onde jogar tendo firmemente a concorrência em mente. A escolha de um campo de jogo idêntico ao de um concorrente forte pode ser uma proposta menos atraente do que mudar de rumo para competir de uma forma diferente, por clientes diferentes ou em linhas de produtos diferentes. Mas a estratégia não é simplesmente uma questão de encontrar um caminho distintivo. A empresa pode optar por jogar em um campo com vários concorrentes ou em um com um único concorrente dominante se ela puder agregar valor novo e distintivo. Nesse caso, vencer pode significar visar o concorrente líder já ou primeiro buscar concorrentes mais fracos.

Foi isso que aconteceu com o Tide. Quando o Liquid Tide foi lançado em 1984, a P&G estava entrando na categoria de detergente líquido contra um concorrente forte e famoso. Mesmo com o alto valor da marca de seu sabão em pó, essa não seria uma vitória fácil. O Wisk, o detergente líquido líder de mercado da Unilever, era uma marca poderosa e famosa e com clientes fiéis. Nos primeiros dois ou três anos, o produto não perdeu um único ponto de participação no mercado em relação ao Liquid Tide. No primeiro ano do Liquid Tide, o Wisk na verdade ampliou sua fatia de mercado. Claramente, os usuários do Wisk não estavam migrando para o Tide. A P&G, porém, não precisava roubar usuários do Wisk para vencer na categoria, pelo menos não imediatamente. O lançamento ostensivo do Liquid Tide ajudou a expandir a categoria geral de detergente líquido e a P&G abocanhou a fatia do leão da expansão. O Liquid Tide gerou novos consumidores de detergente líquido, e nenhum deles era fiel ao Wisk. À medida que a categoria cresceu, o Tide pôde começar a ganhar parte da fatia dos players menores, como o Dynamo, que não podia competir com o P&D, a escala e a perícia de fortalecimento da marca da P&G. Só então, depois de acumular massa crítica, é que o Liquid Tide precisou competir diretamente com o Wisk. Nesse momento, a batalha tinha tudo, menos um vencedor.

Para o Liquid Tide, não era uma questão de evitar um campo de jogo em que havia um competidor agressivo. Tratava-se de expandir o campo de jogo para gerar espaço para os dois concorrentes e criar tempo para ganhar impulso. No final, o Liquid Tide venceu e assumiu a liderança de mercado de maneira decisiva.

TRÊS TENTAÇÕES PERIGOSAS

Como já observamos, há muito a considerar ao fazer uma escolha vencedora sobre onde jogar, desde os consumidores até os canais e clientes, e desde a concorrência até as diferenças locais, regionais e globais. Em face desse tipo de complexidade, sua estratégia pode facilmente ser vítima de supersimplificação, renúncia ou mesmo desespero. Em particular, você deve evitar três armadilhas ao pensar sobre onde jogar. A primeira é se recusar a escolher, tentando jogar em todos os campos ao mesmo tempo. A segunda é tentar abandonar uma escolha herdada e pouco atraente. A terceira é aceitar uma escolha atual como inevitável ou imutável. Ceder a qualquer uma dessas tentações leva a escolhas estratégicas fracas e, muitas vezes, ao fracasso.

FALHANDO EM ESCOLHER

Saber focar é um atributo vencedor fundamental. Tentar ser todas as coisas para todos os clientes tende a resultar em mau atendimento a todos. Mesmo a empresa ou marca mais forte estará posicionada para atender alguns clientes melhor do que outros. Se seu segmento de clientes é *todas as pessoas* ou sua escolha geográfica é *todos os lugares*, você não conseguiu entender realmente qual necessidade escolher. Mas, você poderia argumentar, empresas como Apple e Toyota não escolhem atender todas as pessoas? Não, realmente não. Embora tenham bases muito amplas de clientes, essas empresas não atendem todas as regiões do mundo e todos os segmentos de clientes de maneira igual. Até 2009, apenas 2% das receitas da Apple vinham da China. Isso foi uma escolha — sobre onde e quando jogar. Foi uma escolha baseada em recursos, competências e entendimento de que até mesmo a Apple não pode estar em todos os lugares ao mesmo tempo.

A P&G, da mesma forma, não pode atender todos os mercados igualmente bem. Com a Bounty, a empresa escolheu visar os três principais segmentos de consumidores no mercado norte-americano de toalha de papel; ela optou por não atender o resto do mundo nem consumidores para quem o preço era o principal critério de decisão. Para a P&G como um todo, ao escolher onde jogar nos mercados emergentes, o foco estava nas regiões onde ela tinha um negócio consagrado (como o México) e onde novos mercados abriam igualmente possibilidades simultâneas para todos os participantes (por exemplo, Europa Oriental logo após a queda do Muro de Berlim e China quando Deng Xiaoping abriu as primeiras zonas livres na cidade de Guangzhou). A decisão de se concentrar em poucos mercados emergentes de cada vez permitiu à P&G priorizar a alocação de recursos, dinheiro e, sobretudo, pessoas em relação à aprendizagem necessária e ao estabelecimento de negócios bem-sucedidos. Sem essa escolha explícita, a P&G acabaria com um mix de negócios medianos espalhados pelo mundo, cada um deles sedento de atenção e carente de recursos para se tornar líder de mercado.

TENTANDO ABANDONAR UM JOGO NÃO ATRAENTE

As empresas com frequênica tentam sair de um jogo não atraente e entrar em um atraente por meio de aquisições. Infelizmente, raras vezes isso funciona. Uma empresa que não é capaz de fazer escolhas estratégicas a partir do campo de jogo desafiador atual não necessariamente se destacará em um diferente — não sem uma abordagem bem pensada para construir uma estratégia nos dois ramos de atividade. Mais frequentemente, uma aquisição adiciona complexidade a uma estratégia já dispersa e fragmentada, tornando ainda mais difícil vencer de maneira geral.

Empresas que buscam recursos são particularmente suscetíveis a essa armadilha, já que costumam cobiçar produtores de valor agregado em seus ramos de atividade. Seja no setor de alumínio, no de papel ou no de carvão, o adquirente costuma ser seduzido pela ideia de acesso a preços mais altos e taxas de crescimento mais rápidas de uma indústria na parte inferior da cadeia produtiva. Infelizmente, há dois grandes problemas com esse tipo de aquisição. O primeiro é o preço. O custo da aquisição de indústrias atraentes é alto — muitas vezes, os adquirentes devem pagar mais do que o ativo poderia valer para eles, o que condena o negócio no longo prazo. O segundo problema é que a estratégia e as competências necessárias no ramo de atividade visado são frequentemente muito diferentes daquelas do ramo real; é muito difícil unir as duas abordagens e ter vantagem em ambas (no setor de mineração de bauxita e no de processamento de alumínio, por exemplo). Essas aquisições tendem a ser excessivamente caras e estrategicamente desafiadoras.

Em vez de tentar entrar em um mercado por meio de aquisição para obter uma posição mais atraente, você pode definir um objetivo melhor para a empresa. O objetivo real deve ser o de criar uma disciplina interna do pensamento estratégico que permita uma abordagem mais elaborada em relação ao jogo atual, independentemente do ramo de atividade, e se conectar a possíveis futuros e oportunidades diferentes.

ACEITANDO UMA OPÇÃO EXISTENTE COMO IMUTÁVEL

Também pode ser tentador visualizar uma escolha sobre onde jogar como óbvia, como se tivesse sido feita para você. Mas uma empresa sempre tem uma escolha a fazer (e a refazer) sobre onde jogar. Para voltar ao exemplo favorito, a Apple não estava inteiramente vinculada a sua primeira escolha de onde jogar — que era computadores desktop. Embora com o tempo tenha estabelecido um nicho confortável nesse setor, como o desktop preferido para setores criativos, a empresa optou por mudar seu campo de jogo para entrar no segmento de comunicação portátil e entretenimento com o iPod, o iTunes, o iPhone e o iPad.

É tentador pensar que você não tem escolha sobre onde jogar, porque isso é uma grande desculpa para um desempenho medíocre. Não é fácil mudar os campos de jogo, mas é factível e pode fazer toda a diferença. Às vezes, a mudança é sutil, como uma alteração no foco do consumidor dentro do ramo de atividade atual — como a mudança feita pela Olay. Outras vezes, a mudança pode ser drástica, como na Thomson Corporation. Vinte anos atrás, a escolha de onde jogar da empresa era jornais norte-americanos, petróleo no mar do Norte e viagens na Europa; hoje (como Thomson Reuters), ela só compete no setor de notícias baseadas em assinatura e software aprimorado entregues pela web. Não há praticamente nenhuma sobreposição entre a antiga e a nova escolha de onde jogar da Thomson. A mudança não aconteceu do dia para a noite — levou 20 anos de trabalho dedicado —, mas demonstra que mudar a escolha atual de onde jogar é factível.

Até mesmo marcas consagradas têm múltiplas escolhas. Já vimos a escolha de onde jogar da Olay e como ela mudou ao longo do tempo. Em vez de tentar fornecer produtos para todas as mulheres, em todas as faixas etárias, na extremidade inferior do mercado, a equipe da Olay optou por competir principalmente em um campo mais estreito — mulheres com pouco mais de 35 anos que começavam a se preocupar com os sinais de envelhecimento. Essa foi apenas uma das muitas possíveis escolhas para a marca, uma limitação explícita e uma mudança em relação à escolha de onde jogar anterior. Então há uma das maiores marcas da P&G: o Tide. Ele ganhou força ampliando a escolha de onde jogar.

Antigamente, a equipe do Tide concentrava-se quase inteiramente em eliminar manchas visíveis das roupas. No final dos anos 1980, o Tide tinha duas formas — o sabão em pó tradicional e a versão líquida —, ambas voltadas para remover manchas visíveis das roupas ("Tide's in, dirt's out"). A P&G ampliou a escolha de onde jogar para o Tide, indo além das manchas visíveis. O Tide introduziu versões de produtos projetados para atender a uma ampla variedade de necessidades de limpeza — Tide with Bleach, Tide Plus a Touch of Downy, Tide Plus Febreze, Tide for Coldwater, Tide Unscented. Depois, a P&G estendeu a oferta do Tide a outros produtos relacionados à lavagem de roupa, criando uma linha de produtos para remoção de manchas, mais notavelmente o Tide-to-Go, um removedor de manchas instantâneo de grande sucesso. O objetivo era construir uma linha de produtos que atendesse efetivamente a diferentes necessidades, diferentes consumidores, até mesmo diferentes membros da família.

O Tide também ampliou seu modelo de distribuição. A equipe começou a analisar os distribuidores que ofereciam um número muito limitado de marcas, como drogarias, atacadistas como a Costco, *dollar stores* (lojas de 1,99), lavanderias com serviço de autoatendimento e outros setores. Esses canais tendem a oferecer apenas uma marca nacional e uma opção de marca própria/genérica (*private label*). A P&G se esforçou bastante para que o Tide fosse a marca nacional preferida em cada caso. Líder na categoria, a marca oferecia uma oportunidade irresistível. O horizonte até se expandiu para negócios de lavagem a seco que usavam a marca Tide. Uma definição mais ampla de onde jogar serviu como base para estender a marca. Cada novo produto Tide baseia-se na capacidade de limpeza superior do Tide e em seus benefícios de valor agregado, reforçando a marca essencial. Dessa maneira, o Tide cresceu para se tornar mais forte.

IMAGINANDO UMA NOVA OPÇÃO SOBRE ONDE JOGAR

Às vezes, o segredo para encontrar um novo lugar para jogar é simplesmente acreditar que um é possível. Em 1995, Chip Bergh foi nomeado gerente-geral de negócios de produtos de limpeza de superfícies duras da P&G nos EUA. Bergh reflete, com uma risada: "Parece um negócio nada elegante, nada atraente, e ele era exatamente isso. Não era uma prioridade estratégica na companhia. Mas, curiosamente, para todos os nossos concorrentes, era um negócio essencial. Sabíamos que o CEO nunca perdia o sono com esse negócio. No entanto, para nossos concorrentes, todas as manhãs, quando os CEOs acordavam, eles se preocupavam com esse negócio".[5] A paisagem competitiva era desafiadora. As marcas de Bergh incluíam nomes que já não estavam mais no auge, como Comet, Spic 'n Span e Mr. Clean. Como observa Bergh, "era um negócio de US$ 200 milhões na época, e estava em queda livre". Em certo ponto da década de 1970, o Comet tinha uma participação de mercado de 50% na categoria. Em 1995, todas as marcas da P&G nessa categoria, combinadas, tinham menos de 20% de participação.

Os tempos haviam mudado, e a P&G falhara em mudar com eles. Havia cada vez menos superfícies duras nas residências, à medida que a fibra de vidro e mármores porosos e outras pedras substituíam a porcelana. Os concorrentes lançaram limpadores menos abrasivos que atraíram os consumidores, a P&G não. "Ficou claro que tínhamos de fazer algo muito, muito diferente", observa Bergh. "Percebemos que nossos produtos deixaram de ser relevantes para o consumidor e que não havíamos inovado."

Então Bergh desafiou sua equipe a pensar sobre onde jogar com uma perspectiva inteiramente nova, que seria baseada em uma compreensão do cenário competitivo e nas competências essenciais da P&G. "A equipe de liderança se reuniu por dois dias fora da empresa", diz ele. "O foco era apresentar um conjunto de opções que faria a diferença no negócio. O grito de guerra em torno das novas escolhas, e em torno da nova estratégia, era mudar fundamentalmente o foco dos produtos de limpeza nas casas e facilitar a tarefa de limpeza." Como sempre, o ponto de partida estava nas necessidades dos consumidores — como limpeza rápida de superfícies sem estardalhaço, abordando determinado trabalho e fazendo-o melhor do que os produtos oferecidos. Bergh continua: "Nós nos perguntamos: como vamos alavancar a escala, o tamanho e a experiência tecnológica da empresa para mudar radicalmente o trabalho de limpeza doméstica? A descoberta-chave para nós foi começar a agrupar diferentes tecnologias que a P&G tinha, mas nossos concorrentes não. Como casar produtos químicos, tecnologia surfactante e tecnologia de papel? Tudo isso levou, em dois anos, ao lançamento do Swiffer".

O Swiffer provou ser uma escolha de onde jogar inteiramente nova para o negócio de limpeza de superfícies duras. Ele foi um sucesso de público comandado pelos consumidores. A *BusinessWeek* o listou como um dos "20 produtos que abalaram o mercado de ações".[6] Dez anos depois, o Swiffer está em 25% dos lares norte-americanos. E, à medida que a concorrência entra na categoria que ele criou, a P&G volta a atenção para a próxima fronteira estratégica do Swiffer, perguntando o que vem a seguir.

INDO MAIS FUNDO

Pode ser fácil descartar novas e diferentes opções de campo de jogo por considerar que são arriscadas, que não se enquadram bem no negócio atual ou que não estão alinhadas com as principais competências do negócio. E é igualmente fácil descartar todo um setor com base em escolhas predominantes sobre onde jogar feitas pelos concorrentes nesse setor. Mas, às vezes, é necessário ir um pouco mais fundo — examinar escolhas de onde jogar inesperadas sob todas as perspectivas — para realmente entender o que é possível fazer e compreender como uma indústria pode ser derrotada escolhendo um novo campo de jogo. Esse foi o caso dos perfumes finos da P&G.

O negócio de perfumes finos da P&G teve um início pouco auspicioso. Na verdade, a entrada da P&G na categoria foi acidental. Em 1991, a companhia adquiriu a Max Factor para reforçar o alcance internacional dos negócios de tinturas para cabelo (em que ela entrou em 1989 com a compra da Noxell, a empresa controladora da Cover Girl). Na época, a Cover Girl era uma marca exclusivamente norte-americana. O negócio de cosméticos da Max Factor acontecia principalmente fora da América do Norte e, assim, era um ajuste perfeito e lógico. No final das contas, a Max Factor tinha apenas uma pequena linha de perfumes — ainda assim, agora, a P&G também estava no negócio de perfumes finos. Em 1994, o então presidente e CEO, Ed Artzt, agiu para aprofundar a participação da P&G no negócio de perfumes finos com a compra da Giorgio of Beverly Hills, por US$ 150 milhões. Na época, a maioria das pessoas achava que era uma aquisição estranha — a sóbria P&G do meio-oeste comprando uma unidade de perfumaria chique na Rodeo Drive.

De muitas maneiras, era um mix estranho. O negócio de perfumes era uma combinação de marcas proprietárias, como a Giorgio, e marcas externas para as quais a P&G só tinha a licença dos direitos do perfume, como a Hugo Boss. Para uma das marcas líderes mais reconhecidas no mundo, o licenciamento apresentava uma situação estranha — ter de depender inteiramente de outra empresa para criar a imagem geral de uma marca, à qual a P&G simplesmente adicionaria uma linha de perfumes finos. Aparentemente, muito pouco da experiência da P&G em construir uma marca entrou no jogo. Além disso, a reputação dessas marcas de moda era altamente volátil. Os artigos de perfumaria iam e vinham, e parecia haver pouco que as marcas pudessem fazer (e ainda menos que a P&G pudesse fazer) sobre isso. Bem poucas marcas de perfumes resistiam e cresciam ao longo de décadas, como ocorreu com o Tide e o Crest. Perfumes também eram vendidos substancialmente por meio de um canal em que a P&G normalmente não estava presente — lojas de departamentos e perfumarias. E, por fim, os laboratórios de P&D da P&G não poderiam desenvolver facilmente fluxos de inovação do tipo que manteve a Bounty e a Pantene à frente dos concorrentes. Perfumes finos se pareciam mais com um negócio do tipo *esperança em um frasco*: muita badalação e pouca tecnologia real. As competências e as opções estratégicas para perfumes finos tinham pouco em comum com as escolhas para a maioria dos outros negócios da P&G. Não era de surpreender, portanto, que o negócio de perfumes tenha batalhado esterilmente ao longo da década de 1990, alcançando um desempenho inferior em relação ao setor como um todo e aos padrões da P&G.

Na superfície, pelo menos, se havia um negócio de que a P&G deveria se desfazer, era o de perfumes finos. O negócio parecia não se encaixar nos negócios mais amplos da P&G. Além do mais, apresentava essas características complexas — dependência de modismos e distribuição complicada. A P&G não tinha um roteiro para gerenciar negócios como esse internamente, e não havia um bom produto correspondente disponível com o qual fazer uma comparação. Fazia pouco tempo que a P&G estava no setor, especialmente em seu formato pós-Giorgio, portanto também não havia um histórico em que se basear. A empresa chegou muito perto de se desfazer do negócio, mas, em vez disso, adaptou o pensamento.

Perfumes finos, contudo, eram importantes para os negócios, por duas razões estratégicas. Primeiro, uma presença no setor de perfumes finos era um componente importante de um negócio de cosméticos confiável e competitivo. A P&G queria ser líder em beleza com base na força dos produtos de cuidados com o cabelo (Pantene, Head & Shoulders) e cuidados com a pele (Olay). Mas, para ser verdadeiramente confiável na indústria e entre os consumidores, como um player em produtos de beleza, a empresa também precisava de uma posição nos setores de cosméticos e perfumes. A transferência de conhecimento entre as diferentes categorias é importante, pois o que se aprende nos setores de cosméticos e perfumes — tanto por meio de P&D de produtos como de pesquisa entre os consumidores — tem grande impacto sobre os produtos de cuidados com o cabelo e com a pele, e vice-versa. Em outras palavras, simplesmente estar no negócio de perfumes torna a empresa melhor nas categorias de beleza em geral.

Além disso, o produto perfume é uma parte muito importante da experiência em cuidados com o cabelo — as fragrâncias por si sós podem influenciar significativamente a preferência do consumidor por um produto. E isso é verdadeiro não apenas para produtos de cuidados com o cabelo, o que leva à segunda razão estratégica para jogar no setor de perfumes finos: em muitos negócios de produtos para o lar e cuidados pessoais, havia segmentos significativos de consumidores para os quais a experiência sensorial era extremamente importante. A P&G poderia afetar a intenção de compra do consumidor com a fragrância certa. Rapidamente ficou claro que fragrâncias era uma parte fundamental da criação de experiências de consumo agradáveis e que a P&G era o maior usuário de fragrâncias no mundo. Esse pequeno negócio de perfumes finos era importante e ia muito além de seu tamanho atual; era crucial para construir competências e sistemas essenciais que poderiam diferenciar e agregar uma vantagem competitiva para marcas e produtos por toda a companhia.

Portanto, a P&G não apenas se manteve no negócio de perfumes finos, mas também o desenvolveu estrategicamente. A empresa virou o modelo de negócio da indústria de cabeça para baixo fazendo uma série de escolhas estratégicas completamente diferentes sobre onde jogar e como vencer. Na indústria de perfumes finos, havia uma forma consagrada de fazer negócios: novos perfumes migravam dos estúdios de moda, das perfumarias e das passarelas de moda para lojas de departamentos na época do Natal. A maioria das novas marcas de perfume era lançada para compras de Natal e as vendas começavam a cair no trimestre seguinte. Era um modelo de alta rotatividade e, na maioria dos casos, secundário a outro negócio, o principal: o de moda.

De outro lado, a P&G começou com o consumidor, contratando uma equipe interna de mestres em perfumaria para criar fragrâncias com base nas necessidades e desejos específicos do consumidor, bem como conceitos de marca. Ela formou uma parceria com os melhores perfumistas e designers. Em pouco tempo, tornou-se a parceira preferida de inovação no setor de perfumes finos. As marcas da P&G são centradas no consumidor, orientadas por conceitos e criadas para encantar o usuário. À medida que dedicava tempo e atenção ao negócio de perfumes finos, a empresa contratou as melhores agências de publicidade e ganhou inúmeros prêmios de publicidade, marketing e embalagem. Ela construiu portfólios de produtos que ampliaram e fortaleceram sua base de consumidores e construiu marcas que se tornaram líderes em seus segmentos.

Outra norma na indústria de perfumes era competir mais agressivamente no mercado de produtos femininos de prestígio. No entanto, em vez de competir de igual para igual com os maiores players, a equipe de perfumes finos da P&G decidiu explorar as linhas de menor expectativa e menor resistência: perfumes masculinos da Hugo Boss e, para os mais jovens, perfumes esportivos por meio de uma parceria com a Lacoste. A concorrência focalizava perfumes femininos clássicos e da moda, onde estavam as vendas e os lucros existentes. Escolher um campo de jogo diferente deu à equipe de perfumes finos o tempo e a oportunidade de testar a estratégia e o modelo de negócio, aprimorar suas competências e criar a confiança de que era possível vencer.

Para vencer no segmento de perfumes finos, a equipe alavancou tudo o que podia das competências essenciais da P&G. Ela usou a experiência de criação de marca da P&G para avaliar a força e o valor das marcas, a fim de determinar quais marcas da moda licenciar e quanto pagar por elas. Ela utilizou seu conhecimento em estratégia para fazer a correspondência de suas escolhas com as dos licenciadores, criando mais valor para ambos. Na linha de frente da inovação, a experiência em liderança mundial com fragrâncias permitiu à P&G criar produtos de marcas licenciadas que tinham um apelo único para os consumidores e que poderiam durar mais que uma temporada. E a escala da P&G como o maior comprador de fragrâncias no mundo possibilitou que ela adquirisse ingredientes essenciais e caros para os perfumes a um custo menor do que qualquer concorrente poderia obter.

Com todas essas competências aplicadas com força total ao negócio, a P&G construiu uma casa de perfumes com licenças da Dolce & Gabbana, Escada, Gucci e outras. No processo, a P&G tornou-se uma das maiores e mais rentáveis empresas mundiais no segmento de perfumes finos, menos de duas décadas depois de uma modesta entrada no setor. Permanecer no negócio de perfumes finos era uma escolha que inicialmente parecia absurda e exigiu uma nova forma de pensar sobre exatamente onde jogar, mas a escolha pagou dividendos enormes para a companhia como um todo.

Algumas coisas, porém, acontecem por acaso, e a aquisição da Max Factor é um perfeito exemplo disso. A Max Factor foi adquirida para tornar os negócios de cosméticos da P&G mais globais. Isso realmente nunca se concretizou. O desempenho da Max Factor na América do Norte foi bastante ruim, a ponto de a comercialização de seus produtos ser interrompida. Ela também não forneceu uma plataforma de cosméticos fora da América do Norte. Assim, a aquisição estava fadada ao fracasso, levando em consideração a intenção da compra. Mas, no final das contas, o negócio de cosméticos veio com dois outros negócios — um pequeno portfólio de perfumes finos e um minúsculo negócio japonês de produtos ultrassofisticados para tratamento da pele chamado SK-II. Esse portfólio de perfumes tornou-se a semente de um negócio multibilionário, líder mundial no segmento de perfumes finos. O SK-II se expandiu para mercados internacionais e ultrapassou a marca de US$ 1 bilhão em vendas globais, com lucratividade extremamente atraente. Nesse caso, a sorte sorriu para a P&G — mas a oportunidade só frutificou como decorrência de escolhas inteligentes e trabalho duro para perceber o potencial dos negócios.

O CORAÇÃO DA ESTRATÉGIA

A questão sobre onde jogar diz respeito a entender os possíveis campos de jogo e escolher entre eles. Trata-se de selecionar regiões, clientes, produtos, canais e estágios da produção que se encaixam bem entre si — que se reforçam mutuamente e que casam bem com as reais necessidades dos consumidores. Em vez de tentar atender todos os campos de jogo, simplesmente comprar um novo ou aceitar suas escolhas atuais como inevitáveis, descubra um conjunto forte de escolhas de onde jogar. Isso requer conhecimento profundo dos usuários, do cenário competitivo e de suas próprias capacidades. Isso exige imaginação e esforço. E, de vez em quando, um pouco de sorte ajuda.

Ao elaborar suas escolhas, lembre-se de que as escolhas sobre onde jogar são igualmente sobre onde não jogar. Elas colocam as opções em prática e criam um foco verdadeiro para a empresa. Mas não há uma única resposta certa. Para algumas empresas ou marcas, uma escolha limitada funciona melhor. Para outras, uma escolha mais ampla é mais adequada. Ou talvez a melhor opção seja limitar as escolhas dos consumidores dentro de um segmento geográfico amplo (ou vice-versa). Como com todas as coisas, o contexto é importante.

O coração da estratégia é a resposta a duas questões fundamentais: onde você vai jogar e como você vai vencer aí. O próximo capítulo discutirá a segunda questão e a importância de criar escolhas integradas em que onde jogar e como vencer suportam-se e reforçam-se mutuamente, em vez de brigar uma contra a outra.

ONDE JOGAR: O QUE FAZER E O QUE EVITAR

» Escolha onde você vai jogar e onde você não vai jogar. Escolha explicitamente e priorize as opções por todas as dimensões relevantes do *onde* (isto é, regiões geográficas, segmentos da indústria, consumidores, clientes, produtos etc.).

» Pense muito antes de descartar todo um setor por ser estruturalmente pouco atraente; procure segmentos atraentes em que você pode competir e vencer.

» Não embarque em uma estratégia sem ter feito escolhas específicas sobre o *onde*. Se tudo for prioritário, nada será prioritário. Não há sentido em tentar conquistar todos os segmentos. Você não conseguirá. Não tente.

» Procure locais para jogar que permitam a exploração de direções inesperadas, ao longo das linhas de menor resistência. Não ataque cidades muradas nem confronte seus concorrentes mais fortes de igual para igual se isso puder ajudá-lo.

» Não comece guerras em várias linhas de frente, simultaneamente. Planeje as reações dos concorrentes em relação a suas escolhas iniciais e pense vários passos à frente. Nenhuma escolha precisa durar para sempre, mas deve manter-se tempo suficiente para conferir a vantagem que você procurava.

» Seja honesto quanto ao fascínio exercido por uma lacuna do mercado. É tentador ser o primeiro a entrar em um espaço não ocupado. Infelizmente, há apenas um único desbravador verdadeiro de uma lacuna do mercado (como há apenas um único player de baixo custo) e, em geral, essa lacuna imaginada já está ocupada por um concorrente formidável que você simplesmente não vê ou não compreende.

CAPÍTULO QUATRO

COMO VENCER

Pergunte a Jeff Weedman, vice-presidente de desenvolvimento de negócios globais da P&G, sobre a tecnologia por trás dos sacos de lixo Glad ForceFlex e fica claro que ele é um entusiasta. Ele pega um saco branco Kitchen Catcher para demonstrar, abrindo-o e segurando-o na frente do convidado.[1] "Dê uma olhada nessa película", diz ele. "Consegue ver esses padrões aí? Esses padrões permitem que o material estique muito mais."[2] Weedman vai esticando uma pequena parte do saco de lixo até que este rasga na altura de seu cotovelo. "Por causa da experiência da P&G em fraldas, sabemos muito sobre como manipular películas", explica ele. "Este saco usa menos plástico do que aqueles de plástico grosso e estica muito mais." A tecnologia criada pela P&G produz um saco plástico que é simultaneamente forte e elástico, mas usa consideravelmente bem menos material. Isso significa um produto melhor para os consumidores, com maior capacidade e maior resistência, a um custo menor para o fabricante.

Com base na tecnologia de revestimento desenvolvida para toalhas de papel, o produto ForceFlex foi um avanço significativo na tecnologia de saco de lixo. Ele foi produzido nos laboratórios da P&G juntamente com uma tecnologia-irmã — uma película plástica autovedante. Imagine que você queira colocar um pedaço da sobra de frango no freezer para consumir daí a poucos dias. Você pode embrulhá-lo em uma película plástica e rezar para que um dos muitos pequenos buracos na embalagem não o deixe estragar. Ou você pode colocá-lo em um caro saco de congelamento do tipo ziptop. Os cientistas da P&G descobriram uma alternativa: pegue um pedaço relativamente pequeno de uma nova embalagem plástica, tecnologicamente avançada (semelhante a um rolo de plástico Glad Wrap ou Saran Wrap), coloque o frango em cima dele e envolva-o pressionando suavemente com os dedos — pronto, você tem uma embalagem hermeticamente selada pronta para a geladeira ou freezer.

As duas novas tecnologias eram suficientemente empolgantes para que a gerência da P&G concordasse em fazer um teste de mercado, começando com a embalagem de vedação de alimentos (da marca Impress). Esta, sem dúvida, era o menos convincente dos dois conceitos: a embalagem plástica autovedante oferecia um novo benefício que poderia ou não interessar aos consumidores, enquanto um saco de lixo ultraforte resolvia uma frustração bastante frequente dos consumidores (sacos de lixo que vazam e rasgam). Mas o Impress foi o ponto de partida.

O teste de mercado revelou que os consumidores adoravam o Impress. Esse produto alcançou uma fatia de mercado de mais de 25% quase imediatamente, a um preço 30% menor que o das embalagens plásticas existentes. O Impress resultava de uma tecnologia de produto única que a concorrência não detinha e que os consumidores valorizavam. Na P&G, normalmente esse tipo de resultado leva a euforia, investimento em uma nova marca e lançamento nacional. Mas a equipe envolvida conhecia os riscos nessa frente de batalha e relutava em simplesmente mergulhar nas novas tecnologias de embalagem plástica.

No início da década de 1980, os cientistas da P&G desenvolveram uma forma de incorporar a suplementação diária recomendada de cálcio em uma única porção de suco de laranja. E, melhor ainda, o cálcio era facilmente absorvido pelo corpo, em vez de passar rapidamente por ele, como era o caso dos suplementos de cálcio existentes. Além disso, o cálcio não tinha nenhum impacto adverso no sabor do suco de laranja. Para todas as mulheres e crianças que precisavam tomar leite apenas para ingerir a quantidade necessária de cálcio, mesmo que não tolerassem lactose ou não gostassem de beber leite, isso era uma grande vitória. Como ocorreria com o Impress décadas mais tarde, o novo suco de laranja com cálcio teve um desempenho muito bom nos testes com consumidores. Ele foi lançado nacionalmente em 1983 como Citrus Hill, contra dois concorrentes de peso — a Minute Maid (uma divisão da Coca-Cola) e a então independente Tropicana (posteriormente adquirida pela PepsiCo, Inc., para tornar-se ainda outra frente de batalha na guerra entre a Coca e a Pepsi). Os dois concorrentes dominavam o segmento de marcas no mercado, com a Tropicana ocupando a liderança no segmento de sucos naturais, e a Minute Maid, no grande segmento de suco reconstituído a partir de polpa congelada. O Citrus Hill competiria com ambas.

Basta dizer que a Minute Maid e a Tropicana lutaram contra o novo concorrente como se sua vida dependesse disso — o que, dada a reputação da P&G, provavelmente não era exagero. A P&G sempre procurou a liderança de mercado em cada categoria — e raras vezes contentou-se com o segundo lugar. Assim, os concorrentes viram que, se a P&G fosse bem-sucedida, um deles provavelmente morreria ou os dois poderiam perder participação no mercado. Ao que tudo indica, a Minute Maid e a Tropicana trataram o lançamento do Citrus Hill como uma batalha pela sobrevivência e não apenas outra investida competitiva.

Para a P&G, isso não era como entrar em uma nova categoria contra centenas de pequenos produtores de fraldas de pano com o lançamento da Pampers ou competir com os fabricantes de esfregões com o Swiffer. O Citrus Hill lutava contra dois concorrentes gigantes, bem capitalizados e entrincheirados. Infelizmente para a P&G, as batalhas do suco de laranja acabaram sendo uma experiência humilhante. O Citrus Hill nunca alcançou um avanço significativo contra as defesas da Minute Maid e da Tropicana, e a P&G saiu do negócio depois de uma década de frustração. O insulto final foi que a marca teve de ser encerrada, em vez de vendida, porque ninguém quis comprá-la. O único ponto positivo foi que a P&G obteve um bom lucro anual pós-saída licenciando a tecnologia de cálcio para seus dois ex-concorrentes. Descobriu-se que ambas as empresas ficaram felizes em pagar para adicionar um benefício atraente a suas ofertas existentes.

Avançando o filme duas décadas: competitivamente, ficou claro que o Impress concorreria diretamente com a marca líder Glad, da Clorox Company, e com a Saran Wrap, da SC Johnson; ambas eram marcas poderosas, com linhas de produtos consagradas. Cada uma vinha de um dos maiores concorrentes da P&G nas categorias de produtos de limpeza e produtos para o lar. Os novos sacos de lixo competiriam com o líder Glad, além da linha Hefty, do Reynolds Group Holdings. Para a P&G, entrar no negócio com essas duas tecnologias significaria entrar novamente em mercados estabelecidos contra duas grandes marcas, cada uma suportada por grandes empresas de alta qualidade. E, como ocorreu com a Coca-Cola e a Tropicana, a Clorox, a SC Johnson e a Reynolds estavam bem cientes dos perigos de permitir que a P&G ficasse em uma posição segura. Todas lutariam, e lutariam muito. Havia ainda as preocupações operacionais. Lançar o Impress e a tecnologia de saco de lixo exigiria investimentos de capital enormes em infraestrutura fabril — tecnologia cara e específica de uma indústria em que a P&G não tinha experiência.

Em outras palavras, à medida que a equipe explorava uma possível escolha sobre onde jogar, ela se esforçava para encontrar uma forma realmente convincente de vencer nesse campo de jogo. Os consumidores adoravam o produto. A tecnologia era excelente e proprietária. No entanto, apenas tecnologia e produto não levariam à vitória — não em face da dura dinâmica competitiva e dos altos custos de capital. Em vez de simplesmente lançar a nova tecnologia e tentar superar a batalha dolorosa que se seguiria, decidimos explorar abordagens completamente diferentes para vencer nesse segmento. No passado, se a P&G não pudesse utilizar uma tecnologia, ela a licenciaria para outra empresa (como fez, por exemplo, com o aditivo de cálcio depois da queda do Citrus Hill). Mas, dado o tamanho do prêmio potencial representado, queríamos saber se não havia alguma opção entre os extremos lançar e licenciar. Jeff Weedman foi encarregado de encontrar uma terceira via que agregasse mais valor para os consumidores e desse uma vantagem competitiva à P&G.

Weedman explorou as possibilidades. "Conversamos com os concorrentes que estavam no segmento de embalagens plásticas", lembra ele. "Fomos para o mercado e dissemos: 'Você quer essa tecnologia?'. Fizemos um leilão." Múltiplos lances foram dados pela tecnologia, em muitas configurações diferentes. Uma das mais intrigantes foi a da Clorox. A Clorox havia adquirido a marca Glad de sacos de lixo e embalagens plásticas em 1999, ao comprar a First Brands, superando os lances da

P&G pela tecnologia na época. Como Larry Peiros, então vice-presidente do grupo The Clorox Company (agora vice-presidente-executivo e diretor de operações), explica: "O Glad foi uma aquisição desafiadora desde o início. Nossos produtos eram praticamente indiferenciados e os custos das matérias-primas subiam muito. Nosso maior negócio Glad, sacos de lixo, estava ameaçado por um concorrente agressivo na Hefty e pelas marcas de loja com paridade de desempenho. Nossos produtos Glad para armazenamento de alimentos, Glad Cling Wrap e GladWare, estavam sob a pressão dos produtos líderes da Ziploc no segmento de armazenamento de alimentos. O negócio patinava, e ficou claro que precisávamos desenvolver produtos essenciais e investimento de capital para sermos bem-sucedidos no longo prazo".³ Mas a Clorox não tinha o tipo de experiência proprietária em P&D com materiais e plásticos que a P&G tinha. Ela também não contava com a escala maciça da P&G. Além disso, a equipe da Clorox entendia as implicações de a tecnologia da P&G passar para uma empresa concorrente. Assim, a equipe da Clorox apresentou uma proposta para uma parceria maior.

"Havia várias razões pelas quais queríamos uma relação mais profunda do que apenas a de licenciamento", lembra Peiros. "A Procter é uma máquina tecnológica. Ela compete em muitas categorias multibilionárias em que desenvolve inovações. Algumas dessas inovações seriam aplicáveis aos sacos e embalagens de plástico. Se a P&G estivesse disposta a nos dar acesso à tecnologia existente e futura para nossa categoria, isso seria um grande benefício para nós. Inicialmente foi uma conversa estranha. A ideia de trabalhar com um concorrente direto certamente era nova para a Clorox. A forma e as estruturas de uma joint venture estavam totalmente indefinidas". Isso significaria estabelecer uma parceria íntima em uma categoria, mantendo uma concorrência intensa em outras.

Para Weedman, isso significava encontrar uma nova e poderosa escolha de como vencer. Significava a inovação em seu sentido mais amplo. Houve bons lances para o licenciamento de várias outras empresas. Mas entrar no negócio com a Clorox enviaria um importante sinal externamente — e internamente — sobre como a P&G faria negócios no futuro. "Quando as pessoas falam de inovação, em geral elas pensam em moléculas", diz Weedman. "Essa seria a inovação do modelo de negócio — uma inovação por todo o espectro."

Com o incentivo forte da administração, Weedman criou uma joint venture com a Clorox, em que esta, e não a P&G, estava no controle. Em troca de ambas as tecnologias e a alocação de 20 funcionários (principalmente cientistas e tecnólogos de P&D) para a joint venture, a P&G recebeu 10% dos negócios Glad gerais, com a opção de adquirir mais 10% sob termos predefinidos. Mas a Clorox administraria a empresa — produção, distribuição, vendas, publicidade etc. Com esse acordo, a P&G abria mão do controle de uma forma como nunca tinha feito.

A joint venture foi lançada em janeiro de 2003 e, em dezembro de 2004, a P&G, satisfeita, exerceu a opção de comprar mais 10% do negócio. Na época do acordo, o Glad era um negócio de US$ 400 milhões; em cinco anos, ele cresceu para mais de US$ 1 bilhão, impulsionado pela força do Press'n Seal (a marca Impress rebatizada) e, especialmente, do ForceFlex. Por mais significativas que tenham sido as contribuições financeiras do acordo para a P&G, a abordagem fundamental foi ainda mais importante. Ela deu um sinal poderoso sobre a P&G do futuro, e não era algo que a antiga Procter precisava dominar. Essa colaboração com um concorrente — construir um negócio líder bem-sucedido em um segmento não competitivo — foi algo enorme. E a abordagem levou a algumas iniciativas semelhantes de desenvolvimento conjunto, como as franquias Tide Dry Cleaners, em que a P&G formou parcerias de maneiras inesperadas.

Com o desenvolvimento dessas novas tecnologias de película plástica, a P&G teve de lidar com uma série de opções sobre onde jogar e como vencer. O desafio era encontrar uma forma de vencer com essas novas tecnologias, em vez de apenas competir. Encontrar a resposta significava aplicar uma abordagem nova e criativa àquilo que vencer poderia significar e como a P&G poderia vencer de modo diferente. A escolha de como vencer tinha de ser feita cuidadosamente, entendendo totalmente o campo de jogo. O resultado foi a primeira parceria desse tipo entre a P&G e a Clorox — uma parceria que tornou as duas empresas mais fortes e criou uma marca líder de US$ 1 bilhão na categoria.

Onde jogar é a primeira metade da estratégia. A segunda é como vencer. Vencer significa fornecer uma equação de valor para o consumidor e o cliente melhor que os concorrentes, e fornecer isso de maneira sustentável. Como Mike Porter articulou pela primeira vez, mais de três décadas atrás, existem apenas duas formas genéricas de fazer isso: pela liderança de custos e pela diferenciação (para informações adicionais sobre as bases microeconômicas dessas duas estratégias, consulte o Apêndice B).

ESTRATÉGIAS DE BAIXO CUSTO

Na liderança de custos, como o nome sugere, o lucro é impulsionado tendo uma estrutura de custos mais baixos que os concorrentes. Imagine que as empresas A, B e C produzem um produto X, pelo qual os clientes de bom grado pagarão US$ 100. Os produtos são comparáveis; portanto, se uma empresa cobrar pelo produto mais que as outras, a maioria dos clientes optará por comprar as versões mais baratas. As companhias B e C têm estruturas de custos comparáveis e produzem o produto X por US$ 60, ganhando uma margem de US$ 40. A companhia A tem estruturas de custos mais baixos para produzir essencialmente o mesmo produto e é capaz de produzi-lo por US$ 45, gerando uma margem de US$ 55. Nesse caso, a empresa A é líder de custos baixos e tem uma vantagem enorme em relação aos concorrentes.

Empresas com os custos mais baixos não necessariamente cobram os preços mais baixos. Elas têm a opção de praticar preços menores que os dos concorrentes, mas também podem reinvestir o diferencial de margem de modo a criar vantagem competitiva. A Mars é um ótimo exemplo dessa abordagem. Desde os anos 1980, ela mantém uma vantagem de custo distinta em relação às barras de chocolate recheado da Hershey's. A Mars escolheu estruturar sua linha de barras de chocolate de maneira que elas pudessem ser produzidas em uma única linha de produção de altíssima velocidade. A empresa também utiliza ingredientes menos caros (de modo geral). Essas duas escolhas reduzem significativamente o custo do produto. A Hershey's e outros concorrentes têm vários métodos de produção e ingredientes mais caros e, consequentemente, estruturas de custos mais altos. Em vez de vender as barras a um preço mais baixo (o que é quase impossível por causa da dinâmica do comércio nas lojas de conveniência), a Mars optou por comprar o melhor espaço nas prateleiras para as barras de chocolate recheado, em cada loja de conveniência nos Estados Unidos. A Hershey's não pode combater eficazmente a iniciativa da Mars; ela simplesmente não tem o dinheiro extra para investir. Com a força desse investimento, a Mars passou de um pequeno player para tornar-se o principal concorrente da Hershey's, competindo pela liderança geral na participação de mercado.

A Dell Computer seguiu um rumo semelhante no início. Em sua primeira década, a empresa tinha uma vantagem substancial de baixo custo em relação a seus concorrentes no segmento de PCs. As escolhas superiores na cadeia de fornecimento e na distribuição criaram um diferencial de custo de cerca de US$ 300 por computador, em favor da Dell; simplesmente custava mais para seus concorrentes produzir, vender e distribuir computadores pessoais. Em vez de embolsar toda essa vantagem de margem, a Dell retornava parte dela aos consumidores, cobrando preços mais baixos que os concorrentes por produtos mais ou menos equivalentes. Com a força desses preços mais baixos, a Dell ganhou a liderança do mercado em tempo recorde, abocanhando no processo uma fatia enorme da Gateway, da HP, da Compaq e da IBM. O diferencial de margem de US$ 300 deu à Dell uma enorme vantagem competitiva na época. A empresa cresceu de uma startup, aberta em 1984 por Michael Dell, para tornar-se uma empresa de US$ 100 bilhões em seu auge, em 1999.

Embora todas as empresas façam esforços para controlar custos, há apenas um único player de baixo custo em qualquer setor — o competidor com os custos mais baixos. Ter custos mais baixos do que alguns concorrentes, mas não todos, pode permitir a uma empresa permanecer no mercado e competir por um tempo. Mas ela não vencerá. Somente o player que tem os custos mais baixos pode vencer com uma estratégia de baixo custo.

ESTRATÉGIAS DE DIFERENCIAÇÃO

A alternativa a baixos custos é a diferenciação. Em uma estratégia de diferenciação bem-sucedida, a empresa oferece produtos ou serviços que são percebidos pelos clientes como sendo distintamente mais valiosos que as ofertas da concorrência, e é capaz de fazer isso com aproximadamente a mesma estrutura de custos que os concorrentes usam. Nesse caso, as empresas A, B e C produzem o produto X e todas fazem isso por US$ 60 a unidade. Mas, ainda que os clientes estejam dispostos a pagar US$ 100 pelo produto X da empresa A ou B, eles preferem pagar US$ 115 pelo produto X da empresa C, por causa de uma percepção de qualidade melhor ou design mais interessante. Aqui, a empresa C tem uma margem de US$ 15 mais alta do que seus concorrentes e uma vantagem substancial em relação a eles.

Nesse tipo de estratégia, diferentes ofertas têm distintas equações de valor para o consumidor e diferentes preços associados a elas. Cada marca ou produto oferece uma proposta de valor específica que é atraente para um grupo de clientes específico. Fidelidade surge onde há uma correspondência entre o que a marca distintiva oferece e o que o consumidor valoriza pessoalmente. No setor hoteleiro, por exemplo, um cliente estaria muito mais disposto a pagar por um produto voltado para serviços, como o Four Seasons Hotels and Resorts, enquanto outro valorizaria mais uma experiência exclusiva de um hotel-butique, como o Library Hotel em Nova York. A diferenciação entre produtos é impulsionada pelas atividades da empresa: design do produto, desempenho do produto, qualidade, imagem da marca, publicidade, distribuição etc. Quanto mais um produto se diferencia em uma dimensão com a qual os consumidores se importam, maior o preço extra que a empresa pode cobrar. Assim, a Starbucks pode cobrar US$ 3,50 por um cappuccino, a Hermès pode cobrar US$ 10 mil por uma bolsa Birkin, e elas fazem isso, em grande parte, independentemente dos custos de produção.

Nem todas as estratégias de diferenciação são iguais. Embora às vezes seja considerada player de baixo custo por seu foco na eficácia da fabricação, a Toyota também é um diferenciador, praticante da estratégia de diferenciação. A eficiência de fábrica é necessária para compensar seu ambiente de produção (fortemente encarecido pelo alto custo do Japão). Mas a montadora é capaz de cobrar um preço de vários milhares de dólares a mais por veículo, em relação aos concorrentes no mercado de automóveis dos EUA, produzindo veículos a um custo semelhante. Os campeões de venda Camry e Corolla têm uma reputação por sua qualidade, confiabilidade e durabilidade superiores, determinando a significativa diferença de preço. Essa vantagem de diferenciação significa que, quando a Toyota quiser ganhar participação de mercado, pode cortar os preços sem destruir a lucratividade — e seus concorrentes não terão os recursos para responder. Outra possibilidade é a Toyota investir parte do preço extra para adicionar novas características desejáveis aos veículos. Ao fazer isso, pode reforçar sua vantagem de diferenciação.

Todas as estratégias de sucesso seguem uma dessas duas abordagens, liderança de custos ou diferenciação. Tanto a liderança de custos como a diferenciação podem fornecer para a empresa maior margem entre receita e custos que os concorrentes — produzindo assim uma vantagem competitiva vencedora e sustentável (Figura 4-1). Esse é essencialmente o objetivo de qualquer estratégia.

Embora haja apenas duas estratégias genéricas, as empresas têm muitas maneiras de utilizá-las. Na verdade, em casos limitados, as empresas podem usar ambas as estratégias ao mesmo tempo — impulsionando um preço extra significativo em relação aos concorrentes e produzindo a um custo mais baixo que eles. Essa abordagem de duas estratégias é rara, mas é possível se a empresa tiver uma vantagem esmagadora na participação de mercado e custos sensíveis à escala substanciais. A IBM, no auge de seu domínio do negócio de computadores mainframe, é um exemplo histórico. O Google e o eBay são exemplos na era atual. A P&G, em determinados negócios, como detergentes para lavar roupas, cuidados femininos e perfumes, é um diferenciador com vantagens de custos impulsionadas pela liderança de mercado e escala global. Normalmente, porém, como os mercados são dinâmicos e novos concorrentes descobrem formas inesperadas e inovadoras de agregar valor, as empresas que buscam custo baixo e diferenciação simultaneamente são forçadas a escolher (como a IBM foi forçada a fazer quando a Hitachi e a Fujitsu Microelectronics entraram no mercado de computadores mainframe com estratégias de custos muito mais baixos ou como o eBay diante da Craigslist e outras alternativas). É muito difícil buscar a lide-

F. 4-1

EQUAÇÕES DE VALOR DAS ALTERNATIVAS VENCEDORAS PARA A ESTRATÉGIA DE BAIXO CUSTO E A ESTRATÉGIA DE DIFERENCIAÇÃO

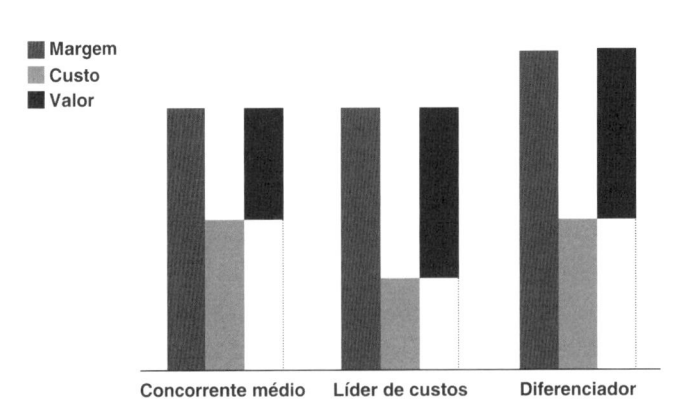

F. 4-2
DIFERENÇAS NOS IMPERATIVOS SOB A ESTRATÉGIA DE BAIXO CUSTO E A ESTRATÉGIA DE DIFERENCIAÇÃO

- Compreensão profunda e holística dos clientes
- Construção intensiva da marca
- Proteção zelosa dos clientes
- Compromisso com inovação

Baixo custo ↓ Vantagem competitiva sustentável ↑ Diferenciação

- Compreensão sistêmica dos custos/determinantes de custos
- Redução incessante de custos
- Sacrifício dos clientes não adaptados
- Compromisso com a padronização

rança de custos e a diferenciação ao mesmo tempo, porque cada uma exige uma abordagem muito específica do mercado (Figura 4-2).

Em outras palavras, a vida de um líder de custos parece muito diferente da vida de um diferenciador. Em um líder de custos, os gerentes sempre procuram entender melhor os determinantes de custos e modificam as operações correspondentemente. Em um diferenciador, os gerentes sempre tentam aprofundar sua compreensão holística dos clientes para aprender a atendê-los de maneira mais distinta. Em um líder de custos, busca-se incessantemente a redução de custos, enquanto, em um diferenciador, a marca é incessantemente construída.

Os clientes são vistos e tratados de modo muito diferente. Em um líder de custos, os clientes não adaptados — isto é, clientes que querem algo especial e diferente em relação ao que a empresa produz atualmente — são sacrificados para garantir a padronização do produto ou serviço, tudo em busca da eficiência de custo. Em um diferenciador, os clientes são zelosamente protegidos. Se os clientes indicarem um desejo por algo diferente, a empresa tentará criar uma oferta que eles possam vir a adorar. E, se um cliente for embora, essa perda cravará uma estaca no coração da empresa, indicando uma falha da estratégia para com ele. É tão simples como a diferença entre a Southwest Airlines e a Apple. Se, como cliente, você diz para a Southwest: "Quero poder escolher o assento, ter verificação de bagagem entre conexões e pousar no aeroporto O'Hare, e não no Midway, quando vou a Chicago", a Southwest dirá: "Ótimo, você deve tentar a United Airlines". Na Apple, se os clientes disserem: "Uau, esse iPad é lindo!", ela utilizará isso como uma sugestão para lançar um iPad de próxima geração ainda mais bonito.

Tanto a liderança de custos como a diferenciação exigem a busca da distinção. Você não se torna um líder de custos criando produtos ou serviços exatamente como os concorrentes o fazem, e você não se torna um diferenciador tentando desenvolver um produto ou serviço idêntico ao dos concorrentes. Para ter sucesso no longo prazo, você deve tomar decisões criativas e bem elaboradas sobre como vencer. Ao fazer isso, você permite que a empresa forneça de maneira sustentável uma equação de valor melhor para os consumidores do que os concorrentes e cria uma vantagem competitiva.

A vantagem competitiva fornece a única proteção que uma empresa pode ter. Uma companhia com uma vantagem competitiva ganha maior margem entre receita e custos que outras envolvidas na mesma atividade. A empresa pode usar essa margem adicional para competir com essas outras concorrentes, que não têm os recursos para se defender. Ela pode usar essa vantagem para vencer. Baixo custo e diferenciação parecem conceitos simples, mas são muito poderosos em termos de manter as organizações honestas em relação a suas estratégias. Muitas empresas gostam de se descrever como vencedoras ostentando sua eficácia operacional ou sua intimidade com o cliente. Estas soam como boas ideias, mas, se não forem transformadas em uma estrutura genuína de custos mais baixos ou de preços mais altos para os clientes, elas se tornam estratégias que não vale a pena adotar. Ao longo de suas categorias e mercados, a P&G desenvolve estratégias de diferenciação de marca que lhe permitem estabelecer preços diferenciados.

MÚLTIPLAS MANEIRAS DE VENCER

Na última década, o conceito das estratégias *o vencedor leva tudo* ganhou força e credibilidade. Ele é usado de forma proeminente com relação à Toyota, ao Walmart e à Dell, mas também se aplica à Microsoft, à Apple e ao Google. A ideia é que a empresa em questão descobre a maneira arrasadora de competir e gera escala de modo que possa continuar a pressionar sua vantagem até conquistar todo o mercado. No entanto, muito depois de ser declarado um vencedor que levou tudo, o Walmart experimentou a ascensão da Target em uma frente de batalha e da Dollar Stores em outra. A participação de mercado da Dell foi eclipsada por uma HP ressurgente e agora é ameaçada por tablets (incluindo iPads), no segmento de produtos *high end*, e pelas importações baratas como a

Lenovo e a Acer, no segmento de produtos *low end*. E, embora a Toyota ainda seja candidata para a liderança na competitiva indústria automobilística global, ela tem menos de 15% de participação de mercado. A Microsoft enfrenta forte concorrência de tablets e smartphones que executam sistemas operacionais alternativos. A Apple compete duramente com o Android. O Google luta com o Facebook. E, claro, o Google e a Apple agora competem entre si. Simplesmente não há uma estratégia perfeita que vá durar para sempre. Existem várias maneiras de vencer em praticamente todos os setores. É por isso que construir capacidade de pensamento estratégico na empresa é tão vital.

A capacidade estratégica é necessária para pensar em maneiras de sair de posições difíceis — como a que a equipe do detergente para roupas Gain enfrentou. Em certo momento, o Gain estava praticamente fora do negócio — com distribuição em apenas alguns estados do Sul. De fato, no final da década de 1980, o gerente da marca Gain, John Lilly, enviou um memorando ao então CEO, John Smale, recomendando que a marca fosse interrompida. Smale enviou o memorando de volta a Lilly com uma resposta no alto da folha: "John, mais uma tentativa, por favor". Smale não estava questionando se o memorando fazia sentido ou não, ele só queria dar ao Gain outra chance, mesmo que fosse um tiro no escuro.

A equipe do Gain (então liderada por Eleni Senegos, gerente de marca) decidiu redefinir as escolhas de onde jogar e como vencer, dando-lhe outra chance. Mais uma vez, a equipe começou com o consumidor. O Tide era o líder esmagador de mercado e dominava a posição de produtos de limpeza multiúso. Mas os dados da segmentação dos consumidores mostraram que um grupo pequeno, mas apaixonado, de consumidores não estava sendo bem atendido pelo Tide ou por qualquer outro produto da concorrência. Esse segmento se importava muito com a experiência sensorial relacionada à lavagem de roupas — com o aroma do produto na caixa, com o aroma durante a lavagem e, especialmente, com o aroma de roupa lavada. O aroma era a prova de limpeza para esses consumidores. Na época, não havia uma marca posicionada para os caçadores de aroma (*scent seekers*), pessoas que querem uma experiência intensa e poderosa de fragrância desde o momento em que a caixa é aberta, passando por todo o processo de lavagem, até tirar da secadora e guardar na gaveta. O Gain poderia preencher esse nicho.

Mover o Gain para a posição dos caçadores de aroma foi possível por meio da perícia adquirida pela P&G em fragrâncias ao longo de todas as categorias de produtos. A P&G, como observamos, é a maior empresa de fragrâncias do mundo; não apenas conta com um robusto negócio de perfumes finos, mas praticamente todos os seus produtos têm uma fragrância peculiar, voltada para criar uma experiência única e desejável. O posicionamento dos caçadores de aroma deu à P&G a capacidade de criar aromas distintos em todos os pontos do processo. A embalagem foi totalmente alterada para ser brilhante, vistosa e chamativa, além de informar que, se você gosta de aromas acentuados e fortes, esse é o produto para você. A equipe do Gain insistiu com esse posicionamento, na prateleira e na publicidade. O Gain agora é uma das marcas multibilionárias da P&G, embora só seja vendido nos Estados Unidos e no Canadá. E o impulso foi dado porque Smale repensou o jeito de encontrar uma nova forma de vencer.

A estratégia do Febreze oferece outro exemplo de como encontrar uma forma de vencer. A P&G lutava para revigorar seus negócios de produtos de limpeza e crescer na categoria geral. Antigamente, a empresa tinha uma posição forte em produtos de limpeza de superfícies, com marcas como Comet e Spic 'n Span, mas havia optado por se desfazer das marcas e reorientar a equipe de produtos de limpeza para os novos segmentos de consumidores e produtos, e as novas tecnologias de produtos, construindo esses segmentos organicamente, em vez de por meio de aquisições. Um desses novos produtos, com base em uma tecnologia patenteada, era um spray que removia odores de superfícies macias. Não era um produto totalmente novo, mas um purificador de ar melhor — ele removia odores em vez de disfarçá-los.

Infelizmente, o segmento de purificadores de ar tinha dois grandes players históricos, Reckitt Benckiser (fabricante do Air Wick) e SC Johnson (Glade). Essa era uma categoria estratégica essencial para as duas empresas; elas não estavam dispostas a vender suas marcas consagradas para a P&G, e era uma categoria que elas provavelmente defenderiam a todo custo contra um novo participante. Assim, em termos de como ganhar, a questão era como introduzir melhor essa nova tecnologia de uma forma que provasse sua eficácia para os consumidores, construísse uma marca forte e diferenciada e evitasse os feudos da concorrência no setor de purificadores de ar e desodorizadores desde o início.

O Febreze era, essencialmente, uma tecnologia de produto buscando uma aplicação. Para ter melhor chance de vencer, a equipe de cuidados com o lar optou por começar em uma área em que a P&G era perita, a dos produtos de lavanderia — posicionando a nova tecnologia como um aditivo para lavagem de roupa que combateria odores. A equipe então atacou a linha de menor resistência e caminhou em direção à de maior resistência: primeiro, como um produto para remover odores de cortinas, tapetes, estofados no lar; depois, como um desodorizador para outros objetos com mau cheiro no lar (por exemplo, tênis e equipamentos esportivos); e, por fim, como desodorizador de ar e perfumador de ar. Ao longo do caminho, a P&G adquiriu a Ambipur, da Sara Lee, para expandir a tecnologia superior do Febreze mais rapidamente na Europa e em alguns mercados emergentes. No total, levou uma década para que o Febreze obtivesse a liderança onde havia escolhido jogar.

O negócio de perfumes finos, como detalhado no Capítulo 3, é outro exemplo do poder das escolhas integradas de onde jogar e como vencer. A P&G entrou no negócio de perfumes finos por meio de uma aquisição, mas, uma vez lá, pensou muito sobre como vencer. Em vez de aceitar as regras do jogo (um negócio altamente sazonal, com uma abordagem baseada na alta rotatividade das marcas e poucas oportunidades de aplicar seu conhecimento do consumidor e suas competências de construção de marca e entrada no mercado), a equipe de perfumes finos encontrou novas formas de vencer. Como a equipe de cuidados com o lar, ela explorou uma área de menor resistência — perfumes masculinos e fragrâncias mais esportivas para homens mais jovens, em vez do mercado mais concorrido das marcas de prestígio para mulheres. A equipe descobriu novas formas de vencer criando marcas com base nas necessidades e desejos específicos dos consumidores, por meio de parcerias distintivamente bem-sucedidas com perfumarias e designers. Ao fazer isso, o negócio de perfumes finos tornou-se parte da estratégia maior de como vencer da P&G, outra maneira de diferenciar as marcas em uma dimensão que interessa aos consumidores e de alavancar os benefícios da escala global.

É tentador acreditar que uma estratégia em geral e escolhas de onde jogar e como vencer em particular só são necessárias para funções voltadas para fora — as pessoas que interagem com os consumidores e concorrentes externos. No entanto, cada linha de produtos e função deve ter uma estratégia que se alinhe com a estratégia geral da empresa e decida onde jogar e como vencer especificamente para um contexto. Na P&G, todas as funções corporativas devem elaborar as próprias estratégias seguindo essa abordagem. Joan Lewis, diretor de conhecimento do mercado consumidor global, explica: "Escolhas sobre onde jogar e como vencer foram um marco muito importante para nós. As empresas costumam ser boas em uma ou outra, sem perceber que elas são dois conjuntos diferentes de decisões. Em dado momento, nós não éramos tão disciplinados sobre nossas escolhas de onde jogar. Podia ser em todos os lugares em que alguém precisava colher sugestões do consumidor ou em qualquer lugar em que achávamos que poderíamos agregar valor. Assim como um negócio dilui seu foco — e, consequentemente, seu potencial de crescimento — quando você tenta fazer muitas coisas ao mesmo tempo ou fazer as coisas que estão mais longe de seus pontos fortes essenciais, estávamos relativamente diluídos na natureza do impacto que poderíamos ter".[4]

Assim, Lewis e sua equipe trabalharam para pensar mais criticamente sobre as estratégias, considerando "os tipos de decisões da empresa ou decisões de negócios individuais que procuramos influenciar: aquelas em que a compreensão do consumidor é um fator-chave para o sucesso da empresa. Firmamos um compromisso claro sobre onde jogar com a empresa. Então estruturamos o como vencer, o como entregar, com base em nosso compromisso de onde jogar", lembra Lewis. "Nossa escolha de como vencer, do ponto de vista organizacional, divide-se em duas partes. Uma delas é saber identificar os tipos de consumidor e os métodos de pesquisa e teste de mercado que usamos. Então, determinamos a melhor estrutura organizacional — quanto está incorporado no negócio, quanto é corporativo, o que é escalonado e o que é altamente personalizado?". A P&G poderia ter contratado uma agência líder em pesquisa e terceirizado tudo. Em vez disso, como sugestões do consumidor são cruciais para as escolhas de como vencer de uma empresa, ela manteve o capital intelectual na companhia, onde o grupo de Lewis cria métodos personalizados de teste para atender às necessidades específicas e terceiriza pesquisas-padrão da indústria, como enquetes e *focus groups* (grupos de discussão). Lewis e sua equipe determinam o que significa vencer para suas funções, tendo em mente seus clientes internos e todo o mercado. Essa abordagem permite que eles tomem decisões diárias mais inteligentes com base em uma estratégia de substituição e desenvolvam competências mais fortes de conhecimento do consumidor no setor.

A estratégia de terceirização baseada *no melhor em cada área* para GBS da P&G demonstra o poder de pensar por meio de escolhas de onde jogar e como vencer para uma função interna. A abordagem *o que há de melhor* foi uma escolha ponderada — para cada serviço, a empresa selecionava o provedor que melhor poderia agregar valor em conjunto com a P&G, liberando a equipe central de GBS para focalizar a construção de competências decisivas da P&G. Essa escolha fundamental de como vencer levou a equipe a continuar a se concentrar em como vencer com seus clientes internos — direcionando os custos do sistema, terceirizando atividades não centrais e construindo sistemas para dar suporte às escolhas estratégicas nos níveis da organização como um todo, de unidades de negócios e de funções da P&G.

REFORÇANDO AS ESCOLHAS

As escolhas de onde jogar e como vencer não funcionam de maneira independente; uma escolha forte de onde jogar só é valiosa se for suportada por uma escolha de como vencer robusta e acionável. As duas escolhas devem se reforçar mutuamente para criar uma combinação distintiva. Pense na Olay, em que a nova escolha sobre onde jogar (mulheres entre 35 e 49 anos interessadas em produtos para cuidados com a pele que combatem o envelhecimento) combinava perfeitamente com a nova escolha sobre onde vencer (no segmento *masstige* sofisticado, com a parceria de grandes redes de varejo e produtos que combatem os sete sinais de envelhecimento). Com a Bounty, limitar a escolha sobre onde jogar para a América do Norte permitiu à equipe decidir como vencer com base nas diferentes necessidades dos consumidores dessa região. Na joint venture do Glad, algumas escolhas sobre onde jogar (como criar uma nova categoria de embalagens plásticas e sacos de lixo para a P&G) teriam dificultado vencer entre os consumidores, dada a natureza dos concorrentes na categoria e a provável resposta da concorrência. Em vez disso, a companhia encontrou uma escolha de como vencer formando uma joint venture com uma empresa concorrente, e o empreendimento criou valor para os consumidores, para a P&G e para a Clorox. As escolhas de onde jogar e como vencer foram consideradas em conjunto, e uma abordagem muito diferente foi criada.

O negócio de fraldas da P&G nos mercados emergentes é outro exemplo. Em 2000, a empresa fazia bom progresso para se expandir nos mercados emergentes em várias categorias. O negócio de cuidados com o bebê tinha uma estratégia global que incluía reconquistar o posicionamento da marca na América do Norte, reafirmar a liderança de mercado na Europa e expandir-se do segmento de fraldas para outros tipos de produtos de cuidados com o bebê. Entrar nos mercados emergentes era uma das partes dessa estratégia maior. A decisão tomada foi começar pela Ásia, por causa de sua demografia atraente. Mas que tipo de escolha de como vencer funcionaria bem com a escolha de onde jogar? Como a P&G poderia não apenas entrar no mercado asiático de cuidados com o bebê, mas também vencer aí? E como a estratégia para mercados emergentes se encaixaria na estratégia global de cuidados com o bebê?

Seria um desafio. As fraldas Pampers, que eram vendidas globalmente, eram muito caras para serem comercializadas nos mercados emergentes. Tradicionalmente, empresas de bens de grande consumo optam por uma de duas abordagens em uma situação como essa. Uma delas é a abordagem da tecnologia *trickle-down*, que é basicamente pegar um produto de um país desenvolvido que se tornou obsoleto e vendê-lo nos mercados emergentes. A outra abordagem comum é pegar o produto sofisticado existente e remover todos os custos possíveis. "Essencialmente", explica Deb Henretta, então presidente do grupo para a Ásia e produtos especiais global (agora presidente do grupo de cuidados com a pele, beleza e cuidados pessoais global), "pegaríamos uma fralda que na época, na América do Norte ou na Europa Ocidental, custava cerca de US$ 0,24 por unidade e cortávamos toda a gordura para chegar a algo em torno de US$ 0,08 a US$ 0,10".[5] Quando isso era feito, geralmente o produto resultante acabava sendo deficiente, uma pobre imitação que não atendia às necessidades de ninguém. Em vez de tentar uma dessas vias, Henretta e sua equipe optaram por uma abordagem diferente: "Vamos optar por uma abordagem *folha de papel em branco*", disse ela para sua equipe, "tendo o consumidor em mente. Vamos descobrir do que os consumidores realmente precisam e criar essa fralda. Você só desenvolve o que eles precisam; você não agrega todos aqueles acessórios que apenas os consumidores nos mercados de países desenvolvidos esperam."

Henretta definiu parâmetros específicos para o sucesso: "Decidimos que queríamos que o custo de uma fralda fosse o mesmo de um ovo. A esse preço, ela seria acessível para os consumidores. A isso associamos o fato de que, com um posicionamento estratégico, as fraldas ajudariam a controlar doenças, fornecendo melhores condições de saúde e higiene para os bebês, além de proporcionar uma melhor noite de sono para eles. Tudo isso foi reunido para formar a proposta".

A nova abordagem *folha de papel em branco* exigia um modo diferente de pensar sobre a capacidade de inovação. Tradicionalmente, em fraldas e outros segmentos, a ênfase estava na tecnologia de ponta. Aqui, as equipes de P&D tinham um desafio diferente — responder às necessidades específicas e diferenciadas dos consumidores nos mercados emergentes, de acordo com parâmetros de custo específicos. Era uma forma diferente de pensar e usar a capacidade essencial de inovação — mas à qual as equipes de P&D eram capazes de atender. O resultado foi a obtenção da liderança de mercado na China em uma categoria em rápido crescimento.

RESUMINDO

Ao escolher onde jogar, você deve considerar uma série de dimensões importantes, como regiões geográficas, produtos, necessidades de consumo etc., para encontrar um campo de jogo promissor. Escolhas de como vencer determinam o que você fará nesse campo de jogo. Uma vez que contextos, como a dinâmica competitiva e as competências da empresa, diferem significativamente, não há uma receita única e simples sobre as escolhas de como vencer. Em um alto nível, a escolha é ser o player de baixo custo ou um diferenciador. Mas o *como* de cada estratégia será diferente de acordo com o contexto. Líderes de custos podem criar vantagem em muitos pontos diferentes — prospecção de fornecedores, design, produção, distribuição etc. Diferenciadores podem criar uma diferença de preço em função da marca, da qualidade, de determinado tipo de serviço etc. Lembre-se de que não há uma única escolha de como vencer para todas as empresas. Mesmo em um único mercado, é possível competir de várias maneiras diferentes e ter sucesso. Escolher uma abordagem de como vencer é uma questão de pensar ampla e profundamente no contexto dos campos de jogo disponíveis para a empresa.

Ações consistentes com a escolha de como vencer são vitais. Liderança de custos e diferenciação têm imperativos diferentes que devem levar a distintos conjuntos de atividades dentro de uma empresa. Estruturar uma empresa para competir como um líder de custos requer um foco obsessivo para eliminar custos do sistema, de tal maneira que a padronização e sistematização tornam-se os principais determinantes do valor. Provavelmente qualquer coisa que requeira uma abordagem distinta adicionará custos e deverá ser eliminada. Em uma estratégia de diferenciação, os custos ainda são importantes, mas não representam o foco da empresa; o foco são os clientes. A pergunta mais importante é como encantar os clientes de uma forma distintiva que gere maior disposição para pagar.

Onde jogar e como vencer não são variáveis independentes. As melhores estratégias têm, em seu núcleo, escolhas que se reforçam mutuamente. Como resultado, não é uma questão de escolher onde jogar e como vencer e então prosseguir. Embora essas duas escolhas tenham sido discutidas em capítulos separados por uma questão de clareza, elas estão interconectadas e devem ser consideradas em conjunto: quais escolhas de como vencer fazem sentido com quais escolhas de onde jogar? E que combinação faz mais sentido para sua empresa? A partir daí, o próximo passo é entender as competências que serão necessárias para dar suporte às escolhas de onde jogar e como vencer.

COMO VENCER: O QUE FAZER E O QUE EVITAR

» Trabalhe para criar escolhas sobre como vencer onde não existe uma. Só porque não há uma escolha óbvia sobre como vencer, dada sua estrutura atual, não significa que é impossível criar uma (e vale a pena, se o prêmio for grande o bastante).

» Mas não se iluda. Se, depois de muita pesquisa, você não conseguir criar uma escolha de como vencer confiável, descubra um novo campo de jogo ou procure algo diferente.

» Considere o como vencer em harmonia com o onde jogar. As escolhas devem se reforçar mutuamente, criando uma essência estratégica forte para a empresa.

» Não suponha que a dinâmica de um setor é definida e imutável. As escolhas dos players nesse setor podem recriar a dinâmica. A dinâmica do setor pode ser mutável.

» Não reserve as perguntas sobre onde jogar e como vencer apenas para atividades voltadas para os clientes. Atividades internas e de suporte também podem e devem gerar essas escolhas.

» Defina as regras do negócio e jogue o jogo melhor se você estiver vencendo. Mude as regras do jogo se você não estiver.

PAMPERS: A LIÇÃO ESTRATÉGICA MAIS IMPORTANTE DA P&G
A.G. LAFLEY

No final da década de 1950, havia um químico da P&G chamado Vic Mills que detestava limpar as fraldas de pano do neto; ele estava convencido de que deveria haver uma alternativa e começou a estudar o segmento nascente das fraldas descartáveis, que então representava menos de 1% dos bilhões de fraldas utilizadas nos Estados Unidos todos os anos.

Depois de estudar a primeira geração de fraldas descartáveis no mundo inteiro e de experimentar vários modelos que falharam nos testes de consumo pré-mercado, a P&G testou um design retangular de três camadas acolchoadas (uma camada plástica interna, material absorvente na camada do meio e repelente de água na camada externa) em Peoria, Illinois, em dezembro de 1961. Esse modelo também fracassou. As mães gostavam da fralda descartável, mas o preço de US$ 0,10 por fralda era muito alto. Após outros seis testes de mercado, novos aperfeiçoamentos no design e engenharia, bem como o desenvolvimento de um processo de fabricação totalmente novo, a P&G finalmente teve sucesso — dessa vez com uma fralda de US$ 0,06.

A empresa lançou a nova fralda como Pampers.[a] Ao longo das décadas de 1960 e 1970, as fraldas Pampers alcançaram lucros e volumes de vendas significativos, transformando usuários de fraldas de pano em usuários de fraldas descartáveis. A P&G criou efetivamente uma nova categoria e ganhou facilmente uma participação líder. Retrospectivamente, a história das fraldas Pampers é um bom exemplo de insight e visão estratégicos. Um produto melhor satisfazia uma necessidade não atendida do consumidor, fornecia melhor experiência para o usuário e criava melhor valor total para o consumidor. Nos termos de Peter Drucker, as fraldas descartáveis Pampers criaram clientes e os atendiam melhor do que os concorrentes.

Em meados da década de 1970, as fraldas Pampers tinham alcançado uma fatia de 75% do mercado norte-americano e estavam disponíveis em cerca de 75 países.

Imagine o que as fraldas Pampers poderiam ter se tornado, então, se a P&G não tivesse escolhido uma estratégia diferente em 1976. Foi quando ela introduziu uma segunda marca de fralda, a Luvs, que tinha um acolchoamento na forma de ampulheta com fixadores elásticos. A Luvs oferecia ajuste, absorção e conforto superiores por um preço cerca de 30% maior que o da Pampers. A decisão de lançar a Luvs como um produto melhor poderia ter sido o erro de cálculo estratégico mais infeliz na história da P&G. Por que a P&G lançou uma nova marca em vez de melhorar ou estender a marca existente? Primeiro, a prática da empresa na época ditava uma estratégia multimarca — uma nova marca para cada novo produto em cada categoria — e a abordagem parecia funcionar bem na categoria de detergentes para roupas e em várias outras. Segundo, o novo design levaria a custos operacionais mais altos e exigiria investimentos consideráveis na produção; projeções sugeriram que um preço de varejo 20% maior seria necessário para manter as margens, e a empresa estava preocupada com o fato de que os usuários atuais pudessem rejeitar uma linha de preços mais altos da Pampers. Assim, a Pampers não foi alterada e o mesmo design avançado foi introduzido com o preço especial como Luvs.

Infelizmente, a companhia raciocinou mal. Embora os consumidores quase sempre digam que não comprarão (ou até experimentarão) um produto melhor se ele for vendido a um preço mais alto, esses mesmos consumidores frequentemente mudam de ideia quando o produto e a experiência de uso são claramente melhores e o diferencial de preço ainda representa valor. Esse acabou sendo o caso das fraldas modeladas, e a Pampers sofreu com isso. Em seguida, surgiu uma nova ameaça. Em 1978, a Kimberly-Clark lançou a Huggies, uma nova marca com uma forma de ampulheta parecida com a da Luvs, melhor ajuste e melhor sistema de fixação com fita. Com a força do novo produto, a participação de mercado das fraldas Huggies aumentou 30%. Enquanto isso, o lançamento da Luvs fez pouco para trazer novos consumidores para a P&G. Em vez disso, dividiu a participação de mercado da Pampers entre duas marcas. A P&G continuou a vender mais fraldas, mas a Pampers e a Luvs, individualmente, perderam participação de mercado para a Huggies.

O futuro CEO John Pepper, que havia assumido o controle da operação norte-americana por essa época, lembra-se de uma série de grupos de *focus groups* que fez com que ele suasse frio. Todas as mães que utilizavam Huggies, Luvs ou Pampers preferiam a fralda modelada. As mães tinham decidido. Assim, finalmente, a P&G decidiu. Em 1984, o CEO John Smale aprovou a decisão de também mudar o design das fraldas Pampers modeladas. A P&G lançou a Ultra Pampers, com design na forma de ampulheta, um novo gel absorvente proprietário, proteção na cintura contra vazamento, alças de fixação elásticas e bainha respirável nas pernas. A empresa investiu US$ 500 milhões em capital para construir e administrar as novas linhas de fraldas e mais US$ 250 milhões em marketing e promoção de vendas. A Ultra

Pampers foi um sucesso, no sentido de que fez a maioria dos usuários da Pampers migrar para o design do produto de nova geração e recolocar a Pampers à frente da Luvs. Mas ela não forneceu uma vitória definitiva contra a Huggies nos Estados Unidos, tampouco resolveu a tensão entre a Pampers e a Luvs — dois produtos praticamente idênticos que a P&G se esforçava (mas sem sucesso) para diferenciar por meio de publicidade, havia mais de uma década. Por fim, na década de 1990, a Luvs foi reposicionada como uma oferta de valor mais básica e mais simples.

O CEO Ed Artzt resumiu as lições da história da Pampers em uma aula sobre estratégia que ele deu no início dos anos 1990:

> **1.** Determine se uma inovação de produto realmente é específica da marca ou, essencialmente, uma categoria genérica. Nunca dê ao usuário da marca atual uma razão baseada no produto para que ele o troque por outro. Ao negar a forma de ampulheta e melhores características de ajuste por uma década, a Pampers perdeu cinco gerações de novos pais e novos bebês.

> **2.** A concorrência seguirá sua tecnologia, tentando, pelo menos, igualá-la e, idealmente, derrotá-la. Superioridade técnica por si só não é sustentável.

A fralda Luvs na forma de ampulheta não foi o único desafio estratégico a abalar a Pampers ao longo dos anos. No final da década de 1980, a P&G decidiu lançar fraldas do tipo calça (*pull-on*). Em resposta, a Huggies desenvolveu as fraldas Pull-Ups, criando e assumindo a liderança de um novo e grande segmento. Essas fraldas dominaram a faixa de preços premium e foram responsáveis por uma participação desproporcional nos lucros no segmento de fraldas para bebês da Kimberly-Clark, permitindo que a empresa também competisse mais efetivamente no segmento de fraldas com fita. Na Ásia, a Unicharm, de maneira semelhante, levou a tecnologia de fraldas acolchoadas do tipo calça à liderança na categoria de fraldas para bebês em seu mercado de origem japonês e, posteriormente, em vários outros países asiáticos.

Como John Pepper relata em seu livro *What really matters*, a decisão de não investir em fraldas do tipo calça no final da década de 1980 foi tomada porque a P&G ainda estava sob pressão intensa para executar corretamente a atualização de seu produto Ultra Pampers.[b] A empresa sucumbiu ao argumento *primeiro o mais importante* e investiu todos os recursos disponíveis na solução do problema atual. Ela não equilibrou os retornos atuais com investimentos futuros. Mais uma vez, a P&G calculou mal as preferências dos consumidores, colocou peso demais nas preocupações com capital e preço extra e subestimou a concorrência. No final, se a P&G tivesse parado para entender os consumidores, teria abraçado as fraldas tipo calça e transformado as duas últimas décadas em uma competição de três vias nessa categoria.

A saga da P&G no segmento de fraldas para bebês está repleta de desafios estratégicos ocasionados por design e tecnologias de produto inovadoras, por interpretações muito diferentes da opinião do consumidor e por escolhas estratégicas dos concorrentes que mudaram o jogo. Mas ainda é uma categoria em que a P&G pode vencer, com o pensamento estratégico correto. Hoje a Pampers é um negócio de US$ 8 bilhões em um mercado global de US$ 25 bilhões (mais de 30%, enquanto a Huggies, da Kimberly-Clark, tem cerca de 20%), em grande parte por causa da liderança da P&G no mercado de fraldas da Europa e de outras regiões, onde a empresa permaneceu exclusivamente focada na franquia da marca Pampers. O negócio é um importante mecanismo de crescimento e de criação de valor. Às vezes, a P&G acerta.

Em toda a minha experiência profissional, nunca vi um segmento mais competitivo que o de cuidados com o bebê. Os consumidores são exigentes e seletivos e mudam rapidamente — é uma base de consumidores totalmente nova a cada três anos. Fraldas para bebês são um dos itens mais caros — se não o mais caro — na lista de compras semanal de uma família. A concorrência é intensa. As grandes redes de varejo são concorrentes; praticamente todas têm como principal foco famílias jovens, e a maioria oferece marcas de fraldas próprias. O mercado é grande e cresce constantemente nos países emergentes, onde há um potencial enorme para atender bebês que começarão a vida usando fraldas de pano ou simplesmente nenhuma fralda. As apostas também são grandes; esse é um negócio de alto investimento de capital, em que a obsolescência dos produtos e das máquinas é uma ameaça contínua. O mercado exige escolhas vencedoras que sustentem uma vantagem competitiva longa o bastante para criar valor significativo. A guerra das fraldas para bebês continuará. As melhores estratégias vencerão.

---

a. A história da Pampers foi contada diversas vezes, de diferentes pontos de vista. Ver: SCHISGALL, O. **Eyes on tomorrow**. Chicago: G. Ferguson, 1981, p. 216–20. DYER, D.; DALZELL, F.; OLEGARIO, R. **Rising Tide:** lessons from 165 years of brand building at Procter & Gamble. Boston: Harvard Business School Press, 2004, p. 230-9. PEPPER, J.E. **What really matters:** service, leadership, people, and values. New Haven: Yale University Press, 2007.

b. PEPPER, op. cit.

CAPÍTULO CINCO

JOGUE COM SEUS PONTOS FORTES

A maioria das fusões corporativas fracassa em criar valor. Quanto maior o negócio, menor a probabilidade de ser bem-sucedido. Há muitos exemplos, incluindo AOL Time Warner, DaimlerChrysler, Sprint-Nextel e Quaker-Snapple. Em cada um deles, as sinergias prometidas não se materializaram, o valor foi destruído em vez de ser criado e as ações despencaram. No caso da Snapple, a Quaker pagou US$ 1,7 bilhão pela marca em 1995, prometendo transformá-la na próxima Gatorade. Menos de três anos depois, a Quaker vendeu a marca Snapple muito reduzida, por apenas US$ 300 milhões. A Time Warner valorizou a AOL, que chegou a valer cerca de US$ 190 bilhões na época da fusão, e apenas dez anos mais tarde vendeu-a por meros US$ 3 bilhões.[1]

Então, como a aquisição da Gillette pela P&G, em 2005, conseguiu fugir à regra? A fusão não era mais simples. Na verdade, era relativamente complexa, como o *Sunday Times*, de Londres, explica: "US$ 11 bilhões de vendas da Gillette combinados com US$ 57 bilhões de negócios da P&G, 30 mil funcionários combinados com 100 mil na P&G, com presença em 80 países e vendas em 160".[2] Mas a aquisição resultou em mais de US$ 2 bilhões em sinergias de custos em dois anos e continua a fornecer sinergias de receita significativas após a integração. A Gillette era, por uma ampla margem, a maior aquisição para criação de valor da P&G, excedendo confortavelmente a criação de valor prometida aos acionistas.

As raízes do sucesso da aquisição remontam à consideração inicial da oportunidade. Como Clayt Daley, que se aposentou como diretor-financeiro em 2009, explica, a P&G tinha três critérios relevantes para fazer qualquer aquisição. Primeiro, ela precisava ser "agregadora de crescimento — em um mercado que prosperava (e provavelmente continuará a prosperar) mais rápido que a média em seu espaço e dentro de um segmento, categoria, região geográfica ou canal onde pensávamos que poderíamos crescer tão rápido, se não mais rápido, que os demais".[3] Essa era a primeira, e a mais óbvia, condição. A segunda era que a aquisição tinha de ser estruturalmente atraente — um negócio "que tendia a ter margens brutas e operacionais acima da média da indústria ou empresa. Procurávamos negócios que poderiam gerar fluxo de caixa forte, livre". Fluxo de caixa livre era um importante fator corporativo de criação de valor para a P&G. Depois que essas duas condições fossem atendidas, havia um critério final que bem poucas companhias consideram sistematicamente: como a potencial aquisição se encaixaria na estratégia da empresa — sua ambição vencedora, suas escolhas sobre onde jogar e como vencer, suas competências e seus sistemas de gestão.

A Gillette tinha marcas poderosas (como Mach 3, Venus e Oral-B) que se associariam bem aos negócios de beleza e cuidados pessoais da P&G. E isso contribuiria significativamente para o fluxo de caixa. Mas, como explica Daley, "então você entra naquilo de 'o que a P&G trouxe para a festa? Como isso se encaixa em nossas fontes de vantagem competitiva?'". A combinação foi muito boa: em termos de onde jogar, a Gillette fornecia as marcas líderes nos segmentos de aparelhos de barbear masculinos e de depilação femininos e era líder mundial no setor de escovas de dente, todos grandes o suficiente para tornarem-se instantaneamente negócios centrais da P&G. A Gillette também se encaixava bem na escolha estratégica de crescimento nas categorias de cuidados de beleza e cuidados pessoais. Além disso, geograficamente, oferecia pontos fortes complementares nos mercados emergentes, fornecendo posições de liderança em países onde a P&G estava construindo presença (como Brasil, Índia e Rússia). Quanto à escolha de como vencer, a perícia na construção de marcas, a inovação de produtos, as tecnologias essenciais e o domínio de merchandising de varejo da Gillette se alinhavam bem com as escolhas da P&G, no nível da organização como um todo.

Mas ainda havia mais a considerar. "No final do dia", continua Daley, "tudo se resumia a esta pergunta: você, como adquirente, agregará valor a essa aquisição ou não? A aquisição só é realmente bem-sucedida se você for um gestor do negócio melhor que o gestor anterior ou que a própria empresa, caso ela seja um negócio independente. Isso geralmente tem a ver com competências; em nosso caso, as competências de relacionamento com o consumidor, construção de marcas, P&D e entrada no mercado, bem como as de infraestrutura global e retaguarda (*back office*). Será que as competências e os pontos fortes que você traz para o negócio vão torná-lo melhor, fazer a empresa crescer mais rápido e criar mais valor que antes?" Em suma, a adaptação estratégica entre a nova empresa e as capacidades da P&G era crucial.

A GILLETTE E A CASCATA DE ESCOLHAS ESTRATÉGICAS

Chip Bergh, então presidente de produtos masculinos da P&G, supervisionou a integração da unidade de negócios global (UNG) da Gillette (com Bob McDonald, que liderou a integração da organização de desenvolvimento de mercado [ODM] global, e Filippo Passerini, que liderou a integração de retaguarda). Bergh lembra que, "ao contrário de várias aquisições, não era uma empresa bem-sucedida comprando uma malsucedida. Era uma empresa bem-sucedida comprando uma bem-sucedida".[4] Bergh foi a primeira pessoa da P&G na Gillette, dirigindo-se a Boston apenas dez dias depois de o negócio ter sido fechado. "Inicialmente, uma parte importante de meu trabalho era ajudar a Gillette a se integrar à P&G, conectar as coisas, garantir que tudo funcionasse, manter o negócio operando e trabalhar com o CEO da Gillette, Jim Kilts, e a equipe de liderança, mas também conhecer o negócio deles."

Nove meses depois, Bergh assumiu oficialmente os negócios de aparelhos e lâminas de barbear. Primeiro, "começamos a trabalhar na estratégia de produtos masculinos da Gillette", lembra ele. "Havia várias coisas para apreciar no negócio deles, mas eu achava que também havia várias oportunidades. Eu queria usar uma estratégia fora da empresa, com a equipe de liderança, que enviasse um sinal de que precisávamos proteger todas as coisas importantes que funcionavam, para então realmente começar a incorporar à Gillette algumas das competências essenciais da P&G. Procurávamos maneiras que poderiam acelerar o crescimento nesse negócio muito rentável e atraente." Era uma questão de alavancar as competências existentes da Gillette e da P&G e criar seletivamente outras onde estas não existiam no nível requerido para vencer.

Como discutido anteriormente, as cinco competências essenciais para as escolhas sobre onde jogar e como vencer da P&G são compreender o consumidor, construir a marca, inovação, competências de entrada no mercado e escala global. A noção de agregar essas competências para dar suporte ao negócio da Gillette estava no topo da lista. Desde a primeira reunião pós-aquisição, Bergh planejou incorporar a estrutura estratégica da P&G ao DNA da Gillette, trabalhando para articular a cascata de escolhas dela. Depois que as escolhas sobre onde jogar e como vencer estivessem claras, a equipe poderia voltar sua atenção para as competências necessárias para efetivar essas escolhas.

Rapidamente surgiu uma estratégia explícita sobre onde jogar e como vencer para a Gillette como parte da P&G. A primeira escolha era voltar a uma posição vencedora bem definida com os sistemas de barbear, alavancando o Gillette Fusion, um produto top de linha prestes a ser lançado. A segunda era estender a marca Gillette para itens de cuidados pessoais masculinos, como desodorantes e xampus, com base nas tecnologias inovadoras dos produtos de cuidados pessoais e beleza da P&G. A terceira era também vencer no segmento de depilação para mulheres, incluindo lâminas, aparelhos elétricos e ceras depiladoras. A quarta prioridade estratégica para a Gillette era estimular o consumo expandindo-se para os mercados emergentes em geral e para a Índia em particular.

A Gillette precisaria de competências específicas para ser bem-sucedida com essas escolhas. Assim como aconteceu com fraldas, uma escolha de onde jogar que incluísse países em desenvolvimento exigia uma escolha de como vencer adequada para esse contexto. A Gillette precisava de um aparelho de barbear que atendesse exclusivamente às necessidades dos consumidores nos países em desenvolvimento. Para chegar lá, a equipe teria de colocar em ação a profunda compreensão do consumidor e a liderança mundial em inovação da P&G.

A abordagem etnográfica *mergulhar fundo* da P&G para a pesquisa de consumidor (que depende de observações e avaliações qualitativas internamente e nas lojas) era basicamente nova para a Gillette, que contava muito mais com pesquisas-padrão quantitativas. Bergh encorajou a equipe a pensar de maneira diferente sobre o consumidor nos mercados emergentes. Ele se lembra de uma reunião em Boston que lançou a primeira inovação em design a partir do zero da Gillette para os mercados emergentes, com foco, nesse caso, na Índia. O grupo incluía, diz ele, "cientistas do Reading Technical Centre, no Reino Unido, o laboratório de inovação *upstream* na região de Londres, cientistas de Boston, profissionais de marketing e pessoal de pesquisa de mercado, todos reunidos para uma sessão de três dias para começar a mapear o trabalho".

A orientação de Bergh para a equipe foi simples: "A primeira coisa que quero que vocês façam é passar duas semanas na Índia. Quero que vocês vivam com esses consumidores. Quero que visitem suas casas. Vocês precisam entender como eles fazem a barba e como os produtos de barbear se encaixam em sua vida". Um dos cientistas seniores da Gillette, pesquisador do laboratório Reading, era, de acordo com Bergh, altamente respeitado e conceitualmente brilhante. Bergh conta que o cientista não estava convencido: "Ele levantou a mão, quase timidamente, e disse: 'Chip, por que temos de ir à Índia? Temos vários indianos que moram próximo do Reading. Por que não podemos simplesmente recrutá-los?'".

Por que realmente? Bergh estava convencido de que ir à Índia era a coisa certa a fazer. Suas experiências lhe disseram que isso seria necessário para se envolver com os consumidores indianos reais no mercado indiano real. Então ele mandou a equipe para a Índia. E ficou satisfeito com o resultado: o mesmo cientista o procurou alguns meses mais tarde durante uma avaliação dos processos de inovação. Bergh recorda as palavras do homem: "'Agora entendi completamente', disse ele. 'Você pode olhar fotos nos livros, pode ouvir histórias, mas somente depois que está lá [é que você entende]. Passei três dias com o consumidor, comprando com ele, indo ao barbeiro com ele, observando-o fazer a barba. Agora entendo a proposição da empresa de procurar saber como melhorar a vida dos consumidores [...]. Estava tão motivado e tão inspirado que desenhei o primeiro aparelho de barbear em um guardanapo voando de volta para Londres'". O homem, segundo Bergh, tinha lágrimas nos olhos quando contou a história.

Somente na Índia é que o cientista realmente começou a entender as necessidades do consumidor indiano. Ele aprendeu o que não poderia aprender dentro do laboratório ou com base em testes de consumo na região de Londres. Normalmente, aparelhos de barbear são criados e testados com o pressuposto de que todo mundo faz a barba da maneira como as pessoas no Ocidente fazem, com acesso confiável a uma grande pia e água corrente quente. Na Índia, os membros da equipe viram que isso simplesmente não era verdade. Muitos dos homens que eles conheceram faziam a barba usando apenas uma pequena caneca de água fria. Sem água corrente quente para limpar o aparelho de barbear, pequenos pelos tendiam a obstruir a lâmina, tornando o barbear muito mais difícil. O novo produto da Gillette levaria esse desafio único em consideração. Seria um novo tipo de aparelho de barbear, criado de maneira personalizada para atender às necessidades dos consumidores na Índia. O aparelho de barbear Gillette Guard, como foi chamado (e que se parecia muito com aquele desenhado no guardanapo), tem um sistema de única lâmina com trava de segurança para evitar cortes e cartucho fácil de lavar.[5] O aparelho de barbear custa 15 rupias, ou US$ 0,34, e usa lâmina de reposição que custa 5 rupias, ou US$ 0,11.[6] De outro lado, o Gillette Fusion Pro-Glide top de linha é vendido por US$ 10,99 nos Estados Unidos, com lâminas de reposição custando cerca de US$ 3 cada uma.[7] No espaço de três meses, o Guard tornou-se o aparelho de barbear mais vendido na Índia, vencendo por meio de competências em inovação e compreensão dos consumidores que precisaram ser cultivadas, em vez de deixadas ao acaso. Envolvendo-se diretamente com o consumidor indiano e tratando-o como rei, a equipe da Gillette foi capaz de entender o que ele valoriza e o que ele espera.

Para o diretor de TI Passerini, as competências necessárias para tornar a aquisição da Gillette um sucesso pareciam um pouco diferentes. Para ele e sua equipe, todo o empreendimento era em grande parte um desafio de integração de sistemas. Eles tinham de integrar as duas empresas gigantescas, com dois diferentes sistemas de TI, sem perder o ritmo. "Integramos a Gillette em 15 meses", diz ele, com um toque de orgulho na voz. "Isso valeu US$ 4 milhões por dia, fazendo a integração em 15 meses, em vez de no período de tempo normal de três a quatro anos."[8]

O feito exigia que Passerini aplicasse as competências da P&G em relação às infraestruturas de TI — pensando em escala e inovação de maneira nova. Passerini começou inovando as estruturas de sua equipe, seus modelos de parceria e, de fato, toda a empresa, para tirar vantagem da escala, em vez de ficar imobilizado por ela. Ele criou um modelo de fluxo para o trabalho em que a maior parte da empresa tinha atribuições baseadas em projetos, em vez de atribuições permanentes. Essa estrutura permitiu que a maciça equipe de TI se tornasse ágil e inovadora, eficiente e eficaz. Os membros da equipe tinham as competências necessárias para integrar os sistemas; Passerini criou uma estrutura que lhes dava suporte para fazer isso.

Para determinar se a aquisição seria feita, pensamos muito em como a estratégia da Gillette se encaixaria na da P&G. Queríamos saber se haveria uma estratégia real para as empresas combinadas, um plano claro para vencer. Vimos compatibilidade cultural entre as duas organizações: elas compartilhavam as mesmas aspirações de vencer e os mesmos valores fundamentais. Também acreditávamos que a P&G e a Gillette poderiam trabalhar produtivamente em conjunto e que os sistemas de trabalho externos e de negócios poderiam ser totalmente integrados em um espaço de tempo relativamente curto. Acreditávamos que a aquisição poderia agregar valor por meio das sinergias de custos e de crescimento futuro. Normalmente, em uma aquisição, todo o foco está na integração, nas sinergias e em colocar a liderança no lugar certo. Mas sinergia não é estratégia.

A estratégia era o que mais importava. Acreditávamos que a junção entre a P&G e a Gillette era um bom ajuste estratégico e que as competências da Gillette se casavam bem com as da P&G. Acreditávamos que a P&G poderia alavancar esse terreno comum para construir novas competências onde quer ela precisasse delas. Com a força de tudo isso, a aquisição de uma empresa do porte da Gillette fazia sentido. Levou algum tempo para convencer todas as partes interessadas. Mas ficou claro que a aquisição poderia ser uma oportunidade estratégica que só acontece uma vez em um século, se a P&G trouxesse as competências adequadas para dar suporte a ela.

ENTENDENDO AS COMPETÊNCIAS E OS SISTEMAS DE ATIVIDADES

As competências essenciais de uma organização são aquelas atividades que, quando realizadas no nível mais alto, permitem à empresa dar vida a suas escolhas sobre onde jogar e como vencer. Elas são mais bem compreendidas operando como um sistema de reforço das atividades — um primeiro conceito articulado por Michael Porter na Harvard Business School. Porter observou que é improvável que uma vantagem competitiva poderosa e sustentável surja de uma única competência (por exemplo, ter a melhor equipe de vendas ou a melhor tecnologia na indústria); em vez disso, ela pode surgir de um conjunto de competências que *se combinam* (isto é, não entram em conflito umas com as outras) e que, na verdade, *se reforçam* mutuamente (isto é, tornam cada uma mais forte do que seria isoladamente).

Para Porter, "a posição estratégica de uma empresa está contida em um conjunto de atividades personalizadas".[9] Ele chama a representação visual desse conjunto de atividades de *sistema de atividades*. Como a "estratégia competitiva é sobre ser diferente [e] significa escolher deliberadamente um conjunto diferente de atividades para entregar valor único", um sistema de atividades também deve ser distintivo dos sistemas de atividades dos concorrentes.[10] Em seu memorável artigo de 1996, *O que é estratégia?*, Porter ilustrou sua teoria com os exemplos da Southwest Airlines, Progressive Insurance e The Vanguard Group, articulando a maneira como cada empresa fez escolhas distintivas e adaptou um sistema de atividades para implementar essas escolhas.

O sistema de atividades é uma representação visual da vantagem competitiva da empresa, que captura em uma única página suas competências essenciais.[11] Articular as competências essenciais de uma organização é um passo fundamental no processo estratégico. Identificar as competências necessárias para cumprir com as escolhas sobre onde jogar e como vencer cristaliza a área de foco e investimento da companhia. Isso permite que uma empresa continue a investir nas competências atuais, construa outras e reduza o investimento naquelas que não são essenciais para a estratégia.

Em 2000, as escolhas sobre onde jogar e como vencer da P&G alcançavam um denominador comum (isto é, crescer a partir dos elementos essenciais, estender o crescimento para produtos do lar, saúde, beleza e cuidados pessoais e expandir-se para mercados emergentes) e suas escolhas de como vencer também se tornaram claras (isto é, obter excelência na construção de marca focada no consumidor, inovar no design de produtos e alavancar uma escala global e parcerias com varejistas). Essas escolhas precisavam ser convertidas no conjunto de competências necessárias para a entrega.

O processo de elaboração foi iniciado em uma reunião fora da companhia, com líderes de unidades de negócios e líderes funcionais. Eles foram divididos em equipes por negócio e função e então solicitados a indicar quais eram, em sua opinião, os principais pontos fortes da empresa. Após um longo dia de discussão e debate, as equipes geraram mais de uma centena de potenciais vantagens competitivas em quadros que se espalhavam por toda a sala. Como se poderia imaginar, cada função identificou um conjunto único de competências e capacidades disciplinares. Cada equipe de negócio identificou competências que eram exclusivas do respectivo segmento.

A pergunta precisava ser reenquadrada. Na manhã seguinte, todos votariam nas três competências essenciais da companhia, levando em consideração alguns critérios. Primeiro, para determinada competência, o grupo precisava estar razoavelmente certo de que a P&G já possuía uma vantagem competitiva real e mensurável nessa área e poderia ampliar a margem de vantagem no futuro. Segundo, a competência tinha de ser amplamente relevante e importante para a maioria dos negócios da P&G, isto é, tinha de estar no nível da organização, em vez de no nível de um negócio, distinguindo a P&G dos concorrentes. Terceiro, a competência precisava ser decisiva, uma vantagem competitiva real que fizesse a diferença entre vender e perder. Em última análise, a questão era: que competências a P&G deveria ter, como organização global, para vencer em todos os setores em que ela competiria?

Com competências, mais uma vez, vencer é um critério essencial. As empresas podem ter bom desempenho em várias coisas. No entanto, há um número menor de atividades que juntas criam distintividade, sustentando escolhas sobre onde jogar e como vencer específicas. A P&G certamente tem de ser boa em produção, mas não distintivamente boa nisso para vencer. De outro lado, precisa realmente ser distintivamente boa na compreensão dos consumidores, em inovação e na promoção da marca de seus produtos. Ao articular competências essenciais, é necessário distinguir entre pontos fortes genéricos e atividades cruciais que se reforçam mutuamente. A empresa precisa investir de maneira desproporcional na construção das competências essenciais que juntas gerem vantagem competitiva.

Ao pensar sobre competências, você poderia ser tentado a simplesmente perguntar no que você é realmente bom e tentar construir uma estratégia a partir daí. O perigo de fazer isso é que as coisas em que você é atualmente bom podem na verdade ser irrelevantes para os consumidores e não conferir nenhuma vantagem competitiva. Em vez de começar com as competências e procurar maneiras de vencer com elas, você precisa definir inicialmente as aspirações e determinar onde jogar e como vencer. Então, você pode considerar as competências de acordo com essas escolhas. Só assim é que você pode determinar o que deve começar a fazer, continuar fazendo e parar de fazer para vencer.

De volta ao retiro, depois de uma boa noite de sono e com tempo para refletir sobre critérios mais claros, o grupo chegou a cinco competências essenciais:

1. *Entender os consumidores.* Conhecer realmente os consumidores, descobrir suas necessidades não atendidas e projetar soluções para eles melhor do que qualquer concorrente. Em outras palavras, tornar o consumidor o chefe, a fim de ganhar dele a equação de valor.

2. *Criar e construir marcas.* Lançar e promover marcas com equações de valor poderosas para o consumidor, a fim de obter verdadeira longevidade no mercado.

3. *Inovar (no sentido mais amplo).* P&D com o objetivo de promover a ciência dos materiais e criar produtos revolucionários, mas também adotar uma abordagem inovadora para os modelos de negócio, parcerias externas e a maneira como a P&G faz negócios.

4. *Formar parcerias e entrar no mercado tendo em mente clientes e fornecedores.* Ser o parceiro preferido em virtude da disposição da P&G em trabalhar conjuntamente em planos de negócios em comum e compartilhar a criação de valor conjunta.

5. *Alavancar a escala global.* Operar como uma única empresa para maximizar o poder de compra, as sinergias entre marcas e o desenvolvimento de competências globalmente replicáveis.

Depois que as competências necessárias foram articuladas, a equipe passou a maior parte do dia decidindo como e onde começar a investir em cada competência, para ampliar e aprofundar a vantagem competitiva. Ela escreveu um plano de ação para cada um das cinco competências, a fim de criar vantagem competitiva nos níveis da organização, de categoria e de marca.

Essas escolhas das competências orientariam as escolhas estratégicas da P&G para a próxima década. As cinco competências da P&G podem ser entendidas como a base do sistema de atividades no nível corporativo. Em nossa adaptação do conceito original de Porter, o sistema de atividades captura as competências essenciais necessárias para vencer, as relações entre elas e as atividades que lhes dão suporte; esse mapa suporta as escolhas sobre onde jogar e como vencer, como mostrado na Figura 5-1.

SISTEMA DE ATIVIDADES DA
PROCTER & GAMBLE F. 5-1

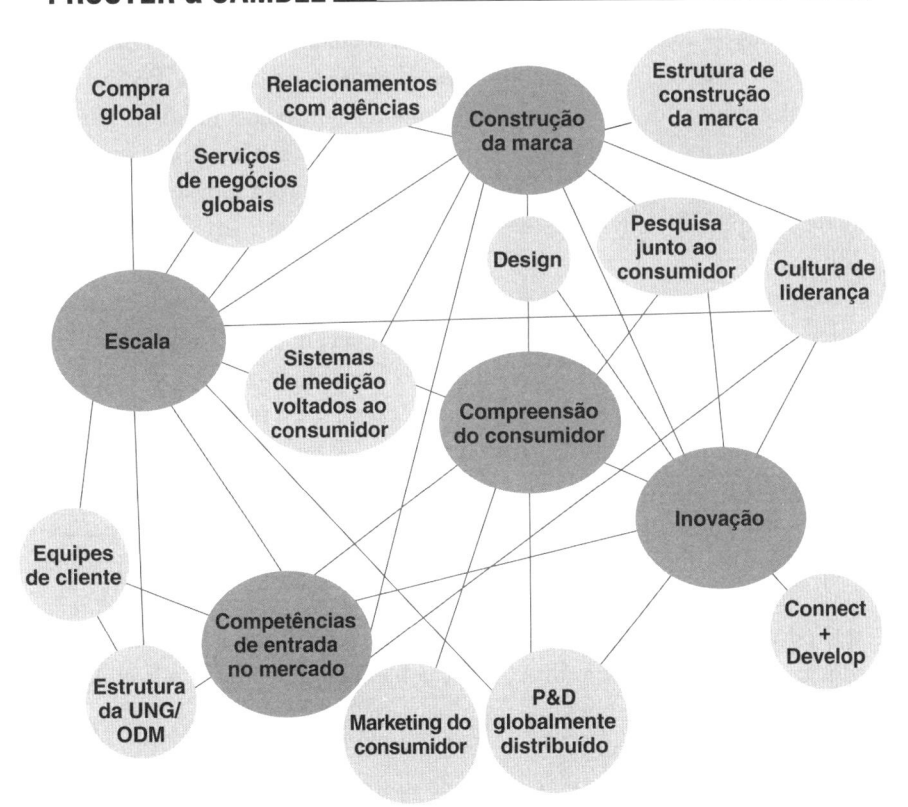

[Figura 5-1: Diagrama do sistema de atividades da P&G mostrando as competências centrais: Construção da marca, Escala, Compreensão do consumidor, Competências de entrada no mercado e Inovação, conectadas às atividades de suporte: Compra global, Relacionamentos com agências, Estrutura de construção da marca, Serviços de negócios globais, Design, Pesquisa junto ao consumidor, Cultura de liderança, Sistemas de medição voltados ao consumidor, Equipes de cliente, Estrutura da UNG/ODM, Marketing do consumidor, P&D globalmente distribuído, Connect + Develop.]

Connect + Develop é o programa de inovação da P&G; veja também o Capítulo 6. Abreviações: UNG — unidade de negócios global; ODM — organização de desenvolvimento de mercado.

Nesse sistema, as competências essenciais são mostradas como grandes nós, e os vínculos entre eles representam relações importantes de reforço. Essas relações tornam cada competência mais forte, uma característica essencial de um sistema de atividades: o sistema como um todo é mais forte que qualquer uma das competências componentes, na medida em que elas se somam e se reforçam mutuamente. Por exemplo, há uma estreita conexão entre compreensão do consumidor e inovação. Para a P&G, a inovação deve ser centrada no consumidor, se for para ser significativa e fornecer vantagem competitiva — portanto, a inovação exige uma compreensão profunda das necessidades dos consumidores. O objetivo é conectar as necessidades dos consumidores com o que é tecnologicamente possível. A inovação também está conectada às competências de entrada no mercado. Novos produtos inovadores mantêm os parceiros de canal de varejo estimulados em relação à P&G e reforçam o relacionamento estreito entre a empresa e seus melhores clientes — mas apenas se a P&G tiver o cuidado de pensar tanto nos varejistas como nos consumidores finais durante o processo de P&D. Um excelente novo produto para os consumidores tem pouca utilidade para a P&G se não for possível colocá-lo nas prateleiras e se ele não for vendido de maneira eficaz dentro dos canais de varejo. E, claro, a inovação também pode ser aplicada às relações de varejo, melhorando o merchandising nas lojas e a eficiência da cadeia de fornecimento.

Os nós subordinados são as atividades que suportam as competências essenciais. A escala, por exemplo, é suportada pela maneira como a P&G é estruturada. Na P&G, as UNGs supervisionam categorias, marcas e produtos, fornecendo uma abordagem holística consistente para cada elemento, em uma base mundial. Ao mesmo tempo, as ODMs são responsáveis por um continente, região, país, canal ou cliente, dando bastante atenção a suas necessidades e demandas específicas. UNGs e ODMs trabalham juntas para criar uma abordagem global com aplicabilidade local e personalização. Essa matriz permite que a P&G promova a escala onde for necessário e que permaneça ágil no local. A escala é apoiada pelos serviços de compras globais e pelo GBS. Além disso, a escala habilita, e é apoiada por, equipes de cliente (isto é, as equipes que trabalham exclusivamente com clientes específicos, como Tesco ou Walmart), relacionamentos com agências (a P&G tem o maior orçamento de publicidade do mundo), sistemas de medição voltados ao consumidor e ao cliente (abordagens qualitativas e quantitativas sobre como compreender e reportar o desempenho). Simplesmente em razão do tamanho e volume das atividades, a P&G é capaz de permitir-se mais competências do que os concorrentes em cada uma dessas áreas — e de ter um desempenho melhor que o deles.

Um sistema de atividades só é importante se ele der suporte a uma escolha específica sobre onde jogar e como vencer. Mais uma vez, as várias escolhas ao longo da cascata devem ser consideradas de maneira iterativa. Você precisa analisar as escolhas alternadamente. Você pode pensar por meio de uma escolha experimental sobre onde jogar e como vencer. Pergunte-se: qual sistema de atividades sustenta efetivamente essa escolha? Depois de desenhar esse mapa do sistema, você pode fazer uma série sequencial de perguntas sobre viabilidade, distintividade e defensibilidade.

Ao abordar a viabilidade, faça várias perguntas: esse é um sistema de atividades realista de construir? Quanto dele está atualmente em funcionamento e quanto teria de ser criado? Sobre as competências que você precisa construir, é economicamente viável fazer isso? Se depois de refletir você achar que o sistema de atividades não é viável, então repense onde jogar e como vencer.

Quando existe um sistema de atividades viável, faça mais perguntas: ele é distintivo? É semelhante ou diferente dos sistemas dos concorrentes? Esse é um ponto importante. Imagine que um concorrente tenha escolhas sobre onde jogar e como vencer diferentes, mas um conjunto muito semelhante de competências e atividades de apoio. Nessa situação, o concorrente poderia se deslocar para suas potenciais escolhas superiores sobre onde jogar e como vencer e começar a se beneficiar de sua vantagem competitiva. Se o sistema de atividades não for distintivo, as escolhas sobre onde e como e o mapa devem ser revistos até o momento em que surja uma combinação distintiva. Como Porter observa, nem todos os elementos devem ser únicos ou impossíveis de reproduzir. É a combinação das competências, o sistema de atividades como um todo, que deve ser inimitável.

Quando há um sistema de atividades viável e distintivo, você pode perguntar: o sistema é defensável contra ações dos concorrentes? Se o sistema puder ser facilmente reproduzido ou superado, então a estratégia geral não será defensável e não fornecerá uma vantagem competitiva significativa. Nesse caso, você precisa rever as escolhas sobre onde jogar e como vencer para encontrar um conjunto de escolhas estratégicas e um sistema de atividades que sejam difíceis de reproduzir e fáceis de defender.

O objetivo, então, é alcançar um conjunto de competências integradas que se reforçam mutuamente e sustentam as escolhas sobre onde jogar e como vencer que são viáveis, distintivas e defensáveis. Medindo o sistema de atividades da P&G com base nesses critérios, ele tem um bom desempenho. O tempo demonstrou que sua construção era viável: algumas competências, como Connect + Develop (a versão da inovação aberta da P&G), design, P&D distribuído globalmente e GBS, tiveram de ser construídas e, portanto, a P&G investiu nelas. O sistema de atividades como um todo é distintivo. Embora os concorrentes tenham algumas das competências, nenhum deles possui toda a combinação que a P&G tem. A L'Oréal possui marcas poderosas e design inovador, mas uma fração da escala da P&G. A Unilever tem escala semelhante, mas não as competências de entrada requerida no mercado global da P&G, por causa da estrutura organizacional baseada em país, em vez da estrutura global da Unilever. Nenhum concorrente investe tanto na compreensão do consumidor ou em inovação de produtos — assim a P&G introduziu tantos novos produtos em várias categorias. Por fim, o sistema de atividades é defensável: nenhum concorrente conseguiu reproduzir o mapa do sistema inteiro ou superar o conjunto completo de competências. Observe, porém, que isso não significa que a P&G tem uma estratégia obviamente superior. Como observamos anteriormente, existem muitas maneiras de jogar em qualquer setor. Há inúmeras escolhas sobre onde jogar e como vencer, suportadas por competências essenciais, em qualquer campo da concorrência. No setor de bens de consumo, a estratégia da P&G é uma das mais bem-sucedidas.

COMPETÊNCIAS POR TODA A EMPRESA

Se você estiver em um negócio com uma linha de produtos ou marca, pode muito bem ter um único conjunto de competências essenciais e um sistema de atividades para toda a empresa. Porém, em uma corporação com diferentes marcas, categorias e mercados, cada linha de negócio faz as próprias escolhas sobre onde jogar e como vencer dentro do contexto das escolhas organizacionais. Logicamente, então, cada unidade deve ter um sistema de atividades que apoie as escolhas, um sistema que é alimentado pelo planejamento corporativo. Em outras palavras, as camadas de competências ocorrem por toda a organização e os sistemas de atividades parecem pelo menos um pouco diferentes em diferentes partes da empresa.

Na P&G, o sistema de atividades para cuidados com o bebê difere dos sistemas de produtos de lavanderia ou cuidados com a pele. Programas de amostragem hospitalar e relacionamentos com enfermeiras e sistemas de saúde são importantes atividades que dão suporte a uma escolha de produtos para cuidados com o bebê, a fim de conquistar cedo as novas mamães. Não há um paralelo direto com essa atividade no segmento de cuidados com a pele ou no de produtos de lavanderia. Da mesma forma, a equipe de produtos de lavanderia não precisa desenvolver relações com editores de moda e dermatologistas (para credenciamento e endossos independentes), como faz a equipe de cuidados com a pele. E os sistemas de atividades para a organização de GBS ou a ODM europeia são diferentes dos sistemas de atividades de marca e de categoria.

Mas, se não houver nada em comum entre esses diferentes sistemas de atividades, isso será um sinal de que a empresa tem negócios que não combinam bem no mesmo portfólio. Para que uma companhia tenha a oportunidade de fornecer melhor valor conjuntamente do que as unidades poderiam prover individualmente, deve haver algumas atividades essenciais em comum — tanto entre os negócios no portfólio como entre os negócios e a sociedade em geral. É essencial que todos os sistemas tenham pelo menos algumas competências e atividades que se alinhem com as competências básicas da empresa. Essas competências compartilhadas — aquelas que abrangem múltiplos departamentos ou unidades e a organização em geral — criam *vigas de reforço* que conectam diferentes partes da empresa, da mesma forma como vigas de reforço são colocadas entre um piso e outro em um edifício de concreto para mantê-lo em pé (Figura 5-2). Essas vigas de reforço ajudam a implementar a estratégia em todos os níveis.

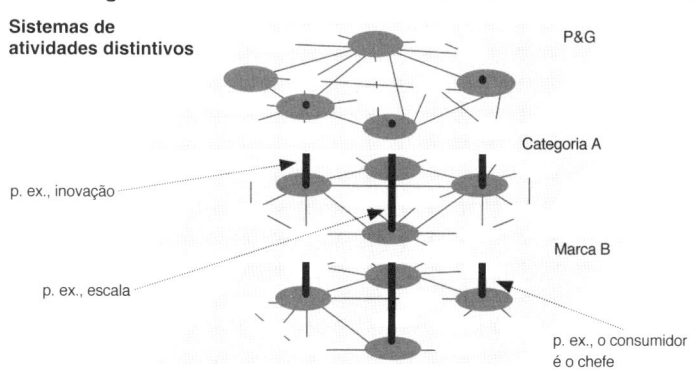

VIGAS DE REFORÇO F. 5-2

Sistemas de atividades distintivos

P&G

Categoria A

p. ex., inovação

Marca B

p. ex., escala

p. ex., o consumidor é o chefe

Mais uma vez, embora os sistemas de atividades das unidades de cuidados com o bebê, lavanderia, cuidados com a pele, o GBS e a ODM europeia sejam distintos uns dos outros e, em alguns aspectos, do sistema corporativo da P&G, cada um tem algumas vigas de reforço cruciais que conectam suas competências. Por exemplo, todas as cinco competências essenciais no nível corporativo da P&G são importantes para os negócios de cuidados com o bebê. Escala e inovação são fundamentais para o GBS, que supervisiona os serviços de TI e outros serviços centrais. Competências de entrada no mercado são, obviamente, cruciais para a ODM europeia, mas também o são a compreensão dos consumidores e a escala. Como discutido, os insights do consumidor, a inovação e a escala da P&G foram importantes para a Gillette. As conexões entre os sistemas são cruciais para criar vantagem competitiva em marca, categoria, setor, função e vantagem para a empresa de modo geral — o que torna o sistema mais forte do que a soma de suas partes.

ESTRATÉGIA MULTINÍVEL

Dado que existem competências essenciais em diferentes níveis organizacionais, é difícil saber por onde começar a pensar nelas — com uma estratégia corporativa ou com uma estratégia de negócios. Em última análise, não há um lugar perfeito para começar e o processo não é linear — você precisa analisar todos os níveis e também as cinco questões na cascata de escolhas estratégicas. Mas você pode usar três princípios para ajudar a empresa a agrupar os sistemas de atividades integradas em múltiplos níveis organizacionais.

1. COMECE PELO NÍVEL INDIVISÍVEL

Ao construir um sistema de atividades, você saberá que está na direção certa se as seguintes condições forem verdadeiras: (1) o sistema de atividades pareceria mais ou menos o mesmo um nível abaixo, mas (2) pareceria significativamente diferente um nível organizacional acima. No caso do Head & Shoulders, por exemplo, um nível abaixo da marca seria um produto individual (Head & Shoulders Classic Clean, Head & Shoulders Extra Volume e assim por diante). Se você fosse construir o sistema de atividades para cada um desses produtos e compará-lo com o sistema de marcas, haveria pouca diferença. Cada produto apresenta uma pequena variação na formulação. Mas, em um nível acima entre a marca e a categoria de cuidados com o cabelo, os sistemas de atividades seriam bem diferentes. No nível da categoria de cuidados com o cabelo, o portfólio inclui produtos como as tinturas para cabelo Nice 'n Easy, os géis de cabelo Herbal Essences etc. O mapa do Head & Shoulders é projetado para produzir vantagem via inovação nos ingredientes terapêuticos, enquanto o mapa da Nice 'n Easy destaca instrumentos, aplicadores e pesquisa de cor. O sistema de atividades da categoria de cuidados com o cabelo precisaria ser um sistema mais geral que capturasse a essência daqueles abaixo dele e se conectasse àqueles acima.

Podemos pensar nos mapas no nível básico (por exemplo, Head & Shoulders e Nice 'n Easy) como *sistemas de atividades indivisíveis*: abaixo desse nível, o sistema de atividades não se divide em diferentes mapas, enquanto, acima dele, vários mapas diferentes são agregados para formar um sistema único. Esse nível indivisível não será o mesmo em cada empresa (isto é, o sistema de atividades indivisível nem sempre é encontrado no nível das marcas). Toda empresa tem de encontrar o nível de competição direta e começar a articular competências nesse nível. Construa os sistemas de atividades começando no nível básico — o ponto dos sistemas de atividades indivisíveis — e então suba a partir daí. Por quê? As competências do nível indivisível orientam aquelas acima.

2. CRIE VANTAGEM COMPETITIVA NO NÍVEL ABAIXO

Todos os níveis acima do sistema de atividades indivisível são agregações que, de alguma forma, devem adicionar vantagem competitiva. Como a agregação cria inevitavelmente custos (financeiros e administrativos) que não ocorreriam se os sistemas de atividades indivisíveis existissem como negócios separados, a estratégia em todos os níveis de agregação deve contribuir para uma vantagem equivalente para aqueles abaixo, melhorando de algum modo sua competitividade.

Um nível pode contribuir para um benefício líquido de duas maneiras — por meio de dois tipos de vigas de reforço. Primeiro, o nível pode fornecer o benefício de uma atividade compartilhada. Por exemplo, a categoria de cuidados com o cabelo pode ter um laboratório que faz pesquisas fundamentais sobre xampus, condicionadores e modeladores de cabelo, as quais, por serem compartilhadas entre as várias marcas, custam para a divisão do produto Head & Shoulders uma fração do que despenderiam se as fizessem por conta própria. A vantagem tecnológica derivada das atividades compartilhadas pode ser poderosa. A segunda maneira pela qual um nível mais alto de agregação pode fornecer valor é por meio da transferência de habilidades e de conhecimento. Por exemplo, se a Head & Shoulders precisar de gerentes de marca e de P&D bem treinados para trabalhar em seu negócio e estes puderem vir da categoria de cuidados com o cabelo, isso representará uma transferência valiosa de habilidades para a Head & Shoulders.

A gerência em cada nível de agregação deve procurar desenvolver um sistema de atividades que focalize o mais exclusivamente possível as principais vigas de reforço por meio das quais esse nível escolheu agregar valor aos estágios abaixo dele. A principal função do agregador é ajudar o nível abaixo a competir mais eficazmente por meio de atividades compartilhadas e transferência de habilidades, o que significa ter uma visão clara de como o nível quer agregar valor e então focalizar todos os recursos para alcançar isso. Atividades que não agregam valor aos sistemas de atividades abaixo devem ser minimizadas, porque destroem valor. Por exemplo, somente se a categoria de cuidados com o cabelo conseguir demonstrar um valor (por meio do compartilhamento das atividades e da transferência de habilidades) maior que os custos financeiros e administrativos que ela impõe aos produtos Head & Shoulders, Nice'n Easy, Pantene, Herbal Essences etc. é que ela deve existir como um nível de agregação na empresa. Caso contrário, o nível deve ser eliminado.

3. EXPANDIR OU ENXUGAR O PORTFÓLIO ABAIXO PARA AUMENTAR A COMPETITIVIDADE

Enquanto a primeira função de cada nível de agregação é desenvolver competências que suportem os níveis abaixo, a segunda função é expandir e enxugar o portfólio no nível abaixo com base em sua adequação às competências mais amplas. Com relação ao melhoramento do portfólio, considere as vigas de reforço organizacionais — as competências que envolvem e criam vantagem por toda a empresa — e determine se ele pode ser expandido para outros negócios que se beneficiariam competitivamente dessas vigas de reforço. A criação das marcas Swiffer e Febreze, dentro da categoria de produtos para o lar da P&G, é um excelente exemplo da expansão de um portfólio com vigas de reforço fortes em inovação e compreensão do consumidor. Sem a capacidade de compreender as necessidades não atendidas dos consumidores e inovar com base nelas, nenhum dos produtos existiria hoje.

Igualmente importante é enxugar o portfólio abaixo quando os benefícios das vigas de reforço não correspondem aos custos financeiros e administrativos da agregação. Esses são negócios que seriam mais apropriados no portfólio de outra empresa ou como operações independentes. A P&G enxugou agressivamente negócios que suas cinco competências corporativas não conseguiam ajudar significativamente a gerar vantagem competitiva, desfazendo-se, em média, de 15 negócios por ano durante dez anos, entre 2000 e 2009. Marcas grandes e lucrativas, como Folgers e Pringles, tiveram de ser descontinuadas porque não se beneficiariam o suficiente do reforço da empresa para sustentar uma vantagem competitiva no longo prazo. Ambas haviam construído marcas fortes, mas tinham poucas oportunidades para a inovação de produtos dentro dos canais de distribuição em massa da P&G.

GILLETTE: VIGAS DE REFORÇO

Por que a aquisição da Gillette foi tão bem-sucedida para a P&G? A resposta está nas vigas de reforço; as vigas de reforço da P&G sustentam firmemente todos os sistemas de atividades da Gillette, especialmente sua joia da coroa, o negócio de aparelhos de barbear. Os pontos fortes em todas as cinco principais competências permitiram à P&G agregar valor aos negócios essenciais da Gillette. Ao incluir a Gillette em seu portfólio, a P&G foi capaz de agregar valor real compartilhando e transferindo essas competências.

Considere a escala: tanto a P&G como a Gillette são grandes anunciantes globais. Dado o tamanho do orçamento de mídia da Gillette, podemos imaginar que a fusão com a P&G teria pouco efeito sobre os custos de publicidade. Mas, como se revelou, a P&G pôde reproduzir o programa de publicidade pré-fusão da Gillette a um custo 30% menor, por causa do aumento do volume e investimento da P&G em publicidade. Como maior anunciante do mundo, a P&G repassa as economias de custo obtidas dessa posição à Gillette.

Em termos das competências de entrada no mercado, a P&G foi capaz de incluir as marcas da Gillette nas equipes de cliente multifuncionais dos maiores varejistas no mundo, ganhando eficiência de custo e alavancagem adicional com os varejistas. A P&G também transferiu para a Gillette suas práticas líderes de mercado de criação conjunta de valor — em que ela trabalha diretamente com os varejistas para projetar e implementar programas e parcerias com os clientes que beneficiam os varejistas e a P&G.

Nas competências de compreensão do consumidor e inovação, a P&G aplicou técnicas avançadas de pesquisa de consumo e uma competência de inovação globalmente mais dispersa para melhorar o nível e a qualidade da inovação (como com o novo aparelho de barbear para o mercado indiano). Além disso, a equipe de GBS inovou em termos das estruturas e dos processos para concluir a integração de maneira rápida e eficaz, minimizando custos e frustrações.

Obviamente, a Gillette tinha as próprias competências, que poderiam fortalecer as da P&G durante e após a integração. A Gillette era uma das melhores empresas do mundo para lançar novos produtos, alavancando marketing direcionado e merchandising na loja para gerar altos níveis de testes junto ao consumidor. A P&G também tirou proveito dos displays da Gillette nas lojas, adaptando eficazmente a abordagem de recursos visuais e colocação nas prateleiras em quase qualquer formato ou espaço em uma loja. Adquirir a Gillette ajudou a P&G a aprimorar as próprias estratégias de marketing e merchandising.

A Gillette, já uma grande empresa, foi uma aquisição bem-sucedida porque ela se beneficiou fortemente das cinco competências essenciais da P&G. Uma vantagem adicional foi que a Gillette já possuía competências próprias substanciais nessas áreas. A aquisição foi ótima para os aparelhos de barbear e depilação e para a Oral-B, e muito boa para a Duracell. O Braun (aparelho elétrico de barbear e outros aparelhos da Gillette) impôs desafios. Ele não se beneficiou tão diretamente das competências de compreensão do consumidor, P&D e distribuição varejista em massa da P&G. A diferença entre o valor agregado dos aparelhos de barbear masculinos em uma das extremidades do espectro e o do Braun na outra ilustra a importância das vigas de reforço nos negócios multinível e multicategoria.

APOIANDO AS ESCOLHAS

A partir das escolhas sobre onde jogar e como vencer, vem a próxima pergunta: quais competências são necessárias para implementar essa estratégia? Para entender e visualizar essas competências, você achará útil preparar um sistema de atividades com base na estratégia. Um sistema de atividades captura as atividades mais importantes da empresa em uma representação visual única. Os nós grandes do mapa são as competências essenciais, enquanto os nós menores são as atividades que servem de suporte a elas.

O sistema de atividades deve ser viável, distintivo e defensável se a intenção é capacitá-lo para vencer. Se o sistema não tiver qualquer uma dessas três qualidades, você precisa voltar às escolhas sobre onde jogar e como vencer e refiná-las ou mesmo mudá-las inteiramente, até que elas resultem em um sistema de atividades distintivo e vencedor.

Identificando as competências necessárias para alcançar uma vantagem competitiva, a empresa pode aplicar recursos, atenção e tempo às coisas que são mais importantes. Pode muito bem haver trabalho a fazer para reforçar e desenvolver essas competências, incluindo treinamento e desenvolvimento, investimento em recursos adicionais, construção de sistemas de suporte e mesmo a reorganização da empresa em torno delas. O processo de criação dos sistemas que suportam as escolhas e as competências específicas da empresa será examinado no próximo capítulo.

DESENVOLVIMENTO DE COMPETÊNCIAS: O QUE FAZER E O QUE EVITAR

» Discuta, debata e refine seu sistema de atividades; criar um sistema de atividades é trabalho árduo e talvez requeira algumas tentativas para capturar tudo de maneira significativa.

» Não fique obcecado em tentar determinar se algo é exatamente uma competência essencial ou uma atividade de suporte; tente fazer o melhor para capturar as atividades mais importantes para cumprir com as escolhas sobre onde jogar e como vencer.

» Não se contente com um sistema de atividades genérico; trabalhe para criar um sistema distintivo que reflita as escolhas que você fez.

» Use seus pontos fortes. Analise os sistemas de atividades (e as escolhas sobre onde jogar e como vencer) dos melhores concorrentes e os compare com os seus. Pergunte como tornar seu sistema verdadeiramente distintivo e criador de valor.

» Tenha toda a empresa em mente, procurando as vigas de reforço que são suficientemente fortes e versáteis para que possam abranger múltiplas camadas dos sistemas de atividades e manter a empresa alinhada.

» Seja honesto sobre o estado de suas competências, perguntando o que será necessário para manter e alcançar aquelas que você exige.

» Teste explicitamente a viabilidade, a distintividade e a defensibilidade dos sistemas de atividades. Avalie o grau em que seu sistema de atividades é factível, único e defensável diante da reação competitiva.

» Comece a construir os sistemas de atividades a partir do sistema indivisível mais baixo. Para todos os níveis acima, os sistemas devem ser projetados para suportar as competências necessárias para vencer.

CAPÍTULO SEIS
GERENCIE O QUE IMPORTA

O último quadro na cascata de escolhas estratégicas é o mais negligenciado. Muitas vezes, as equipes de gerência sênior formulam uma estratégia e então comunicam temas-chave para o restante da empresa, esperando uma ação rápida e definitiva. No entanto, mesmo que você estabeleça uma ambição vencedora, determine onde jogar e como vencer e defina as competências necessárias, a estratégia ainda poderá falhar — de maneira impressionante — se você não conseguir estabelecer sistemas de gestão que apoiem essas escolhas e competências. Sem estruturas, sistemas e medidas de suporte, a estratégia permanece uma lista de desejos, um conjunto de metas que talvez nunca seja alcançado. Para realmente vencer no mercado, uma empresa precisa de um processo robusto para criar, avaliar e comunicar a estratégia, de estruturas para apoiar suas competências essenciais e de medidas específicas para garantir que a estratégia funcione. Esses sistemas de gestão são necessários para completar a cascata de escolhas estratégicas e assegurar uma ação eficaz por toda a empresa.

SISTEMAS PARA CRIAR E REVER A ESTRATÉGIA

Antigamente, a criação de estratégias e o processo de avaliação na P&G eram, como David Taylor, presidente de produtos globais para o lar, descreve, "um teatro corporativo, na melhor das hipóteses".[1] Taylor relembra seus relatos iniciais como gerente de marca: "Havia 25 pessoas na sala. Estavam presentes o vice-presidente, o presidente da agência de publicidade e o que eu chamaria de pássaros nos fios — pessoas enfileiradas em cada lado". Na frente desse público enorme, o gerente de marca foi chamado para falar. "Você entrava com um notebook e 50 folhas de questões. A ideia era que, para qualquer pergunta feita, deveria haver uma resposta. Fulano, vá para a página 25; sicrano, vá para a página 40."

Abundavam histórias de um CEO que parecia se deliciar com a chance de fazer às pessoas perguntas difíceis, detalhadas. "Lembro-me das histórias", diz Taylor. "Alguém me falou: 'Seu objetivo nessa reunião é simplesmente não se sentir humilhado. Sair dela vivo'. Então, quando me tornei mais experiente, um presidente me disse: 'Seu trabalho nessa reunião é falar sobre qualquer coisa, exceto estratégia. Apresente projetos de inovação, apresente textos [publicitários], apresente material que entretenha. Você não quer que brinquem com sua estratégia. Fale sobre qualquer coisa, exceto estratégia'." Essa abordagem *entrar e sair* tornou-se profundamente enraizada na cultura da P&G.

Sabíamos que era necessário reinventar todo o processo, para realmente focalizar a estratégia em vez de negociações de orçamento ou produtos e projetos de marketing. Queríamos promover uma abordagem em equipe, como a que permitiria ao CEO colaborar com os presidentes e ajudar a promover o pensamento deles em tempo real. Queríamos criar um diálogo útil em vez de uma apresentação irrefutável e unidirecional. Em vez de ocultar as questões, queríamos falar sobre elas abertamente. Queríamos um novo sistema de gestão para criar e avaliar as cinco escolhas estratégicas.

O diretor-financeiro, Clayt Daley, igualmente cansado de todas as análises *vender e defender*, concordou que deveria haver uma forma melhor. Ele lembra: "As equipes de gestão, porque a cultura [da P&G] é muito forte, eram treinadas por vários anos para chegar e vender. Queríamos falar sobre escolhas estratégicas e alternativas e que coisas poderíamos incluir ou não na estratégia". Essa abordagem diferente não veio de um desejo de estratégia imposto por um pequeno grupo da gerência, mas de uma compreensão das diferentes perspectivas que a equipe sênior e os diretores-executivos poderiam agregar. Acreditávamos que a equipe sênior de liderança poderia alavancar sua considerável perícia entre diferentes negócios, funções e regiões geográficas e sua perspectiva única no nível da empresa como um todo para melhorar e contextualizar uma estratégia inteligente desenvolvida por líderes com conhecimento profundo de um negócio específico. Essa combinação de amplitude e profundidade poderia ser incrivelmente poderosa.

Infelizmente, as equipes de gestão tinham sido treinadas, ao longo de décadas, para ver análises estratégicas como tudo, menos como uma oportunidade de compartilhar ideias. Tradicionalmente, era função delas construir um plano irrepreensível e defendê-lo até a morte. Era importante reformular a tarefa ou, como coloca Daley, "criar uma estrutura do que uma discussão da estratégia é e o que ela não é. Uma discussão de estratégia não é a avaliação de uma ideia. Uma discussão de estratégia não é uma avaliação de orçamento ou uma previsão. Uma discussão de estratégia é tratar da maneira como vamos alcançar nossos objetivos de crescimento nos próximos três a cinco anos. Queríamos realmente nos envolver em uma discussão".

Assim, elaboramos um novo processo para começar no segundo semestre de 2001. Era uma mudança radical para todos os envolvidos. Anteriormente, o presidente entraria em uma reunião de avaliação com uma longa apresentação em PowerPoint, que incluía todo o material que queria compartilhar. Ele apresentaria os slides, um a um, revelando o material para uma grande audiência em tempo real. Mudamos a reunião completamente: passou de uma apresentação formal para um diálogo que focalizava bem as poucas questões estratégicas críticas identificadas antecipadamente.

Quaisquer que fossem as questões estratégicas que o presidente quisesse discutir, elas seriam fornecidas por escrito antes da reunião de avaliação da estratégia. A equipe sênior revisaria a apresentação e selecionaria os temas que quisesse discutir (ou proporia questões alternativas para discussão).

Uma nota com um único parágrafo (e nunca mais do que uma página) seria enviada ao presidente, destacando essas questões para discussão. Algumas reuniões focalizavam uma única questão estratégica, e a equipe raramente tentava discutir mais de três em uma única reunião. O processo de promoção da cultura era triplo. Primeiro, não haveria nenhuma apresentação, somente uma discussão das questões estratégicas previamente acordadas. Segundo, limitamos o número de pessoas na sala, de 25 para apenas quatro ou cinco, além do CEO e dos líderes que agregariam experiência ou conhecimento específico sobre as questões estratégicas. Terceiro, os participantes não teriam permissão para trazer mais do que três novas páginas de material para compartilhar na reunião — não queríamos que os participantes criassem apressadamente outro conjunto de slides do PowerPoint com respostas às questões levantadas no material inicial. Queríamos realmente ter uma conversa sobre as principais questões estratégicas no negócio.

As questões tendiam a focalizar alguns pontos-chave: a P&G era vencedora nessa categoria? A equipe de negócios tinha certeza? Como eles sabiam? Quais eram as oportunidades relacionadas às necessidades não atendidas dos consumidores? Quais eram as inovações e tecnologias mais promissoras? Quais eram as ameaças à categoria, ao país ou à atratividade estrutural do canal? Que competências essenciais faltavam ao negócio? Qual era o concorrente mais preocupante ou ameaçador? Essas avaliações focalizavam questões muito básicas e fundamentais com a intenção de ajudar a equipe a fazer melhores escolhas estratégicas. O grupo passaria três ou quatro horas elaborando as poucas questões cruciais.

Tínhamos três razões para fazer as mudanças no processo. Primeiro, queríamos estabelecer uma cultura empresarial voltada para o diálogo. Segundo, queríamos criar uma estrutura em que as equipes de negócio pudessem realmente se beneficiar da experiência em vários negócios e da perspectiva dos líderes seniores. E, por fim, queríamos desenvolver as competências de pensamento estratégico dos executivos da P&G, solicitando que eles praticassem a discussão de questões estratégicas com outros em tempo real. Os executivos da P&G são ótimos operadores nos negócios e nas funções. A organização precisava que os líderes se tornassem estrategistas melhores, porque estratégias melhores, com mais escolhas, permitiriam operações ainda melhores. A P&G precisava de líderes multidimensionais que pudessem fazer escolhas estratégicas difíceis e liderar equipes operacionais eficazes. Precisava de mais desses líderes multidimensionais para vencer em um mundo cada vez mais complexo, global e competitivo. Assim, as avaliações da estratégia eram reprojetadas para que a empresa ganhasse força estratégica individual e coletivamente.

A princípio, a mudança gerou uma boa dose de ansiedade. De forma lenta, mas segura, a reunião de avaliação tornou-se o que buscávamos: uma investigação sobre a competitividade, a eficácia e a robustez de uma estratégia. No devido tempo, os presidentes começaram a entender que eles não seriam avaliados com base no fato de que suas estratégias estavam completas, mas, em vez disso, com base no fato de que eles poderiam se envolver em uma discussão produtiva sobre as questões estratégicas reais nos respectivos negócios. Como resultado, os líderes da P&G passaram a pensar e discutir mais estrategicamente — não apenas sobre avaliações da estratégia, mas no curso normal dos negócios — e a qualidade da discussão estratégica melhorou. Mais importante, a companhia viu um processo melhor de tomada de decisão, mais disposição para fazer escolhas difíceis e, no final, melhores resultados nos negócios.

O novo sistema era o total avesso do teatro com que David Taylor tinha se acostumado: "A função de A.G. [Lafley] era elevar meu pensamento e o pensamento de minha equipe para chegarmos a uma estratégia melhor do que a inicialmente proposta". Livre da obrigação de vender um plano perfeito ou tentar impressionar o chefe, Taylor começou a gostar dessas reuniões. Ele tinha a oportunidade "de se envolver em uma discussão com pessoas realmente inteligentes. A discussão deixou de ser ameaçadora e tornou-se uma fonte de debate, porque A.G. não impunha perguntas. Se discordasse, faria isso de maneira intelectualmente muito instigante [...]. O tom da reunião era bem coloquial e envolvente. Sentávamos, conversávamos e compartilhávamos as coisas". Olhando para trás, diz ele, a dinâmica estava atrelada às questões pertencentes ao coração da estratégia: "O clima geral das reuniões [...] elas não eram sobre como fornecer a previsão para este ano ou para o próximo. Não eram sobre lucro, pessoas ou outras questões de curto prazo. Elas eram sobre onde jogar e como vencer".

Melanie Healey, hoje presidente da divisão América do Norte do grupo, também era uma entusiasta do novo processo:

> *O que fazíamos era chegar antecipadamente a um acordo, com A.G., em relação a questões estratégicas essenciais que ele queria que abordássemos nessas reuniões — além, é claro, dos temas estratégicos que queríamos discutir [...] As reuniões funcionavam muito bem, porque nunca havia grandes discussões de surpresa para as quais não estávamos preparados. Como tínhamos um prévio acordo sobre os temas discutidos nas reuniões, nós nos certificávamos de que o material distribuído fosse lido antecipadamente, de modo que todos tivessem informações suficientes para se envolver em um diálogo produtivo, agregar valor e fornecer dados importantes sobre os elementos estratégicos cruciais que precisávamos trabalhar melhor. Essas reuniões sempre terminavam com algumas excelentes reflexões dos muito experientes líderes na companhia sobre nossas escolhas estratégicas.*[2]

Claro, nenhum processo é perfeito e nenhum remédio pode satisfazer todos os usuários. Um dos presidentes, um excelente líder e estrategista, ficou menos impressionado com o novo formato, que ele via como difícil de implementar em seu negócio maduro, um encaixe menos que perfeito à cultura de realização da P&G e, potencialmente, incômodo para os participantes, incluindo ele próprio:

> *As próprias reuniões, embora A.G. tentasse torná-las sessões reais de trabalho — em que analisávamos as opções, o ambiente de negócios, as escolhas que poderíamos fazer e por que essa escolha alternativa era melhor que outra —, raramente se transformavam em uma discussão profunda, realmente estratégica. Não porque a gerência não tentasse; era porque a cultura da P&G atrapalhava. Se sou o presidente da empresa e estou sentado na frente da gerência e de seus subordinados, não vou me tornar vulnerável, dizendo: "Ei, eis as quatro coisas que analisamos. É isso que penso que deveríamos fazer, mas o que vocês acham?". A.G. estava bastante envolvido na criação de estratégias, mas a coisa mais importante que obtive dele vinha de reuniões face a face, mais íntimas, em vez de fóruns anuais formais com um grande público e um grande grupo de pessoas.[3]*

Essas preocupações mostram como pode ser difícil fazer uma mudança substancial. No entanto, apesar das preocupações, houve uma transformação clara na qualidade e utilidade das reuniões de avaliação das estratégias em curto espaço de tempo. Em 2005, a nova abordagem para as avaliações das estratégias estava tão arraigada e vista pela maioria como muito superior ao sistema anterior que seria inconcebível recuar.

A discussão sobre estratégia abrangia todos os níveis da organização, retomando repetidamente as escolhas sobre onde jogar e como vencer, as competências competitivas essenciais e os sistemas de gestão. Os presidentes apresentavam um documento mensal diretamente ao CEO e tinham uma reunião mensal ou (no mínimo) trimestral, pessoalmente ou por telefone. A discussão permanente ajudava a manter a estratégia no rumo certo e dava ao CEO insights sobre as competências estratégicas dos líderes. Nas reuniões presenciais regulares, a primeira parte da agenda era do presidente. Os presidentes mais fortes aproveitavam o tempo para discutir questões reais e apresentar respostas, em vez de mostrar e contar.

NOVAS NORMAS PARA O DIÁLOGO

Em qualquer discussão, organizacional ou de outro tipo, as pessoas tendem a abusar de uma ferramenta retórica específica, à custa de todas as outras. O modo-padrão que as pessoas usam para se comunicar tende a ser o da defesa — argumentação a favor ou as próprias conclusões e teorias, afirmações sobre a verdade dos próprios pontos de vista. Para criar o tipo de diálogo estratégico que queríamos na P&G, as pessoas precisavam mudar dessa abordagem para uma muito diferente.

O tipo de diálogo que queríamos promover é chamado *investigação assertiva*. Com base no trabalho da aprendizagem organizacional do teórico Chris Argyris, na Harvard Business School, essa abordagem combina a expressão explícita do próprio pensamento (defesa) com uma exploração sincera do pensamento dos outros (investigação). Em outras palavras, significa articular claramente ideias próprias, compartilhar os dados e o raciocínio por trás delas e, ao mesmo tempo, investigar genuinamente os pensamentos e o raciocínio das outras pessoas.

Para fazer isso de modo eficaz, as pessoas precisam adotar uma postura específica sobre suas funções em uma discussão. A postura que tentamos incutir na P&G era razoavelmente simples, mas tradicionalmente subutilizada: "Tenho uma visão que vale a pena ouvir, mas talvez não tenha percebido alguma coisa". Parece simples, mas essa postura tem um efeito dramático sobre o comportamento do grupo se todos na sala a adotarem. Os indivíduos tentam explicar os próprios pensamentos — porque eles têm uma visão que vale a pena ouvir. Assim, eles a defendem da maneira mais clara possível, de acordo com suas perspectivas. Mas, como permanecem abertos à possibilidade de que talvez não tenham percebido alguma coisa, acontecem duas coisas muito importantes. Primeira, eles defendem seus pontos de vista como uma possibilidade, não como a única resposta correta. Segunda, eles ouvem atentamente e fazem perguntas sobre pontos de vista alternativos. Por quê? Porque, se eles não estiverem percebendo algo, a melhor forma de explorar essa possibilidade é entender não o que os outros veem, mas o que eles próprios não veem.

Compare isso com gerentes que participam de uma reunião com o objetivo de convencer os outros de que estão certos. Eles defenderão sua posição nos termos mais fortes possíveis, procurando convencer os outros e vencer a discussão. Eles estarão menos propensos a ouvir ou ouvirão com a intenção de encontrar falhas nos argumentos dos outros. Essa postura é uma receita para discórdias e impasses.

Queríamos abrir o diálogo e aumentar a compreensão por meio de um equilíbrio entre defesa e investigação. Essa abordagem inclui três ferramentas essenciais: (1) defender a própria posição e então convidar os outros a dizer o que pensam (por exemplo: "É assim que vejo a situação. Vocês veem isso de maneira diferente?"); (2) parafrasear o que você acredita ser o ponto de vista da outra pessoa e investigar a validade de sua compreensão (por exemplo: "Parece que seu argumento é esse; eu o compreendi precisamente?"); e (3) dizer que não compreendeu completamente o ponto de vista da outra pessoa e solicitar informações adicionais (por exemplo: "Parece que você acha que essa aquisição é má ideia. Não tenho certeza se entendi como você chegou a tal conclusão. Poderia falar mais sobre isso?"). Esses tipos de frases, que misturam defesa e investigação, pode ter um efeito poderoso sobre a dinâmica do grupo. Ainda que as pessoas se sintam impelidas a defender seu ponto de vista, a defesa é na verdade um passo mais fraco do que o equilíbrio entre defesa e investigação. A investigação leva a outra pessoa a realmente refletir e a ouvir sua defesa, em vez de ignorá-la e, em resposta, fazer uma defesa própria.

Promovemos ativamente essa abordagem de comunicação na P&G, incentivando o diálogo nas sessões de avaliação das estratégias, nas reuniões presenciais, e fazendo com que isso chegasse até a sala da diretoria. O objetivo era criar uma cultura de investigação que trouxesse à tona as tensões produtivas, para possibilitar escolhas mais inteligentes. O objetivo explícito era formar estrategistas em todos os níveis da organização. Ao longo de uma carreira, os líderes da P&G desenvolvem uma estratégia prática no design para marcas e linhas de produtos, categorias, canais, relacionamento com o cliente, países e regiões, funções e tecnologias. A ideia é fortalecer a estratégia ao longo do tempo, em diferentes contextos, de modo que, à medida que os gerentes crescem na organização, eles estejam bem preparados para a próxima tarefa estratégica. Conforme eles são bem-sucedidos, a recompensa é um desafio estratégico maior, mais difícil e mais complexo. Essa abordagem baseada na *prática que cria a perfeição*, para a estratégia de aprendizagem, explica por que tantos ex-funcionários da P&G se tornaram CEOs.

Embora a P&G tenha uma cultura forte de realização individual, os líderes também reconhecem a importância das equipes para o desenvolvimento da estratégia. Nenhuma pessoa sozinha, e certamente não o CEO, tentaria criar e fornecer uma estratégia. Criar uma estratégia verdadeiramente robusta exige competências, conhecimentos e experiências de uma equipe diversificada — um grupo coeso de indivíduos talentosos e motivados, cada um consciente de como seu esforço próprio contribui para o sucesso do grupo, e todos dedicados a vencer coletivamente.

Selecionar um grupo de bons empreendedores individuais e pedir que eles trabalhem juntos para criar a estratégia não é uma questão simples. Como a escolha estratégica é uma decisão em que ninguém pode comprovar antecipadamente se determinada estratégia é certa ou é a melhor, há um desafio fundamental para chegar a decisões organizacionais sobre a estratégia. Todos selecionam e interpretam os dados sobre o mundo e chegam a uma conclusão única sobre o melhor curso de ação. Cada pessoa tende a adotar uma única escolha estratégica como a resposta certa. Isso naturalmente leva à tendência de atacar a lógica de apoio das escolhas opostas, criando entrincheiramento e extremismo, em vez de colaboração e consideração profunda das ideias.

Para superar essa tendência, a P&G precisou criar uma cultura de investigação e normas de comunicação que permitissem que as pessoas e as equipes fossem mais produtivas, e não menos.

A ESTRUTURA DE ENQUADRAMENTO

Em qualquer empresa, mas especialmente em uma de grande porte como a P&G, é necessário que haja uma estrutura para organizar a discussão das estratégias. Na P&G, havia um sistema de gestão para descrever a estratégia que poderia ser alavancado: o OMEI, um documento de uma página que reúne objetivos, metas, estratégias e indicadores para uma marca, categoria ou empresa. Ele era uma ferramenta útil pelo fato de que poderia ser facilmente adaptado à cascata de escolhas estratégicas e já era uma estrutura bem compreendida na empresa. Infelizmente, porém, a maioria dos documentos OMEI era uma longa lista de iniciativas, em vez de uma articulação das escolhas essenciais do negócio de onde jogar e como vencer. Assim, impusemos uma prática em que a sessão de estratégia tinha de conter uma expressão clara e explícita das escolhas de onde jogar e como vencer que se conectasse de maneira atraente às aspirações da empresa e aos indicadores de sucesso especificados na seção final do OMEI. O objetivo era criar no OMEI uma expressão simples e clara de uma estratégia, um documento vivo que todos na empresa conhecessem e entendessem. Um novo OMEI poderia se parecer com algo como o que é mostrado no Quadro 6-1, que é uma adaptação do OMEI real relacionado a produtos para o lar de vários anos atrás.

O OMEI tornou-se o ponto de partida estratégico para outras discussões importantes ao longo do ano. Nas avaliações dos programas de inovação, a pergunta era: como o portfólio de inovação de produtos se encaixa na escolha de onde jogar? Como ele ajuda você a vencer? Sob a luz do orçamento e plano operacionais anuais, a questão era: você está alocando seu dinheiro e seus recursos humanos em prioridades estratégicas? O OMEI tornou-se a base de todos os tipos de discussão, fundamentando efetivamente a alocação de capi-

T. 6-1

UM EXEMPLO DE OMEI (OBJETIVOS, METAS, ESTRATÉGIAS E INDICADORES)

Objetivos	Estratégias	Indicadores
Melhorar a vida das famílias fornecendo produtos de papel para cozinha e banheiro preferidos pelos consumidores	**Onde jogar:** • Vencer na América do Norte • Aumentar a margem de liderança das marcas Bounty e Charmin • Vencer nos canais das grandes redes de varejo e supermercados • Fortalecer o desempenho, a experiência e o valor nos segmentos de produtos de grande consumo	• Progresso do TSR operacional • Progresso da participação no mercado e do crescimento das vendas • Progresso do crescimento dos lucros
Ser o líder em retorno total ao acionista (*total shareholder return*, TSR), na América do Norte, no segmento de lenços/toalhas de papel e criar valor para a P&G		**Indicadores de eficiência:** • Eficiência de capital • Giros de estoque
Metas		**Indicadores das preferências do consumidor:**

Operação ano a ano
 	
TSR > x%
 	
x% ao ano de participação no mercado e de crescimento de vendas
 	
x% ao ano de aumento da margem de lucro operacional e bruta
 	
x% de retorno sobre os investimentos de capital em equipamentos da planta e estoque
	Como vencer:
	1. Sendo enxuto
	  • Investindo xx% das vendas em instalações/equipamentos
	  • Reduzindo o estoque em x%
	2. Sendo a escolha dos consumidores
	  • Vendendo produtos básicos superiores a preços justos
	  • Oferecendo formatos e designs preferidos dos consumidores
	  • Gerenciando o crescimento das categorias
	3. Sendo a escolha dos varejistas
	  • Melhorando o serviço e a disponibilidade na prateleira
	  • Desenvolvendo soluções de compras diferenciadas
	  • Vencendo com os vencedores
		• Intenção de compra ponderada
		• Teste, compra e fidelidade
		
		Indicadores de feedback do varejista:
		• Principais propulsores do negócio (distribuição, participação na prateleira, cota de merchandising etc.)
		• Fornecedor preferencial

tal, o fortalecimento da marca, a prospecção de fornecedores e as estratégias de inovação nas escolhas de onde jogar e como vencer.

O OMEI, a nova estrutura de reunião de avaliação de estratégia e a cultura de investigação eram as bases do novo sistema para criar, avaliar e comunicar a estratégia. O OMEI permitia que as equipes e os indivíduos compartilhassem um ponto de referência estratégico e relacionassem os temas estratégicos mais importantes em um único documento. A nova estrutura de reunião, como parte de um padrão anual de reuniões e interações sobre a estratégia, criou uma norma para a comunicação entre os líderes e as equipes por toda a organização. Uma cultura de investigação revelou tensões produtivas e permitiu conversas profundas que fizeram avançar o pensamento estratégico. Mas a companhia também precisava de mecanismos para comunicar a essência da estratégia da P&G para toda a organização global. Em vez de depender de um método hierárquico, em que o CEO se comunicava com os presidentes, que se comunicavam com os gerentes-gerais etc., pensamos muito sobre como transmitir as mensagens para toda a organização.

COMUNICANDO A ESTRATÉGIA

A estratégia é formulada em todos os níveis da companhia e, para ser bem-sucedida, precisa ser comunicada em todas as esferas. As empresas têm de comunicar suas estratégias para a diretoria (na P&G, por meio de avaliações e OMEI), mas a diretoria também deve comunicar as decisões de nível corporativo para toda a organização. O desafio é encontrar maneiras simples, claras e convincentes de fazer isso. Um enorme fichário ou uma extensa apresentação no PowerPoint não serão suficientes para uma empresa. Assim, é importante pensar explicitamente sobre os fundamentos de uma estratégia e a melhor forma de comunicar sua essência de modo amplo e claro. Pergunte: quais são as escolhas estratégicas críticas que todos na companhia devem conhecer e entender? Na P&G, elas se resumiam a três temas que capacitavam a empresa a vencer, nos lugares e das maneiras que ela tinha escolhido, independentemente dos detalhes das diferenças individuais entre os negócios:

1. Tornar o consumidor o chefe.

2. Vencer a equação de valor para o consumidor.

3. Vencer os dois momentos da verdade mais importantes.

Essas ideias fluíam diretamente da cascata de escolhas estratégicas no nível corporativo. O primeiro mandamento – o consumidor é o chefe – era uma reorientação para a ambição da empresa: melhorar a vida dos consumidores. Queríamos que todos se concentrassem no consumidor final, em todos os aspectos do negócio: em estratégias de inovação, fortalecimento da marca, entrada no mercado, escolhas de investimento etc. Queríamos ser claros quanto à escolha de quem é e quem sempre deveria ser a parte interessada mais importante. Não os acionistas, nem os funcionários, tampouco os clientes de varejo, e sim os usuários finais: as pessoas que compram e utilizam os produtos da P&G.

O segundo tema fundamental era vencer a equação de valor para o consumidor. Isso definiu de maneira rápida e inequívoca como a P&G venceria: abrindo uma diferença entre o valor que ela oferece aos consumidores e o custo de entrega dele maior que a dos concorrentes. Isso significava fornecer um valor único para os consumidores (por meio da diferenciação de marca e produtos inovadores) e manter uma posição de custo que permitisse à P&G oferecer esse valor para o consumidor a um preço atraente e ainda ter bons lucros. Essa determinação chamou a atenção de todos para as escolhas de onde jogar e como vencer que criariam vantagem competitiva sustentável por meio da diferenciação.

O terceiro e último tema coloca a importância vital de vencer os dois momentos da verdade mais importantes.[4] Em termos do consumidor, o conceito por trás dos momentos da verdade é que o desempenho de uma empresa é a soma total de todas as suas interações com os consumidores, os momentos em que a promessa da marca é ou não realizada na mente do consumidor. É quando o consumidor desfruta do perfume Gain pela primeira vez, quando o sabão em pó Tide com alvejante realmente torna o branco mais branco e quando a máscara Cover Girl LashBlast alonga expressivamente os cílios da consumidora. É quando a experiência do produto reforça a promessa da marca e ajuda a fazer com que um comprador de primeira viagem adquira novamente o produto, use-o regularmente e, por fim, torne-se fiel à marca.

A ideia de que há, em relação ao consumidor, dois momentos da verdade cruciais — quando ele encontra o produto na loja pela primeira vez e quando o usa em casa — era significativa para a P&G. Anteriormente, toda a companhia focalizava principalmente o segundo momento — o momento do uso em casa. Queríamos destacar e elevar o significado do primeiro momento da verdade, ilustrando como é importante a experiência na loja para vencer. O produto está em estoque? Ele está posicionado de modo destacado na prateleira? A embalagem ajuda o consumidor a entender a promessa de desempenho e a proposta de valor? O produto é comercializado de uma forma que reforça a promessa da marca e a aprimora? Há alguma coisa no merchandising e no marketing na loja que leva o consumidor a pegar esse produto em vez de um logo ao lado dele na prateleira ou mais adiante no corredor? Indicar que para vencer seria necessário vencer nos dois momentos da verdade sinalizou uma mudança importante para a empresa. Essa mensagem implicava um conjunto mais amplo de competências como o núcleo de uma estratégia vencedora — não apenas a construção da marca e a inovação de produtos, mas também competências de varejo, TI, inovação nos mais variados aspectos, logística, entrada no mercado, bem como o uso da escala e da compreensão do consumidor para fornecer-lhe a melhor equação de valor e guiar sua atividade de compra.

Embora as mensagens em si fossem fundamentais para incorporar a intenção estratégica na empresa, a linguagem usada para transmiti-las também era importante. Ela era simples, evocativa e memorável. Em qualquer organização, as escolhas no topo têm de ser precisa e evocativamente afirmadas, de modo que sejam facilmente compreendidas. Somente quando as escolhas são claras e simples é que elas podem ser postas em prática — só então elas podem moldar efetivamente as escolhas no restante da empresa. Essas mensagens estratégicas simples podem capturar o coração das intenções da companhia — e, para serem eficazes, devem ser sempre repetidas — para diferentes grupos, em diferentes contextos, criando um mantra para a empresa.

Mensagens transmitidas diretamente para a organização são outra ferramenta do sistema, além de normas de comunicação e sistemas de estratégia formais como o documento OMEI e as reuniões de avaliação. Juntos, esses sistemas e estruturas podem criar uma cultura de tomada de decisão estratégica. Esse é um aspecto importante da fase dos sistemas de gestão. Mas, além de sistemas que dão suporte à criação, avaliação e comunicação da estratégia, as empresas também precisam de sistemas que sustentem suas competências essenciais.

SISTEMAS PARA SUPORTAR AS COMPETÊNCIAS ESSENCIAIS

Toda empresa precisa de sistemas para suportar a construção e a manutenção de suas competências-chave. As competências relacionadas no quarto quadro da cascata de escolhas são tão importantes para a vantagem competitiva que uma empresa precisa instalar sistemas para garantir que elas sejam adequadamente cultivadas. O desafio é determinar que tipos de sistemas são necessários e qual é a melhor maneira de criá-los. A P&G desenvolveu sistemas de suporte para cada um de seus pontos fortes, investindo em recursos e atenção para construir estruturas sustentáveis:

- Para entender o consumidor, a P&G investiu agressivamente em novas metodologias de pesquisa, esforçando-se para liderar a indústria com eficientes competências internas de pesquisa voltadas para o consumidor e para o mercado.

- A P&G investiu significativamente em inovação — em compreender o processo de inovação, em explorar inovações revolucionárias com as marcas Clay Christensen e Innosight e em criar o Connect + Develop (a versão da P&G da inovação aberta), de modo que mais da metade das novas marcas e produtos tinha um ou mais parceiros externos em 2008.

- A P&G formalizou seu modelo de construção de marca e começou a criar marcas que melhorariam a vida dos consumidores. A empresa lançou mais marcas que qualquer outra no setor ao longo da primeira década do século 21. Algumas não alcançaram ou não mantiveram o sucesso comercial (como Fit, Physique e Torengos), mas a maioria foi bem-sucedida e outras criaram importantes categorias ou segmentos (por exemplo, Actonel, Align, Febreze, Prilosec e Swiffer).

- Na linha de frente da competência de entrada no mercado, a P&G investiu pesado em parcerias estratégicas com varejistas. Ela desenvolveu novas maneiras de fazer negócios com clientes de varejo, fornecedores e até mesmo concorrentes (em categorias não competitivas), liderando a responsabilidade de mudar o modelo de negócio tradicional em que todas as atividades importantes ocorrem dentro da empresa.

- A P&G investiu significativamente em escopo e escala, mas articulou essas vantagens de modo a favorecer mais as curvas de aprendizagem e a capacidade de reaplicabilidade do que o tamanho.

O trabalho em relação à escala, supervisionado por Clayt Daley e Jon Moeller, o atual diretor-financeiro, ilustra a abordagem da P&G para construir sistemas em torno das competências essenciais. Como explica Moeller, havia uma questão importante de escala: "Como você obtém esse valor, tanto em termos dos sistemas de atividades como em termos dos aspectos econômicos? Historicamente nós não o obtínhamos. Olhando para trás, na verdade operávamos como países individuais. Então tomamos uma decisão importante de promover categorias globais".[5] A decisão foi tomada em três etapas ao longo de uma década. Primeiro, sob John Smale, a P&G mudou a maioria dos negócios norte-americanos para uma estrutura de gerenciamento de categorias. Sob Ed Artzt, a empresa criou coordenadores de categorias globais para gerenciar tecnologias e marcas de uma forma mais global. Então, sob John Pepper e Durk Jager, a organização mudou para verdadeiras UNGs — empresas globais e centros de lucro completamente equipados. "Essas iniciativas nos fizeram perceber os verdadeiros benefícios da escala", diz Moeller.

"O próximo passo", continua ele, "foi responder à pergunta: quais são as atividades que suportam a organização e que não deveriam ser criadas novamente para cada unidade de negócios globais? Quais são as atividades em que podemos criar benefícios por meio de compartilhamento e centralização? Você começa com coisas muito básicas, como fusão entre compras e gastos. Historicamente, não fazíamos isso. Mesmo publicidade — cada departamento contratava uma agência específica, o que era um absurdo." Consolidar as compras globalmente, seja para publicidade, produtos químicos ou embalagens, aumentou expressivamente a vantagem de escala da P&G e reduziu custos substancialmente.

Moeller e Daley também examinaram atentamente o fator de ruína de uma corporação: despesas operacionais. "Sempre avaliamos e nos comparamos com a concorrência", lembra Moeller, "para entender se éramos relativamente eficientes ou ineficientes em termos de despesas operacionais. Sempre era uma comparação matemática direta. Clayt disse: 'Espere um minuto. Na medida em que alcançamos efetivamente uma escala mais ampla, deveríamos ter um custo mais baixo com despesas operacionais, como uma porcentagem de nossas vendas'." Em outras palavras, se houvesse uma vantagem de escala em ação, as despesas operacionais da P&G deveriam ser significativamente mais baixas que as da concorrência.

Daley queria uma forma de quantificar melhor os benefícios da escala em relação à eficácia das despesas operacionais. Moeller continua: "Lutávamos havia um ano ou dois para criar alguns modelos sobre o benefício que deveríamos ver a partir da escala das categorias, da escala da empresa, da escala dos países, para que pudéssemos nos manter responsáveis por um padrão de eficiência das despesas operacionais que refletisse verdadeiramente nossa escala". Como a escala era uma competência crucial, foi necessário construir sistemas de suporte e medi-los de maneiras significativas, impactantes. Não bastava simplesmente dizer que a escala era importante.

A P&G criou vantagens de custo mensuráveis em vários de seus negócios (incluindo lavanderia, perfumes finos, cuidados femininos e GBS). No entanto, isso não era suficiente para alcançar despesas operacionais mais baixas que a média — como uma porcentagem das vendas — em todos os negócios, funções e regiões geográficas que Daley queria. "Essa é uma viagem que ainda estamos fazendo", explica Moeller. "Realizamos um bom trabalho com o entendimento conceitual e a modelagem e, por meio dele, acho que conseguimos focalizar intencionalmente a criação de escala." A empresa fez mudanças em áreas tão diversas como produção e cobertura cambial para melhor suportar a escala corporativa e oferecer os benefícios dela para as unidades de negócios.

"Não é suficiente criar escala para uma marca ou categoria", observa Moeller. "Você tem de integrar isso na corporação. Os processos utilizados precisam ser intencionais. Eles não acontecem por si sós. O que acontece [naturalmente] é a entropia. Você tem de alavancar a escala de maneira que não incapacite o empreendedorismo, a posse do negócio. Isso é integrador. Não é centralizado. Centralizado é algo muito diferente. Esse trabalho sobre escala faz com que os líderes trabalhem conjuntamente em um plano que não apenas otimiza a empresa, mas, em sua forma mais ideal, também otimiza as categorias. À medida que entramos em um mercado, por exemplo, com múltiplas categorias, aumenta a probabilidade de sucesso para cada uma delas." Entrar em um novo mercado emergente com várias categorias complementares, em vez de apenas uma, por exemplo, pode permitir o compartilhamento de custos e aumentar a influência local, ampliando assim a probabilidade de sucesso na região.

A construção da marca também era uma competência de que a P&G precisava para criar sistemas de suporte. Embora a construção da marca tivesse sido o coração do negócio por mais de um século, em 2000 a empresa não conseguiu aprender com base em sucessos e fracassos de marketing. O conhecimento mais institucional sobre construção da marca e marketing era documentado em memorandos concisos de uma página escritos por lendários diretores de marketing (como Ed Lotspeich ou Bob Goldstein) ou transmitido oralmente como caso exemplar por mestres de marketing e líderes da empresa que tinham vivido a experiência. A mensagem implícita era a de que, se os jovens gerentes e gerentes assistentes de marca acompanhassem o trabalho dos construtores de marca experientes por um período suficiente, eles dominariam a construção de marcas e marketing no devido tempo.

Assim, a empresa lançou um projeto para codificar a abordagem da P&G para a construção de marcas pela primeira vez. Deb Henretta, então gerente-geral de produtos de lavanderia, foi a patrocinadora executiva do projeto, e a equipe era composta por três excelentes especialistas em marketing: Lisa Hillenbrand, Leonora Polonsky e Rad Ewing. O trabalho deles levou à criação da estrutura de construção de marcas (*brand-building framework*, BBF) 1.0 da P&G, que explicava pela primeira vez a abordagem da organização para a construção de marcas em um documento coerente. Em 2003, a equipe atualizou a estrutura e lançou o BBF 2.0 para a organização, seguido pelo BBF 3.0, em 2006, e pelo BBF 4.0, em 2012. Cada versão era um aprimoramento em relação à estrutura anterior, em termos de abrangência, clareza e competência de ação. Agora, com os BBFs em funcionamento, novos profissionais de marketing podem aprender o ofício mais rapidamente e os gerentes seniores têm um recurso organizado e escrito para orientar seus esforços. O BBF e seus refinamentos subsequentes servem como um sistema de gestão que fomenta e melhora a competência crucial de construção de marcas da P&G.

Encorajamos o projeto de sistemas para dar suporte às competências da P&G, que eram alavancados em todos os níveis da companhia. Mas também incentivamos categorias e marcas a construir sistemas para suportar as competências vencedoras que eram únicas no setor. Esses sistemas provariam ser decisivos em alguns casos. Considere a SK-II, a linha de produtos de cuidados com a pele superpremium. Embora a SK-II pareça, à primeira vista, uma adaptação tênue para as escolhas corporativas sobre onde jogar e como vencer, ela serve como uma importante vanguarda no segmento de cosméticos. O que a P&G aprende ao concorrer nesse segmento supersofisticado é tão valioso para o restante da categoria que a empresa está disposta a construir competências distintivas e sistemas para dar suporte a elas. Como a marca gera margens brutas extremamente altas, a P&G pode se dar ao luxo de investir nessas competências únicas. A linha SK-II oferece uma variedade de produtos de cuidados com a pele no topo do mercado e é vendida em balcões especializados, nas lojas de departamentos. Para vencer, a P&G precisa das competências de inovação de produtos, embalagens, compreensão do consumidor e construção da marca — como acontece com todos os seus produtos. Mas, com a SK-II, a empresa também precisa de competências no design dos balcões, relações com as lojas de departamentos, conselhos de cuidados com a pele para o consumidor e serviços *in-store*. Assim, a P&G construiu sistemas de suporte, incluindo parcerias com os melhores designers de varejo no mundo, a contratação de sistemas para conselheiros no segmento de beleza e programas de treinamento para funcionários na loja. Tudo isso é exclusivo da SK-II, sendo essencial para vencer nesse negócio. Esses sistemas dão suporte às competências específicas da marca e devem ser construídos com os sistemas de nível corporativo.

MEDIÇÃO DOS RESULTADOS DESEJADOS

Um velho ditado diz que o que está medido está concluído. Há mais do que um pouco de verdade nisso. Se devemos alcançar aspirações, desenvolver competências e criar sistemas de gestão, o progresso tem de ser medido. A medição fornece foco e feedback. O foco vem da percepção de que os resultados serão analisados e o sucesso ou fracasso observado, criando um incentivo pessoal para alcançar um bom desempenho. O feedback vem do fato de que a medição permite a comparação dos resultados esperados com os resultados reais e possibilita ajustar as escolhas estratégicas correspondentemente.

Para que as medições sejam eficazes, é fundamental indicar antecipadamente quais são os resultados esperados. Seja explícito: "A ambição a seguir, as escolhas de onde jogar, de como vencer, das competências e dos sistemas de gestão necessários devem produzir os seguintes resultados específicos". Os resultados esperados precisam ser registrados por escrito, com antecedência. O nível de especificação é crucial. Em vez de afirmar *maior participação de mercado* ou *liderança de mercado*, quantifique um intervalo bem planejado em que você declararia o sucesso e abaixo do qual você não o declararia. Sem essas medições definidas, você pode tornar-se presa da tendência humana de racionalizar qualquer resultado como aquilo que você mais ou menos esperava. Em uma empresa, cada função ou unidade de negócios deve ter medidas específicas que se relacionem com o contexto organizacional e as próprias escolhas dessa unidade. Tais medidas têm de abranger as dimensões do consumidor, financeiras e internas, para evitar que a equipe se concentre exclusivamente em um único parâmetro de sucesso.

Para as medições no nível corporativo da P&G, identificávamos objetivos financeiros claros, assim a medição das receitas e rentabilidade era uma prioridade. Queríamos que o desempenho financeiro simples, direto e forte fosse recompensado. No entanto, acreditávamos que a metodologia para agregar valor e comparar a P&G com os concorrentes precisava mudar. O sistema de remuneração da empresa associava as recompensas para executivos seniores ao retorno total aos acionistas (*total shareholder return*, TSR), isto é, ao aumento no preço das ações mais dividendos (como se fosse reinvestido em ações), em um período de três anos. Sob esse sistema, o TSR era avaliado e comparado com um grupo semelhante; se a P&G estivesse na terça parte superior do grupo, os executivos recebiam bônus.

Não estávamos satisfeitos com o sistema. Não gostávamos da associação direta com o preço das ações como o único indicador de desempenho financeiro; ele era também um instrumento inflexível para avaliar o desempenho real da empresa. O preço das ações é uma manifestação das expectativas dos investidores — algo substancialmente fora de controle da P&G. Depois de um ano forte, as expectativas alcançam níveis irrealistas que até mesmo um desempenho futuro semelhante não podem superar. Assim, o preço das ações vai cair ainda que o desempenho da empresa supere o do ano anterior. Por essa razão, um ano ótimo, em relação ao TSR, geralmente é seguido por um ano fraco, mesmo que o desempenho da empresa melhore em termos reais. Portanto, usar esse indicador e basear o sistema de remuneração nele não fazia muito sentido.

Em vez disso, a P&G trocou o TSR de mercado pelo TSR operacional. O TSR operacional é um indicador combinado de três indicadores reais de desempenho operacional — crescimento de vendas, melhoria da margem de lucros e aumento da eficiência de capital. Esse indicador mensura mais precisamente o verdadeiro desempenho da P&G, sob todas as métricas operacionais mais críticas, e, além disso, mede coisas sobre as quais presidentes das unidades de negócios e gerentes-gerais podem realmente exercer influência, diferentemente do TSR baseado no mercado. O TSR operacional integra o crescimento da receita, o crescimento da margem e a produtividade financeira, e faz isso independentemente do tipo de ativo que está sendo gerenciado — se houver ativos tangíveis como máquinas de conversão de lenço/toalha de papel ou estoque como cosméticos e produtos de perfumaria. Em outras palavras, o indicador poderia ser equitativa e utilmente aplicado a todos os diferentes negócios da P&G. E ele não está totalmente desvinculado do desempenho das ações — há uma alta correlação, no médio e longo prazos, entre o TSR de mercado e o TSR operacional. Mas, diferentemente do preço das ações, os indicadores de TSR operacional são aqueles sobre os quais os líderes da P&G têm influência real no curto e médio prazos.

O uso do TSR operacional também permitiu que a P&G fizesse uma comparação com os concorrentes de uma forma significativa; a empresa poderia calcular um TSR operacional para concorrentes utilizando dados públicos. Quando a P&G não era tão bem-sucedida, isso se tornava um incentivo para melhorar o desempenho de um ou mais propulsores do TSR operacional. O TSR operacional também reduziu parte da possibilidade de manipulação inerente a outros sistemas, que permite às empresas escolher os próprios indicadores de desempenho. Ter um único indicador de criação de valor por toda a organização e unidades de negócios (e usar esse mesmo indicador em todos os negócios e ao longo do tempo) permitiu identificar uma medida de desempenho mais equilibrada, consistente e confiável.

Os indicadores podem e devem ser desenvolvidos por toda a corporação. Pedimos que os líderes da P&G pensassem nos tipos de indicador que realmente favorecessem o pensamento estratégico em seus negócios. Alguns indicadores eram altamente específicos e foram postos em prática apenas em alguns negócios da P&G. No entanto, outros indicadores criados ou implementados em dado negócio se difundiram por toda a organização. Alguns dos melhores pensamentos sobre indicadores comuns estavam relacionados a entender as preferências do consumidor, como o trabalho de Henretta no segmento de cuidados com o bebê.

Como muitos negócios da P&G, o segmento de fraldas tornou-se um pouco míope — ele focalizava o desempenho técnico do produto. Henretta recorda: "Basicamente, costumávamos testar quanta umidade uma fralda poderia absorver. Esse era o teste de superioridade do produto e, ao longo do tempo, foi considerado equivalente à superioridade da marca. O produto que apresentava a melhor capacidade de absorção era considerado a melhor fralda. Todos os nossos indicadores ao longo do tempo estavam voltados para esse índice de absorção. Era assim que definíamos sucesso ou fracasso. Se tivéssemos uma fralda melhor, uma fralda mais absorvente, tecnicamente superior, então, por definição, teríamos o melhor produto para os consumidores".[6]

Mas os consumidores pensavam em fraldas da mesma forma? Henretta tinha suas dúvidas: "À medida que as fraldas se tornaram cada vez mais sofisticadas, as mães começaram a esperar mais. Não era simplesmente bom o suficiente ter o desempenho técnico requerido em uma das dimensões primárias do produto". Na verdade, a maioria das fraldas no mercado tinha níveis muito semelhantes de desempenho no quesito absorção. E, embora os testes normalmente mostrassem que seus produtos tinham capacidade superior de absorção, a Pampers não estava ganhando no mercado.

Henretta queria explorar outros indicadores que pudessem direcionar a preferência, as compras e, ao longo do tempo, a fidelidade do consumidor. "Criamos um indicador com uma aparência holística em todos os componentes que compunham a preferência pelo produto ou pela marca. Nosso indicador de intenção ponderada de compra (*weighted purchase intent*, WPI) analisava uma série de dimensões do produto que incluíam coisas como apelo estético, design, tato e aparência, além do desempenho técnico; esse indicador também considerava a proposta da marca que era oferecida ao consumidor e o preço do produto." O objetivo do WPI era capturar o quadro completo, a proposta máxima como apresentada aos consumidores; era entender todos os componentes da equação de valor para o consumidor: os propulsores da preferência do consumidor e as percepções gerais do valor do produto e da marca.

O indicador WPI, diz Henretta, "começou a mostrar onde havia deficiências. Mesmo quando tínhamos um desempenho técnico superior, descobrimos que havia uma desvantagem em relação ao WPI; ao considerar todas as maneiras como uma mãe avaliava uma marca de produto para bebês, simplesmente não fazíamos o suficiente em alguns dos outros aspectos, como o tato, a aparência e o design da fralda". Os dados deram a Henretta o argumento de que ela precisava para estimular uma mudança no negócio: "Esses dados eram uma parte importante da mudança, porque poderíamos mostrar para a empresa, e até mesmo para minha equipe de liderança, que o desempenho de nossas fraldas não era tão bom como pensávamos. As pesquisas sugeriam que estávamos muito longe da melhor fralda. Nós não considerávamos todos os fatores de compra que a consumidora utilizava quando tomava a decisão de comprar uma marca; a consumidora propunha uma equação de valor muito diferente do que nossos testes técnicos internos mostravam". O WPI sugeriu que fatores como a aparência do bebê com a fralda e a facilidade de colocar a fralda na criança eram muito mais importantes do que os tecnólogos acreditavam. "Provamos, mercado por mercado, que, quando utilizávamos esse indicador WPI, podíamos explicar a dinâmica do mercado", diz Henretta. "O WPI vencedor era a marca que mais crescia no mercado e, muitas vezes, o líder."

Os dados da análise WPI orientaram a transformação da linha de produtos para cuidados com o bebê, e o indicador rapidamente se disseminou pela P&G. O WPI era apenas um dos muitos indicadores que ajudaram a empresa a vencer. A P&G selecionou os melhores indicadores existentes e aprimorou-os, como é o caso de um indicador específico para monitorar o sentimento e a fidelidade dos consumidores.[7] A companhia também desenvolveu metodologias de teste exclusivas. Juntos, esses indicadores contribuíram muito para seu sucesso estratégico.

MUDANDO DE MARCHA

Toda empresa precisa de sistemas para formular, refinar e comunicar claramente os fundamentos da cascata de escolhas estratégicas por toda a organização. Precisa de sistemas para apoiar e investir em suas competências essenciais, além de sistemas para medir a realização de seus objetivos. Esses sistemas de gestão são uma peça-chave do quebra-cabeça da estratégia. Embora as escolhas de onde jogar e como vencer representem o coração da estratégia, não fornecerão uma vantagem sustentável sem as competências essenciais associadas que direcionam a vantagem competitiva e os sistemas de gestão que suportam as escolhas.

Construir sistemas de gestão exige tempo, dinheiro e foco. Não há um conjunto de sistemas para todas as finalidades; eles precisam estar voltados para o contexto e para as competências específicas. Somente depois que um conjunto de sistemas e indicadores está em funcionamento é que a cascata de escolhas estratégicas está completa e seu trabalho na estratégia está concluído (não que ele alguma vez esteja realmente concluído!).

As cinco escolhas da cascata de escolhas estratégicas resumem e definem a estratégia para uma empresa (ou categoria ou marca). Depois de analisar cada escolha, para explicar como ela é feita, e depois de fornecer exemplos para ilustrar o ponto, agora vamos voltar à questão mais ampla de como realmente fazer escolhas estratégicas cruciais. O que você precisa considerar para fazer escolhas inteligentes? Sobre o que você deve pensar e quando? Como você pesa opções antagônicas e opções da concorrência para chegar a uma única escolha inteligente? E como você toma essas decisões em grupo? Essas são questões vitais para a incorporação da abordagem estratégica de sua empresa e serão discutidas nos dois próximos capítulos.

SISTEMAS DE GESTÃO E INDICADORES: O QUE FAZER E O QUE EVITAR

» Não pare nas competências; pergunte-se quais sistemas de gestão são necessários para promovê-las.

» Continue as discussões estratégicas ao longo do ano, criando um ritmo interno que mantenha o foco nas escolhas que são importantes.

» Pense em clareza e simplicidade ao comunicar as escolhas estratégicas essenciais para a empresa. Para chegar à essência, não complique as coisas.

» Construa sistemas e indicadores que suportem tanto as competências comuns entre os negócios da empresa como as competências específicas de cada um.

» Defina indicadores que informem, no curto e longo prazos, qual é seu desempenho em relação a suas escolhas estratégicas.

COMUNICANDO A EMPRESA
A.G. LAFLEY

Uma das maiores lições que aprendi em meus anos na P&G foi compreender a importância que a simplicidade e a clareza tinham na realização das coisas. Descobri que estratégias mais claras e mais simples têm maior chance de vencer, porque podem ser mais bem compreendidas e interiorizadas pela empresa. Estratégias que podem ser explicadas em poucas palavras têm maior probabilidade de capacitar e motivar; elas tornam mais fácil fazer escolhas subsequentes e tomar medidas condizentes. Foi uma lição que aprendi inicialmente na Ásia, onde trabalhei por oito anos — três na década de 1970 e cinco na de 1990. Na época, o inglês era tipicamente o segundo idioma dos funcionários asiáticos. Assim, quanto mais simples e mais clara fosse a forma como me expressava, maior era a chance de ser compreendido. Quanto mais bem compreendidas eram as escolhas, maior a probabilidade de isso levar à ação.

Como CEO, apliquei essas lições na direção estratégica de toda a P&G. Comecei a comunicar minhas escolhas e intenções nos termos mais simples e mais convincentes que podia. De início, reafirmei a finalidade, os valores e os princípios da corporação: atender os consumidores no mundo e tornar a vida cotidiana deles melhor com os produtos e as marcas da P&G. Falei abertamente e com frequência sobre a integridade e confiança como a base fundamental para fazer negócios com consumidores, clientes, parceiros, fornecedores e uns com os outros. Falei sobre como todos os funcionários da P&G eram coproprietários da empresa e líderes em seus respectivos negócios. E falei sobre o espírito da P&G, sobre sua paixão por vencer com aqueles que mais importam — os consumidores — e contra nossos melhores concorrentes.

Posicionei explicitamente o consumidor no centro de tudo. Dei prioridade a ele, antes de todas as outras partes interessadas, incluindo clientes, acionistas e funcionários. Comecei com os consumidores porque o objetivo de uma empresa é conseguir consumidores para seus produtos e atendê-los melhor que qualquer concorrente. Sem consumidor, sem negócio. Disse que a P&G teria de vencer a equação de valor para o consumidor e os dois primeiros momentos da verdade do consumidor. Falei sobre os clientes de varejo e fornecedores como parceiros para atender melhor os consumidores. Afirmei que os funcionários eram o principal ativo da empresa. Disse que, se a P&G atendesse melhor mais consumidores, se ela inovasse com suas marcas e produtos, seus modelos de negócio e sistemas de trabalho, e se trabalhássemos juntos mais produtivamente, então a empresa cresceria, prosperaria e continuaria a ser um lugar preferido para trabalhar. Por fim, posicionei o preço de nossas ações como reflexo de nossa habilidade de atender melhor e mais lucrativamente mais consumidores.

Tentei realmente resumir as coisas de modo que as escolhas fossem entendidas. Não há dúvida em minha mente de que clareza faz a diferença. Escolhas claras, simples, facilmente traduzíveis foram cruciais para fazer com que os 135 mil funcionários da P&G em 90 países operassem com excelência todos os dias.

CAPÍTULO SETE

PENSE
ESTRATEGICAMENTE

Té agora, vimos as cinco perguntas na cascata de escolhas estratégicas (qual é sua ambição vencedora, onde jogará, como vencerá, quais competências utilizará e quais sistemas de gestão empregará). Argumentamos que todas elas devem ser respondidas e que suas respostas têm de ser coordenadas e integradas para criar uma estratégia poderosa e uma vantagem competitiva duradoura. Mas como e onde começar? E como levantar as possibilidades e escolher algumas delas, em cada etapa? Para qualquer empresa, há muitas escolhas estratégicas que podem ser selecionadas, uma quantidade quase infinita de dados que podem ser processados e uma ampla variedade de ferramentas estratégicas que podem ser aplicadas ao problema. Isso pode ser avassalador, e até paralisante. A má notícia é que não existe um algoritmo simples para efetuar a escolha. A boa notícia é que há uma estrutura que pode fornecer um ponto de partida.

Ao articular sua cascata de escolhas estratégicas, o lugar óbvio para começar é no topo. Discutimos que é essencial estabelecer antecipadamente uma ambição vencedora e que faz sentido começar a pensar na estratégia definindo o propósito da empresa; sem ter uma definição inicial do que é vencer, fica difícil avaliar o valor de qualquer escolha subsequente. Você precisa de uma ambição vencedora a partir da qual possa comparar diferentes escolhas. Lembre-se, porém, de que a estratégia é um processo iterativo e que, portanto, você precisará voltar para refinar sua ambição vencedora no contexto das escolhas subsequentes. Assim, em vez de perder tempo tentando criar a definição perfeita do que é vencer, desenhe um protótipo sabendo que você voltará a ele mais tarde com o restante da cascata em mente. Então, considere o trabalho real da estratégia como o começo das escolhas de onde jogar e como vencer — o coração da estratégia. Essas são as escolhas que realmente definem o que você fará e onde você fará isso, de modo a gerar vantagem competitiva.

Para definir onde jogar e como vencer, você precisará entender e refletir sobre seu contexto. Para fazer isso, há um grande número de ferramentas a sua disposição — desde análises simples como SWOT (*strengths, weaknesses, opportunities and threats* — pontos fortes, pontos fracos, oportunidades e ameaças) até ferramentas personalizadas como a matriz de crescimento do Boston Consulting Group, a matriz de nove quadros da General Electric-McKinsey e estruturas detalhadas baseadas em teorias estratégicas específicas (o modelo Vrin, que avalia o grau em que a empresa possui competências que são valiosas, raras, inimitáveis e insubstituíveis, e que surge da visão baseada em recursos da empresa). Cada uma dessas ferramentas, estruturas e filosofias tem seus usos mais úteis, mas nenhuma considera todo o cenário estratégico. Individualmente, nenhuma delas vai ajudá-lo a decidir onde jogar e como vencer. Juntas, produzem uma massa de dados e análises potencialmente sem foco e excessivas. Em vez de fazer uma seleção dessas ferramentas, as empresas precisam desenvolver uma abordagem mais direcionada que possa ser aplicada à maneira de realizar escolhas de onde jogar e como vencer em vários contextos.

Essencialmente, há quatro dimensões em que você precisa pensar para escolher onde jogar e como vencer:

> 1. *A indústria*. Qual é a estrutura de sua indústria e a atratividade dos segmentos dela?
>
> 2. *Clientes*. O que seu canal e seus clientes finais valorizam?
>
> 3. *Posição relativa*. Qual é o desempenho da empresa, e como ele poderia ser, em relação à concorrência?
>
> 4. *Concorrência*. O que a concorrência fará para reagir ao curso de ação que você escolheu?

O FLUXO LÓGICO
ESTRATÉGICO F. 7-1

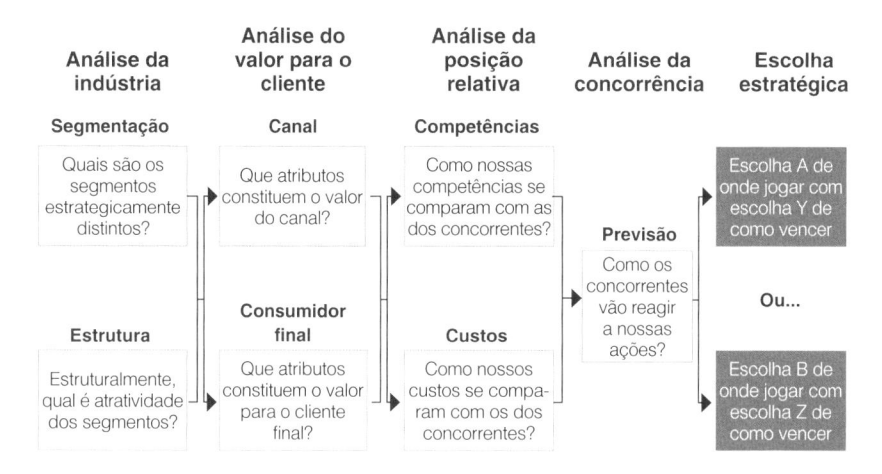

	Análise da indústria	Análise do valor para o cliente	Análise da posição relativa	Análise da concorrência	Escolha estratégica
	Segmentação	**Canal**	**Competências**		
	Quais são os segmentos estrategicamente distintos?	Que atributos constituem o valor do canal?	Como nossas competências se comparam com as dos concorrentes?	**Previsão**	Escolha A de onde jogar com escolha Y de como vencer
	Estrutura	**Consumidor final**	**Custos**	Como os concorrentes vão reagir a nossas ações?	Ou...
	Estruturalmente, qual é atratividade dos segmentos?	Que atributos constituem o valor para o cliente final?	Como nossos custos se comparam com os dos concorrentes?		Escolha B de onde jogar com escolha Z de como vencer

Essas quatro dimensões podem ser entendidas por meio de uma estrutura que chamamos *fluxo lógico estratégico*, que impõe sete perguntas ao longo das quatro dimensões (Figura 7-1). O fluxo lógico estratégico estimula uma análise cuidadosa da realidade, do contexto, dos desafios e das oportunidades atuais da empresa e leva ao desenvolvimento de múltiplas possíveis escolhas sobre onde jogar e como vencer.

O fluxo corre da esquerda para a direita como um mecanismo de enquadramento e como uma ordem aproximada das operações — embora, como com praticamente tudo o que se relaciona com a estratégia, seja necessário um vaivém iterativo entre os vários estágios. O fluxo lógico vai da indústria aos clientes e da posição relativa à reação competitiva. É ao considerar tudo isso em conjunto que as escolhas estratégicas emergem, mas diferentes dimensões serão mais ou menos importantes em diferentes contextos.

ANÁLISE DA INDÚSTRIA

O primeiro componente do fluxo lógico estratégico é a análise da indústria. Para determinar onde jogar, você deve avaliar o cenário da indústria. Pergunte-se: quais poderiam ser os segmentos distintos da indústria em questão (geograficamente, por preferência do consumidor, por canal de distribuição etc.)? Qual esquema de segmentação faz mais sentido para a indústria hoje, e o que poderia fazer sentido no futuro? Qual é a atratividade relativa desses segmentos, agora e no futuro?

SEGMENTAÇÃO

Segmentos da indústria são subconjuntos distintivos da indústria maior em linhas como regiões geográficas, tipos de produto ou serviço, canal, necessidades do cliente ou do consumidor etc. O delineamento do mapa dos segmentos da indústria raramente é simples; ele exige reflexão, trabalho e, muitas vezes, disposição para ir além das categorias atuais ou óbvias, a fim de explorar frações que não existem atualmente. Em muitos casos, os mapas tradicionais aceitos para a indústria são imperfeitos. Como os antigos mapas de um mundo plano que mostravam os limites até onde era possível navegar, os da indústria também têm limitações; somente explorando as fronteiras desses mapas é que você pode ver as coisas de maneira diferente.

No setor de higiene bucal da P&G, por exemplo, por muitos anos a equipe pensou nele em termos dos produtos (escovas, pastas e enxaguantes) e benefícios para o consumidor (um enorme segmento dedicado à prevenção de cáries e pequenos segmentos dedicados à aparência e sensibilidade dos dentes). O Crest se encaixava perfeitamente no segmento enorme e atraente de prevenção de cáries e era o mais vendido nos Estados Unidos; ele foi o número um na indústria por mais de 30 anos, usando essa conceituação da estrutura da indústria. Mas a estrutura começou a mudar na década de 1990. Prevenção de cáries tornou-se um benefício genérico que qualquer marca de creme dental poderia igualmente reivindicar; isso significava que outros benefícios seriam cada vez mais importantes. Com a força dessa percepção, a Colgate-Palmolive inventou um novo segmento — com base em uma ampla necessidade do consumidor por *boca saudável* — lançando o Colgate Total (que poderia combater cáries e também tártaro, placa bacteriana, mau hálito e gengivite). O Colgate Total surgiu em 1997 e no espaço de um ano assumiu a liderança de mercado de pastas de dentes. Era uma tática que a P&G tinha empregado muitas vezes ao longo dos anos, criando novos segmentos com produtos como fraldas descartáveis e xampu anticaspa. Mas o Colgate Total pegou o Crest de surpresa.

Conformando-se muito a um então mapa de grande sucesso da indústria, o Crest tinha sido superado por um concorrente insurgente e estava naufragando. Assim, a equipe de higiene bucal, liderada por Mike Kehoe, o gerente da categoria de higiene bucal nos EUA, repensou a estrutura da indústria. A equipe começou a considerar higiene bucal mais amplamente, em termos de um regime completo para a boca e os dentes, em vez de produtos distintos com uma única função. A P&G lançou o Crest Whitestrips, o SpinBrush Pro, o enxaguante bucal e o fio dental, ampliando o nome Crest de pasta de dentes para higiene bucal. A P&G começou a abordar as necessidades do consumidor mais holisticamente, a fim de buscar vários novos segmentos, visando os mais preocupados com a saúde, mas também os que queriam branqueamento e mesmo diferentes sabores de produtos. A empresa lançou o Crest Pro-Health, o Crest Vivid White e um conjunto de ofertas Crest Expressions sensoriais, com sabores como canela e baunilha. Levou uma década, mas o Crest conseguiu reenquadrar o negócio de pasta de dentes em higiene bucal, a fim de entender as preferências e necessidades não atendidas dos consumidores, e ampliar a linha de produtos à luz de uma compreensão melhor dos segmentos da indústria.

ATRATIVIDADE

Depois de articular novos segmentos e segmentos existentes, você deve entender a atratividade estrutural de cada um deles. Em igualdade de circunstâncias, uma empresa iria querer jogar nos segmentos que têm maior potencial de lucro, com base nas características estruturais por eles apresentadas. Para entender a atratividade estrutural, podemos recorrer à análise seminal das cinco forças, de Mike Porter, e perguntar sobre o poder de negociação dos fornecedores, o poder de negociação dos compradores, o grau de rivalidade, a ameaça de novos concorrentes e a ameaça de produtos substitutos (Figura 7-2). O sistema de referência de Porter é uma ferramenta muito útil para compreender o potencial de lucro de mercados e segmentos.

As cinco forças podem ser divididas em dois eixos. O eixo vertical — as ameaças representadas por novos concorrentes e por produtos substitutos — determina quanto valor é gerado pela indústria (e, portanto, pode ser dividido entre os players da indústria). Se a entrada de novos players for muito difícil e não houver substitutos aos produtos ou serviços ao quais os compradores possam recorrer, então a indústria vai gerar alto valor. É por isso que a indústria farmacêutica era tão rentável ao longo dos anos 1980 e 1990; eram necessários muito capital e perícia para entrar no negócio e os compradores geralmente não tinham escolha a não ser pagar pelos produtos para os quais não havia substitutos. Compare isso com o setor aéreo. Aí, sempre que a rentabilidade aumentava, uma enorme quantidade de novos concorrentes

AS CINCO FORÇAS
DE PORTER F. 7-2

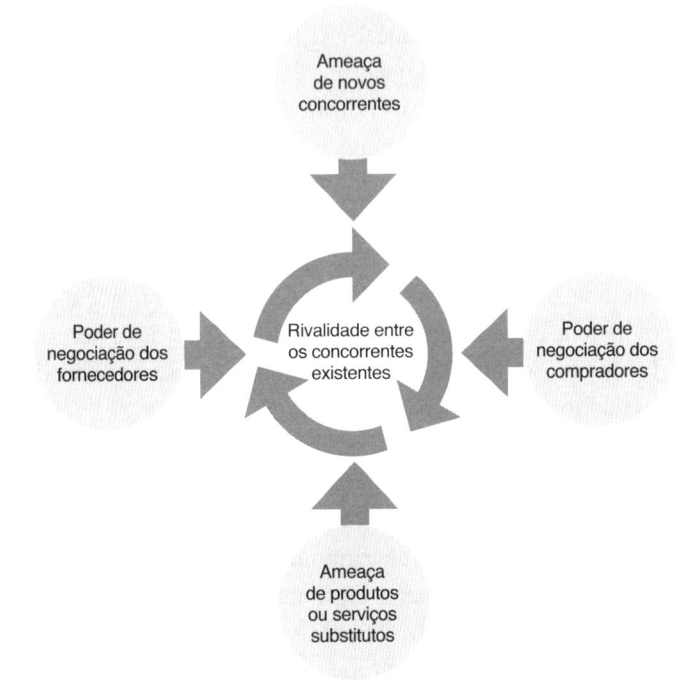

```
                    Ameaça
                    de novos
                  concorrentes
                         ↓

  Poder de          Rivalidade entre         Poder de
 negociação dos  →  os concorrentes  ←    negociação dos
  fornecedores        existentes           compradores

                         ↑
                      Ameaça
                    de produtos
                    ou serviços
                    substitutos
```

Fonte: reproduzido, com permissão, de *On competition*, de Michael E. Porter. Boston: Harvard Business School Press, 2008.

entrava. Ou compare com a indústria do aço, onde tudo, desde plástico e alumínio até cerâmica e titânio, pode ser um produto substituto.

O eixo horizontal determina qual grupo capturará maior parcela de valor do setor — fornecedores, produtores ou compradores. Se os fornecedores forem maiores e mais poderosos que os produtores, aqueles se apropriarão de mais valor (pense na Microsoft e na Intel no negócio de PCs). Se, de outro lado, os compradores forem maiores e mais poderosos, eles obterão uma fatia maior do valor (pense no Walmart contra vários pequenos fabricantes cujos produtos enchem suas prateleiras). O grau de rivalidade também afeta a captura de valor pelos grupos. Se a rivalidade entre os concorrentes for alta, a dinâmica facilitará a apropriação de valor pelos fornecedores ou compradores. Um baixo grau de rivalidade entre os produtores protegerá sua rentabilidade.

Na P&G, a análise da atratividade do segmento era ocasionalmente um fator decisivo na definição da estratégia. Para a Bounty, a segmentação geográfica, combinada com uma compreensão das preferências dos consumidores, demonstrou que o negócio de toalhas de papel só era estruturalmente atraente para a P&G na América do Norte, em razão do excesso de oferta e da baixa disposição de pagar no resto do mundo. A indústria apresentava alta rivalidade, alto poder do comprador e muitos substitutos. Ao avaliar a atratividade do segmento para o Crest, a P&G começou a perceber que o segmento de saúde não era apenas o maior, como também o mais atraente estruturalmente. As reivindicações de saúde precisavam ser apoiadas por testes clínicos, e poucas empresas — na verdade, apenas a P&G e a Colgate-Palmolive — tinham as competências e a experiência para jogar esse jogo em uma base contínua. Esse tipo de análise — que considera os números sobre tamanho e o apelo dos diferentes segmentos — é crucial para determinar a gama de escolhas atraentes de onde jogar e como vencer.

Em geral, a P&G trabalhou para fazer o peso de seu portfólio pender para os negócios mais atraentes estruturalmente, procurando aqueles cujos fornecedores tinham pouco poder para aumentar os custos de insumos. No segmento de beleza, por exemplo, os insumos tinham relativamente baixo valor, tornando o setor mais atraente para a P&G.

Setores com menos rivais e com concorrentes que buscam atender diferentes partes do mercado com ofertas exclusivas são mais atraentes do que aqueles em que alguns concorrentes competem ferozmente pelos mesmos consumidores, da mesma forma. A P&G favorecia os segmentos de beleza e cuidados pessoais, incluindo cuidados femininos, porque eram setores com baixo custo de capital em que concorrentes altamente fragmentados tentavam diferenciar seus produtos de maneira exclusiva. No segmento de cuidados com o lar, em comparação, as máquinas que produzem lenços e toalhas de papel representam centenas de milhões de dólares em custos de capital e só são rentáveis quando operam perto da capacidade total. Consequentemente, para manter as máquinas funcionando até a capacidade máxima, os players da indústria tendem a reduzir os preços sempre que a demanda cai. Isso diminui a atratividade estrutural.

As cinco forças de Porter ajudam a definir a atratividade fundamental de determinada indústria e de seus segmentos. A compreensão da atratividade estrutural permite que os gerentes individuais determinem como investir em vários segmentos, dentro de seus negócios. Por exemplo, o negócio de perfumes finos foi capaz de evitar inicialmente a intensa concorrência no segmento de perfumes femininos começando com a Hugo Boss no segmento de perfumes masculinos, estruturalmente mais atraente. Os perfumes masculinos eram mais atraentes porque representavam uma parte menor do mercado e a maioria dos grandes concorrentes os menosprezava, em detrimento dos perfumes femininos de prestígio. Depois que a empresa encontrou uma base no segmento de perfumes masculinos, os perfumes finos poderiam alavancar os pontos fortes da P&G para tornar mais atraente o setor de perfumes femininos.

A análise da indústria também permite que uma empresa migre seu portfólio para negócios estruturalmente mais atraentes e se afaste daqueles menos atraentes. Uma análise da queda da atratividade no setor de limpeza de superfícies duras, por exemplo, levou a equipe dessa categoria a vender barato o Spic 'n Span e o Comet, alocando recursos para criar novos segmentos com o Febreze (removedor de odores de tecidos) e o Swiffer (limpeza rápida de pisos), ambos estruturalmente muito mais atraentes do que o tradicional setor de limpeza de superfícies duras e mais favorável para construir uma vantagem competitiva.

ANÁLISE DO VALOR PARA O CLIENTE

Munido de um mapa do campo de jogo da indústria e uma análise da atratividade estrutural de seus segmentos, o estrategista pode passar para a segunda categorização nesse sistema de referência: uma análise do valor para o cliente. Independentemente de uma empresa querer ser um líder de custos ou um diferenciador, ela precisa entender exatamente o que os clientes valorizam (os próprios clientes e os dos concorrentes). Isso significa entender as necessidades subjacentes, como reconhecer, com o Gain, que um grupo considerável de consumidores se importava profundamente com a experiência sensorial de lavar a roupa, valorizando a fragrância do sabão em pó na caixa, na lavagem e na gaveta ou no armário. Apenas depois que essa necessidade foi entendida é que se tornou possível posicionar e diferenciar o Gain ao longo dessa dimensão.

O diagrama de fluxo lógico indica dois níveis de clientes, o que pode ou não ser o caso de determinada empresa. Em muitos negócios, como com a P&G, existe um canal de distribuição entre o consumidor final e a empresa. As pessoas não compram o Gain diretamente da P&G; varejistas compram da P&G e então vendem os produtos para o consumidor final. Assim, dado que a P&G precisa dos varejistas para colocar o Gain nas prateleiras, ela tem de oferecer uma proposta de valor atraente para os varejistas, ou o consumidor final nunca verá o produto. Sempre que há um canal intermediário entre a empresa e o consumidor final, esse cliente intermediário e o que ele valoriza devem ser entendidos. Sempre que não há um cliente ou canal intermediário (como um banco de varejo, por exemplo, que oferece serviços diretamente para os consumidores), uma empresa de canal direto com o consumidor ou uma empresa que só atende empresas podem eliminar do diagrama o quadro do canal.

Na análise do valor para o cliente, a empresa avalia o que os clientes do canal e os consumidores finais realmente querem e necessitam, e o valor que eles obtêm dos produtos e serviços dela, em relação aos custos em que incorrem. Para a P&G, isso significa considerar os clientes de varejo (como Walmart, Kroger e Walgreens) e os consumidores que compram e usam os produtos. Esses dois grupos têm benefícios e custos diferentes e às vezes contraditórios. É essencial entender os dois tipos de clientes para que a forma tenha sentido para a equação de valor total. Depois que a equação de valor é entendida, aparecerão naturalmente as opções para onde jogar e como vencer.

CANAL

Para os clientes de canal, margem de lucro, capacidade de direcionar o tráfego, termos comerciais e consistência de entrega tendem a influenciar a equação de valor, juntamente com muitas outras variáveis que dependem da natureza do negócio. Compreender a equação de valor do canal do cliente pode ajudar a entender o negócio em que você está e como você pode vencer nele.

Compreender a equação de valor do canal foi particularmente útil para o reposicionamento no segmento de higiene bucal da P&G. Afora os cremes dentais, os outros produtos de higiene bucal não eram excepcionalmente atraentes para os varejistas. Escovas de dente baratas e enxaguantes ou fios dentais indiferenciados eram vendidos em menor volume do que cremes dentais e a uma margem mais baixa — o que significava que os varejistas eram bastante ambivalentes sobre eles. Itens sofisticados, como escovas de dente elétricas, poderiam oferecer margens atraentes, mas pouco quanto a volume; eles permaneciam por muito tempo nas prateleiras sem que os varejistas girassem ou ganhassem essa alta margem. Os varejistas queriam produtos que aumentassem o valor total gasto em higiene bucal por visita — em outras palavras, um equilíbrio entre lucro e volume, impulsionado por maior envolvimento com a categoria geral. A resposta foi dada com a inovação — uma diferenciação aumentando a margem no segmento de fio dental (por meio da tecnologia Teflon, que permitia que o fio dental deslizasse facilmente entre os dentes sem se partir) e produtos que expandiram a categoria, como a Crest SpinBrush (uma escova elétrica a preços acessíveis que representava um produto melhor em relação às escovas de dente manuais) e o Crest Whitestrips (uma proposta totalmente nova ao consumidor para o branqueamento dos dentes em casa), que incorporaram gastos inteiramente novos.

A dinâmica do valor do canal também foi essencial para que a Olay permanecesse nos supermercados, em vez de migrar para as lojas de departamentos. Nestas e nas lojas especializadas, o fabricante equipa sua miniloja de produtos de beleza dentro de um formato maior de varejo. Essa estrutura adiciona complexidade considerável e muitos custos, uma vez que os inúmeros concorrentes nos segmentos de cosméticos e cuidados com a pele ampliam o esplendor do espaço e a quantidade dos produtos oferecidos. A equipe da Olay decidiu que era melhor alavancar os relacionamentos existentes com os varejistas, trabalhando para criar valor por meio do posicionamento da empresa no segmento *masstige*, a um preço premium, o que elevou o nível dos clientes de massa e atraiu clientes de prestígio das lojas de departamentos e especializadas. Essa estratégia gerou mais volume, lucro e margem para a massa de varejistas.

Compreender o valor para o cliente requer um envolvimento profundo com ele. A abordagem tradicional de entrar em contato ocasionalmente com os vendedores para ver o que os varejistas estão pensando e fazendo deixou de ser suficiente. Um nível muito mais alto de sofisticação — e compromisso real — tornou-se necessário. Quase 20 anos atrás, a P&G começou a integração do pessoal de marketing, produção, logística, finanças, TI e recursos humanos a equipes de cliente no desenvolvimento de negócios com clientes (função de vendas da P&G). Essas equipes eram alocadas perto dos maiores clientes da P&G, como Walmart, Target e Tesco. O foco pós-1999 nos principais clientes — aqueles que representavam uma parcela esmagadora das vendas e lucros da P&G — ajudou a redefinir o papel dessas equipes multifuncionais de cliente. O trabalho delas era entender os clientes tão bem que elas poderiam trabalhar de maneira colaborativa para desenvolver objetivos de negócio mútuos, estratégias de criação conjunta de valor e planos de ação comuns para vencer. O foco do cliente e da equipe da P&G combinados sempre estava no *como* — seja para identificar como reduzir os custos da cadeia de fornecimento ou como atender melhor os compradores de um cliente para direcionar o tráfego e as vendas. Esse foco compartilhado resultou na criação conjunta de valor — criando benefícios estratégicos tanto para o cliente como para a P&G.

CONSUMIDORES FINAIS

Entender os consumidores finais é difícil, porque você não pode simplesmente perguntar o que eles querem, valorizam ou do que precisam. Lembre-se da famosa piada de Henry Ford, que afirmava que, se no início da indústria automobilística ele perguntasse aos consumidores o que eles queriam, eles responderiam: "Um cavalo mais rápido". Para entender a equação de valor do consumidor, você deve realmente conhecer os consumidores — envolver-se com eles de maneira mais próxima (além da realização de pesquisas quantitativas), fazendo mais pesquisas individuais —, vendo-os fazendo compras, ouvindo suas histórias, visitando-os em casa para observar como eles usam seus produtos e saber de suas avaliações a respeito deles. Somente por meio desse tipo de compreensão profunda do usuário é que você pode esperar gerar insights sobre onde jogar e como vencer.

Foi isso que aconteceu com as fraldas para bebê. Concentrando-se só na tecnologia (tornar a fralda cada vez mais absorvente), a categoria perdeu o contato com as mães. Depois de se envolver novamente com o consumidor, a equipe do segmento de fraldas descobriu que, embora a capacidade de absorção fosse importante, também eram relevantes a sensação de material macio, fechos fáceis de usar, elástico na cintura justo, mas confortável, e até mesmo um desenho divertido. A equipe descobriu que as mães preferiam personagens familiares, como a turma da Vila Sésamo, aos ursinhos que a P&G usava. Entender melhor as mães também levou a empresa a mudar a forma como ela classificava as fraldas, trocando uma designação baseada em peso (por exemplo, para bebês de 8 a 10 quilos) por uma baseada em estágios de vida (como Swaddlers, para recém-nascidos, e Cruisers, para crianças que estavam dando os primeiros passos), que correspondia à forma como as mães pensavam nos bebês.

Para entender melhor o consumidor final, a P&G passou grande parte da década de 2000 reestruturando o departamento de pesquisa de mercado, que historicamente concentrava-se em pesquisas de consumo altamente quantitativas (do tipo escolher entre opções de produto, embalagem e marketing e prever o volume das iniciativas e dos lançamentos dos produtos). Foi assim que a P&G criou o grupo Conhecimento do Consumidor e Mercado (*Consumer and Market Knowledge*, CMK), que emprega abordagens quantitativas e qualitativas de pesquisa, juntamente com tecnologias de ponta em modelagem de decisão (como modelagem baseada em agente), a fim de criar uma imagem robusta dos mercados, segmentos e consumidores. Parte do avanço do CMK para compreender o consumidor veio por meio de insights do mundo do design. Aí, estudos etnográficos sobre o que os consumidores realmente fazem — em vez do que eles dizem que fazem — foram um passo importante para obter uma compreensão profunda e holística dos usuários. Em parte por meio da iniciativa de design liderada pela primeira vice-presidente de inovação e estratégia em design da P&G, Claudia Kotchka, as pesquisas etnográficas se tornaram parte essencial da caixa de ferramentas para entender o consumidor da P&G.

Muitas vezes, durante a fase de análise do cliente, o pensamento da indústria precisa ser reavaliado. Com mais conhecimento do cliente, o mapa da indústria pode mudar. Isso certamente aconteceu quando a aparência da categoria de higiene bucal foi atualizada no mapa de pasta de dentes e viu que o antes gigante segmento anticárie não era mais tão gigante. Ele precisava ser redimensionado (o segmento puro *tudo em que eu penso é proteção contra cáries* era muito pouco) e reformulado (para capturar um segmento holístico de higiene bucal).

ANÁLISE DA POSIÇÃO RELATIVA

Depois de entender a indústria e os clientes, o próximo passo é explorar sua posição relativa em dois níveis: competências e custos.

COMPETÊNCIAS

Em termos das competências relativas, a pergunta é: como suas competências poderiam ser comparadas umas com as outras — e como elas poderiam ser confrontadas com as dos concorrentes — para atender às necessidades identificadas dos clientes (tanto do canal como do consumidor final)? Especificamente, você poderia configurar suas competências de modo que sua empresa atendesse às necessidades dos clientes de maneira diferenciada e valiosa, dando suporte a uma potencial estratégia de diferenciação? Ou, no mínimo, você poderia configurar suas competências de modo que a empresa pudesse equiparar-se aos concorrentes no atendimento das necessidades dos clientes, dando suporte a uma potencial estratégia de liderança de custos?

Em outras palavras, como suas competências poderiam ser configuradas para se converter em uma vantagem competitiva mensurável e sustentável?

Assim como com os outros elementos no fluxo lógico, uma avaliação das competências relativas demonstrou ser decisiva para algumas escolhas estratégicas da P&G. Por exemplo, ela levou a organização a sair de vários negócios rentáveis, como produtos farmacêuticos, que exigiam várias competências que não se encaixavam bem na estrutura da P&G. Produtos farmacêuticos exigem um longo e complexo processo de testes clínicos e aprovação da FDA; eles são predominantemente vendidos diretamente para médicos e farmácias, com pouca ou nenhuma capacidade de o fabricante influenciar o consumidor final; para muitos dos produtos, não havia uma oportunidade de uso de longo prazo, o que dificultava o emprego das competências de construção de marca da P&G para criar um elo sustentável com os consumidores; e havia pouca interconexão entre as tecnologias essenciais da P&G e as tecnologias necessárias para inovar no segmento de produtos farmacêuticos. Assim, a P&G saiu do setor, depois de muito debate e autoanálise.

CUSTOS

A outra metade de uma análise da posição relativa tem a ver com o custo e o grau em que a empresa pode alcançar uma paridade de custos aproximada com os dos concorrentes ou custos nitidamente mais baixos do que os deles. Essas são as perguntas-chave a considerar nessa linha de frente: a empresa tem escala, força de marca ou vantagem no desenvolvimento de produtos que lhe permite entregar uma oferta de valor superior, ao mesmo custo que o incorrido pelos concorrentes? Ou ela tem uma vantagem de escala, uma vantagem na curva de aprendizagem, um processo proprietário ou uma tecnologia que lhe permite ter uma posição superior de custo? As respostas a essas perguntas começam a colocar parâmetros em torno de uma miríade de opções de como vencer.

Na P&G, os custos têm sido uma preocupação particularmente crucial para setores altamente sensíveis a preços e categorias como cuidados com tecidos, cuidados com o lar e, é claro, mercados emergentes, onde os salários são muito menores. Como detalhado neste livro, a P&G precisava encontrar novas formas de fornecer fralda, aparelho de barbear e xampu personalizados a preços acessíveis, de acordo com as condições do mercado que correspondessem à capacidade dos consumidores de pagar. No entanto, o custo relativo também era uma preocupação para a Olay. Permanecendo no canal de massa, a P&G conseguiu ter uma estrutura de custos significativamente mais enxuta que seus concorrentes do segmento de prestígio, que precisavam investir maciçamente em instalações nas lojas e em pessoal para as lojas. As economias de custo da permanência da Olay no varejo de massa poderiam ser canalizadas para inovação e marketing, a fim de criar uma vantagem competitiva. Por fim, em GBS, os custos foram um fator-chave para a estratégia da P&G, que consolidou e terceirizou sempre que possível, a fim de permitir que as economias de custos fossem investidas para promover as competências essenciais por toda a empresa.

ANÁLISE DA CONCORRÊNCIA

Considerando os seis primeiros quadros da Figura 7-1, é possível enxergar várias escolhas potenciais sobre onde jogar e como vencer. Antes mesmo de pensar em decidir entre essas possibilidades, é preciso avaliar esses locais potenciais para jogar e maneiras de vencer para alcançar robustez contra suas atuais estratégias competitivas e a reação antecipada da concorrência. Esse é o quarto e último elemento do fluxo lógico. A pergunta a ser respondida é: há alguma resposta da concorrência que poderia minar ou superar as escolhas de onde jogar e como vencer?

Inevitavelmente, trata-se de conjeturas, até certo ponto; não é possível ter certeza do que um concorrente fará ou não em face das ações adotadas por sua empresa. Mas formar uma hipótese plausível é importante. É muito melhor perguntar o que os concorrentes provavelmente farão, antes de você avançar, do que simplesmente esperar e ver o que acontece. Só vale a pena investir em estratégias que forneçam uma vantagem competitiva sustentável — ou uma liderança significativa no desenvolvimento de vantagens futuras. Você não quer projetar e construir uma estratégia que um concorrente pode copiar em um piscar de olhos ou uma que provará ser ineficaz contra uma simples manobra defensiva de um concorrente. Uma estratégia que só funciona se os concorrentes continuarem a fazer exatamente o que eles já estão fazendo é de fato algo perigoso.

Uma análise do cenário competitivo e da reação potencial da concorrência foi particularmente decisiva nas tecnologias Impress e ForceFlex, as inovações nas embalagens plásticas e nos sacos de lixo que então formaram a base da joint venture entre a P&G e o Glad. A equipe da categoria cuidados com o lar tinha certeza de que a entrada da P&G em um espaço já competitivo causaria uma guerra total, uma batalha que a P&G não poderia vencer, mesmo com uma tecnologia superior. Assim, a equipe sabia que precisava encontrar outra maneira de jogar para vencer. A análise da resposta antecipada da concorrência foi o estímulo para criar uma nova e melhor estratégia para comercializar as tecnologias.

A reação da concorrência também era uma consideração crucial da decisão da P&G em lançar um novo detergente para louça no Japão, na década de 1990. Na época, o mercado era dominado por dois grandes players: Kao e Lion. Ambos vendiam detergentes em frascos com um tamanho bastante considerável porque o detergente era diluído em muita água. Havia pouca diferenciação entre os produtos, com exceção do nome e da fragrância.

Bob McDonald, então vice-presidente dos produtos de lavanderia e limpeza na Ásia, e sua equipe viram uma oportunidade para lançar o Joy, usando a tecnologia proprietária de remoção de gordura da marca de sucesso US Dawn, da P&G. O produto poderia ser vendido em uma forma altamente concentrada, em um frasco com um quarto do tamanho das ofertas dos concorrentes.

O Joy parecia ser ideal para os valores do consumidor (uma tecnologia melhor de remoção de gordura era a resposta a uma necessidade legítima do consumidor) e a equipe acreditava que esse produto poderia estimular os varejistas a vender mais frascos com menos espaço na prateleira e a um preço premium razoável. Mas como os concorrentes entrincheirados e poderosos reagiriam? A equipe modelou as possíveis reações e determinou que, se os concorrentes continuassem a usar o formato diluído existente, o Joy poderia vencer facilmente. Se os concorrentes optassem por lançar uma versão concentrada, mas também continuassem a produzir a forma diluída, o Joy ainda venceria, uma vez que a concorrência enfrentaria custos consideravelmente mais elevados e seria desafiada por um foco dividido. O único perigo real era se os concorrentes deixassem de vender as versões diluídas e passassem a vender novos detergentes concentrados. Se eles fizessem isso, o Joy teria poucas chances com um produto similar competindo com os dos concorrentes locais estabelecidos.

A equipe precisava fazer a melhor suposição sobre como os concorrentes provavelmente reagiriam. Kao e Lion eram empresas grandes e tradicionais que investiam muito em suas abordagens atuais, dado que a grande maioria de seus lucros na categoria vinha dessas fórmulas diluídas. A equipe acreditava que, na pior das hipóteses, a concorrência passaria a produzir tanto versões diluídas como concentradas. Isso daria tempo para que o Joy ganhasse posição. Os concorrentes de fato optaram por defender suas linhas existentes de produtos diluídos trabalhando, ao mesmo tempo, com uma versão concentrada — o que deu ao Joy a oportunidade de criar um novo segmento considerável e tirar o máximo proveito dele. Em 1997, o Joy tinha 30% da participação total de mercado na categoria de detergente para louça e era a marca número um nesse segmento no Japão.

UMA ESTRUTURA PARA A ESTRATÉGIA

Para fazer boas escolhas, a complexidade do ambiente precisa fazer sentido. O fluxo estratégico lógico pode direcioná-lo para as principais áreas da análise necessária para gerar vantagem competitiva sustentável. Primeiro, procure compreender a indústria onde você joga (ou vai jogar), seus diferentes segmentos e a atratividade relativa apresentada. Sem esse passo, é muito fácil supor que seu mapa do mundo seja o único mapa possível, que o mundo é imutável e que não existem possibilidades melhores. Em seguida, analise os clientes. O que os consumidores finais e de canal querem, precisam e valorizam verdadeiramente, e como essas necessidades se encaixam em suas ofertas atuais ou potenciais? Para responder a essas perguntas, você terá de cavar fundo — envolver-se na criação de valor com os parceiros de canal e buscar uma nova compreensão dos consumidores finais. Depois dos clientes, a lente se volta para dentro: quais são suas competências e custos em relação aos da concorrência? Você pode ser um diferenciador ou um líder de custos? Se não, você terá de repensar suas escolhas. Por fim, considere a concorrência; o que os concorrentes farão em face de suas ações? Por todo o processo de pensamento, seja aberto à reformulação das análises anteriores, sob a luz do que você aprende em um quadro subsequente. A direção básica do processo é da esquerda para a direita, mas ela também tem interdependências que exigem um caminho mais flexível ao longo dele.

Analisar a estrutura exige paciência e imaginação. Isso também requer trabalho em equipe. Qualquer nova estratégia é criada em um contexto social — ela não é concebida por um indivíduo sentado sozinho em um escritório, analisando uma situação complexa. Em vez disso, a estratégia requer uma equipe diversificada com os vários membros utilizando suas diferentes perspectivas para resolver o problema. É essencial um processo para trabalhar a estratégia de modo colaborativo, porque todas as empresas são entidades sociais, compostas de uma rede diversificada de indivíduos com diferentes agendas e ideias. Essas pessoas precisam pensar, comunicar, decidir e agir em conjunto, a fim de alcançar algo significativo. O fluxo lógico, como vimos, é uma ferramenta que simplifica a maneira de pensar a estratégia, definindo os componentes analíticos fundamentais e fornecendo uma forma consistente de conectar as partes. Mas apenas a estrutura não é suficiente para garantir que escolhas estratégicas sólidas sejam feitas em uma empresa. Você também precisa de um processo para facilitar a maneira de fazer escolhas conjuntamente. Esse é o tema do próximo capítulo.

FLUXO LÓGICO ESTRATÉGICO: O QUE FAZER E O QUE EVITAR

» Explore todas as quatro dimensões críticas da escolha estratégica: indústria, clientes, posição relativa e concorrência.

» Vá além de sua compreensão atual da indústria, buscando gerar novas formas de segmentar o mercado.

» Não aceite que setores inteiros são ou devem ser pouco atraentes; explore os propulsores das diferentes dinâmicas nos diferentes segmentos e pergunte-se como o jogo poderia ser alterado.

» Considere as equações de valor para o canal e o consumidor final; se apenas um desses clientes estiver satisfeito, sua estratégia é frágil. Uma estratégia vencedora é a que cria valor para os consumidores, os clientes e a empresa.

» Não espere que o canal ou os consumidores finais digam o que constitui valor; é seu trabalho descobrir isso.

» Não se despreocupe com suas competências ou custos relativos; compare-os com os dos melhores concorrentes e busque realmente entender como você pode vencê-los.

» Explore uma série de possíveis reações da concorrência a suas escolhas e pergunte-se em que condições os concorrentes poderiam impedir que você vencesse.

O LONGO CAMINHO PARA O FLUXO LÓGICO
ROGER L. MARTIN

Olhando para trás, vejo que a jornada em direção ao fluxo lógico estratégico foi longa e tortuosa. As pessoas poderiam não pensar assim, com Michael Porter fornecendo o material intelectual fundamental em seu seminal livro de 1980, *Estratégia competitiva*, e a continuação dele de 1985, *Vantagem competitiva*. Simplesmente leia o livro e crie a estratégia! Infelizmente, não foi tão simples para mim.

Quando trabalhava na Monitor, era impressionante o número de clientes que simplesmente solicitavam análises específicas que eles tinham lido no livro de Porter: "Faça uma análise das cinco forças para nós; faça uma análise da concorrência para nós". E foi isso que fizemos. A análise era consideravelmente mais difícil quando um cliente pedia que criássemos uma estratégia melhor para a empresa. Mas, na Monitor, meus colegas e eu éramos brilhantes e cheios de energia e conhecíamos as ferramentas de Porter; assim, sempre era possível voltar ao escritório, começar a pensar e tirar algo bom da famosa caixa preta. A habilidade real, porém, era exigida quando os clientes pediam que os ensinássemos a criar a estratégia, mostrássemos como eles próprios poderiam transformar uma estratégia insatisfatória em uma excelente. Isso era algo muito, muito mais difícil de fazer.

Em 1987, a Eaton Corporation nos contratou para fazer exatamente isso: trabalhar com os vários departamentos para ensiná-los a criar estratégias excelentes. Fui enviado a Battle Creek, Michigan, para trabalhar com os negócios de eixos de caminhão. Ao concluir a primeira sessão de treinamento, percebi penosamente que estava ensinando aos gerentes da Eaton uma série de ferramentas analíticas relacionadas com estratégia, em vez de um processo holístico para criar a estratégia. Comecei a me perguntar como exatamente a análise do cliente se relacionava com a análise do concorrente, com a análise dos custos e com a análise das cinco forças. Como meu cliente estava recebendo uma quantidade enorme de novo conteúdo, ele não percebeu a lacuna no material. Mas lembro-me de voltar ao quarto do hotel uma noite e desenhar um diagrama que tentava encaixar as peças. Onde começar? Como uma análise leva à seguinte?

Logo depois dessa primeira tentativa de incorporar as ferramentas analíticas a uma única estrutura robusta, fui convidado a trabalhar no programa de gestão estratégica aplicada (*applied strategic management*, ASM) para a P&G, quando o CEO John Smale contratou a Monitor para criar um programa que ensinasse para as equipes de gestão de categorias da P&G as ferramentas de estratégia que utilizávamos. Os colegas Mark Fuller, Bob Lurie e eu éramos responsáveis por criar um programa de três dias e então ensiná-lo para as equipes de categorias nas quatro regiões globais. No início, focalizei o que havia de mais avançado na área sequenciando o ensino das várias ferramentas. A experiência da Eaton Corporation me ensinou que era difícil discutir de maneira útil ou inteligente a análise das competências antes de entender o que os clientes realmente querem; assim, ensinamos a análise do cliente antes da análise das competências. Mas, como nem todos os clientes são iguais, tivemos de ensinar análise e segmentação da indústria antes da análise do cliente — opa, isso era complicado, porque, tradicionalmente, ensinávamos segmentação como parte da análise do cliente. A análise da concorrência era igualmente complicada. Eu a inseri no final, porque achei que a reação da concorrência era extremamente importante. Mas, claro, algumas coisas sobre os concorrentes precisavam ser entendidas logo no início (para analisar as competências relativas, por exemplo).

Embora ainda não fosse um processo robusto para realmente criar a estratégia, o ASM representava um avanço significativo em relação a meu trabalho na Eaton Corporation. Por exemplo, as ferramentas analíticas eram ensinadas de forma significativamente mais organizada. Além disso, duas coisas muito boas vieram do ASM. Primeiro, como a P&G tem gerentes muito talentosos, alguns deles descobriram como juntar as peças em um verdadeiro processo para criar estratégia. Quase uma década mais tarde, um executivo da P&G tirou da gaveta uma única folha com o resumo do ASM para um processo de estratégia, que ele usava regularmente para criá-la. Era uma beleza! Outros na P&G também utilizavam os princípios do ASM rotineiramente para desenvolver suas estratégias, criando a base para uma verdadeira prática na P&G. Segundo, ensinar ASM repetidamente (nas quatro regiões geográficas, havia em cada uma cerca de 20 categorias) ajudou-me a compreender melhor as questões reais da estratégia que esses gerentes enfrentavam e como as ferramentas os ajudavam ou não a pensar nesses desafios. Comecei a entender como o agrupamento de vários aspectos em uma única ferramenta analítica — por exemplo, agrupar sob a análise da concorrência a previsão da reação do concorrente, a análise da estrutura de custos do concorrente e a análise das competências do concorrente — tornava difícil para os gerentes aplicar a análise produtivamente.

Nosso trabalho no ASM e, subsequentemente, nos princípios do programa de gestão estratégica da P&G, continuou até 1989 e definiu o cenário para meu trabalho na Weston Foods em 1990. Uma subsidiária multibilionária da George Weston Limited, a Weston Foods tinha um novo CEO, David Beatty, e um vice-presidente-executivo, Jim Fisher, e ambos eram ex-consultores extremamente brilhantes e experientes da McKinsey. Uma empresa altamente diversificada dirigida principalmente por presidentes muito tradicionais de unidades de negócios da indústria alimentícia, a Weston Foods raramente criava alguma estratégia. O planejamento era principalmente um processo orçamentário financeiro. Para melhorar o desempenho mediano da Weston Foods, Beatty e Fisher queriam instalar processos modernos de planejamento estratégico e me contrataram para ajudá-los a fazer isso. O principal aspecto do trabalho era ser uma reunião fora da empresa para ensinar os presidentes das unidades de negócios e os chefes de finanças. Nessa reunião, eles aprenderiam uma estrutura de estratégia e começariam a formular seus desafios do planejamento estratégico.

Admito francamente que me esforcei vigorosamente antes da reunião para colocar no papel as coisas que aprendi na Eaton, na P&G e em outras empresas. Alguns dias antes da reunião fora da empresa, finalmente cheguei a um formato para caracterizar o processo de pensamento da estratégia — uma estrutura que se tornou o fluxo lógico. Reduzi o desafio às perguntas-chave que precisavam ser respondidas para formular as escolhas de onde jogar e como vencer. Havia sete perguntas dispostas sob quatro amplas categorias analíticas e organizadas em um fluxo entre indústria, cliente e posição relativa ao concorrente. É claro que na prática elas não eram totalmente lineares e unidirecionais — havia todo tipo de ciclo de feedback e sub-rotina —, mas essa nova estrutura forneceu uma organização simples e direta do fluxo lógico para analisar as escolhas estratégicas.

Mais importante, ela funcionou. As equipes da Weston Foods, sem nenhuma experiência em estratégia, foram capazes de analisar um processo e aumentar significativamente a qualidade do diálogo sobre a estratégia. Saí satisfeito e inspirado. O fluxo lógico, uma forma de pensar a estratégia, tornou-se a base de minha prática de consultoria em estratégia ao longo da década seguinte e depois.

CAPÍTULO OITO

REDUZA SUAS CHANCES DE ERRO

E m estratégia, não há respostas absolutas ou coisas certas, e nada dura para sempre. Ter uma definição clara de como vencer, uma estrutura analítica robusta como o fluxo lógico e um processo de avaliação detalhado pode ajudar a organizar o pensamento e melhorar a análise, mas, mesmo assim, não há garantia de um resultado bem-sucedido. No final, construir uma estratégia não é alcançar a perfeição; é reduzir as chances de erro.

GERANDO ADESÃO: A ABORDAGEM TRADICIONAL

Em um processo de estratégia típico, os participantes buscam encontrar uma única resposta correta, construir argumentos irrefutáveis para apoiá-la e vendê-la para o restante da empresa (Figura 8-1). No início, uma equipe de projetos interna ou um consultor externo, ou ambos, começa a analisar rigorosamente tudo o que pode para revelar respostas sobre o mundo — o que os consumidores querem, a dinâmica competitiva da indústria etc. Ou talvez a equipe já tenha uma visão sobre qual será a resposta correta, assim ela realiza análises que são projetadas para confirmar a hipótese. De toda maneira, uma análise dos dados é o ponto de partida.

Em algum momento, no meio da nuvem de dados, surgem algumas opções estratégicas plausíveis. Como há intensa pressão para ser prático, a criatividade é tacitamente desencorajada durante todo o processo de geração de opções. A equipe vê isso como seu trabalho para garantir que todas as opções serão acionáveis em última instância. A implicação é que opções estratégicas inesperadas e ideias criativas (mesmo ousadas) desacelerarão o processo e não agregarão valor — e isso pode tornar-se perigoso se a dinâmica for construída com base nelas. Portanto, há um impulso em direção às opções esperadas e simples que permaneçam relativamente disponíveis. Então, as opções são tipicamente avaliadas utilizando-se uma única métrica: o teste de plausibilidade financeira. Um alto valor líquido atual ou uma alta taxa interna de retorno suporta utilmente a afirmação de que determinada opção é a melhor escolha.

Nessa fase, costumam se suceder argumentos sobre qual opção é verdadeiramente superior, com cada lado defendendo o vasto corpo de análise para demonstrar ou ajustar os pressupostos por trás do indicador financeiro. Para criar consenso, a equipe faz uma série de compromissos para ganhar suporte dos principais gerentes. A opção do compromisso é então apresentada à gerência sênior (ou ao conselho de

GERANDO ADESÃO F.8-1

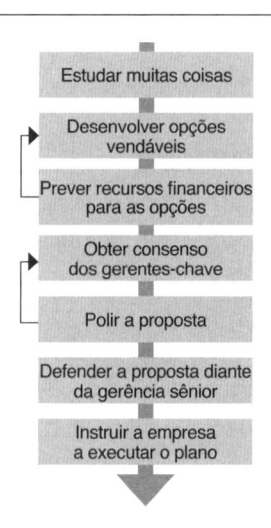

- Estudar muitas coisas
- Desenvolver opções vendáveis
- Prever recursos financeiros para as opções
- Obter consenso dos gerentes-chave
- Polir a proposta
- Defender a proposta diante da gerência sênior
- Instruir a empresa a executar o plano

administração), para a qual é vendida agressivamente como a resposta correta. Talvez com um pouco mais de compromisso para convencer os gerentes seniores, a escolha recebe a aprovação final e a estratégia é lançada na empresa.

Há inúmeros problemas com essa abordagem tradicional. Primeiro, é caro e demorado analisar tudo antecipadamente. A própria análise tende a ser dispersa e superficial, porque há muito material a abranger. Além disso, como várias análises diferentes são realizadas, elas costumam ser feitas separadamente, dificultando ver todo o quadro em um momento qualquer. Ressentimentos tendem a surgir à medida que as pessoas defendem uma ou outra escolha e elas se sentem marginalizadas se a opção delas não for a selecionada.

Como o objetivo é conseguir a adesão de todos, compromissos fracos são feitos, em vez de escolhas reais e difíceis. A criatividade é desencorajada; a pressão para chegar a um consenso sobre uma resposta com base nos dados existentes elimina as possibilidades que se desviam da rota principal. O processo de adesão é longo e entediante, mas frequentemente só resulta em uma concordância aparente, seguido de perda de interesse por aqueles que nunca aderiram verdadeiramente. E a gerência sênior só se envolve no final do processo, depois que a estratégia é criada, o que significa que a experiência, insights e ideias desses líderes quase não são levados em consideração (se é que são). Resumidamente, é um processo árduo e improdutivo que gera poucas escolhas poderosas. Não é de admirar que os gerentes tenham pouco entusiasmo em relação ao processo de estratégia.

FAZENDO A PERGUNTA CERTA

Fazer uma única pergunta pode mudar tudo: o que teria de ser verdadeiro? Essa questão focaliza convenientemente a análise das coisas que são importantes. Cria espaço para investigar ideias, em vez de defender posições. Encoraja uma consideração mais ampla de mais opções, especialmente as imprevisíveis. Fornece espaço para explorar ideias antes de a equipe chegar a uma resposta final. Reduz drasticamente a tensão e conflitos dentro da equipe durante a tomada de decisão e depois disso. Transforma conflito improdutivo em tensão saudável que focaliza a descoberta da melhor abordagem estratégica. E, no final, leva a escolhas estratégicas claras.

Essencialmente, todos nós queremos encontrar a melhor estratégia para a empresa. Em vez de pedir que as próprias pessoas encontrem a resposta e então cheguem a um consenso, essa abordagem permite que a equipe descubra conjuntamente a melhor opção. Um processo-padrão é caracterizado por argumentos sobre *o que é verdadeiro*. Se, em vez disso, *o que teria de ser verdadeiro* fosse explorado, as equipes parariam de lutar entre si e começariam a trabalhar juntas para explorar ideias. Em vez de tentar ocultar divergências reais, essa abordagem traz à tona as diferenças e as resolve, resultando em estratégias mais robustas e compromisso mais forte com elas.

O processo de explorar o que teria de ser verdadeiro tem sete passos específicos, como mostrado na Figura 8-2. Começa com a formulação da escolha fundamental, articulando pelo menos duas maneiras diferentes de a empresa (ou categoria, função, marca, produto etc.) avançar, com base na ambição vencedora. Em seguida, a equipe coloca em debate uma variedade mais ampla de possíveis escolhas estratégicas, diferentes combinações de onde jogar e como vencer que possam resultar em uma estratégia vencedora. Cada uma dessas possibilidades estratégicas é então sucessivamente considerada, perguntando-se o que teria de ser verdadeiro para que ela se torne uma escolha po-

ENGENHARIA REVERSA
DAS ESCOLHAS ESTRATÉGICAS F. 8-2

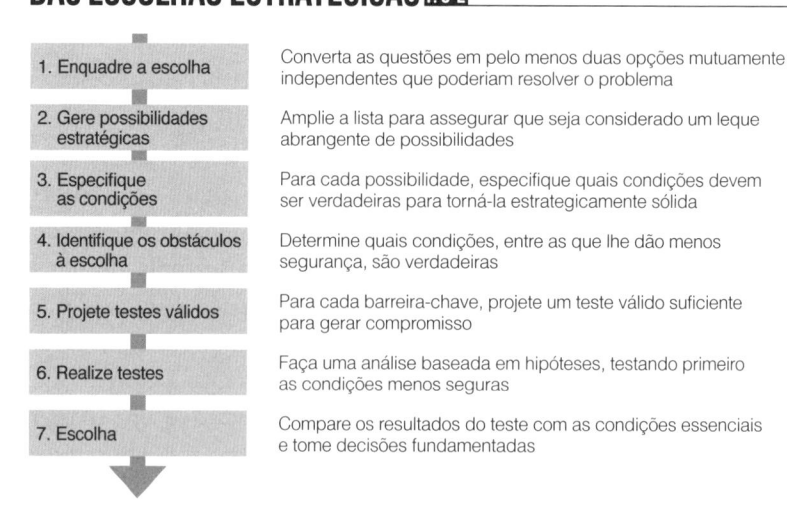

1. Enquadre a escolha	Converta as questões em pelo menos duas opções mutuamente independentes que poderiam resolver o problema
2. Gere possibilidades estratégicas	Amplie a lista para assegurar que seja considerado um leque abrangente de possibilidades
3. Especifique as condições	Para cada possibilidade, especifique quais condições devem ser verdadeiras para torná-la estrategicamente sólida
4. Identifique os obstáculos à escolha	Determine quais condições, entre as que lhe dão menos segurança, são verdadeiras
5. Projete testes válidos	Para cada barreira-chave, projete um teste válido suficiente para gerar compromisso
6. Realize testes	Faça uma análise baseada em hipóteses, testando primeiro as condições menos seguras
7. Escolha	Compare os resultados do teste com as condições essenciais e tome decisões fundamentadas

tencialmente vencedora (ou, colocado de outro modo, perguntando-se sob quais condições seria possível vencer com essa possibilidade).

As respostas — as coisas que teriam de ser verdadeiras — são as condições sob as quais o grupo optaria por levar em frente uma possibilidade específica. Nessa fase, não se discute se as condições são verdadeiras, apenas se estabelece o entendimento de que, se forem verdadeiras, essa possibilidade seria uma ótima escolha.

Em seguida, o grupo reflete sobre o conjunto de condições e se pergunta quais dessas condições têm menor probabilidade de ser verdadeiras. Essas condições com menor probabilidade de ser verdadeiras são os obstáculos que impedem selecionar dada opção; até o grupo ter alguma segurança de que essas condições são ou não verdadeiras, é impossível levar uma possibilidade em frente. Portanto, a equipe deve projetar e realizar testes desses obstáculos. À medida que cada possibilidade é avaliada dessa maneira, surge um quadro claro quanto às condições que são realmente verdadeiras e qual escolha é a mais robusta. A melhor escolha estratégica torna-se gradualmente clara.

Esse é o processo na forma abstrata. Agora, vamos discutir cada etapa detalhadamente, retornando a nosso primeiro exemplo, a Olay, como ilustração.

1. ENQUADRE A ESCOLHA

Como regra geral, um problema — por exemplo, queda de vendas ou mudança de tecnologia na indústria — só pode ser resolvido depois de ser enquadrado como uma escolha. Só depois de uma escolha real (por exemplo, a empresa deve ir nessa ou naquela direção?) ser articulada é que os membros da equipe podem entender cognitivamente ou sentir emocionalmente as consequências das diferentes maneiras de resolver a questão. A equipe poderia falar sem parar sobre a queda de vendas, sem fazer nenhum progresso para solucionar o problema. Mas, cristalizando a questão e enquadrando claramente as opções para solucioná-la, a questão torna-se imediatamente real e significativa. Por exemplo, uma equipe pode se fazer a seguinte pergunta: devemos investir para revigorar a linha de produtos, cortar custos por meio da redução de pessoal ou sair completamente do negócio? A articulação das opções permite fazer uma avaliação profunda. A equipe pode se perguntar: quais são essas opções e, mais importante, o que seria necessário saber para fazer a melhor escolha?

Para formular a escolha, pergunte explicitamente: quais são as diferentes maneiras de resolver esse problema? Trabalhe para gerar várias opções que se contrapõem (isto é, de modo que você não possa facilmente buscar diferentes soluções ao mesmo tempo). Só depois de identificar no mínimo duas opções mutuamente exclusivas para resolver o problema é que a escolha está realmente enquadrada. Essa fase, enquadrar a escolha, é a famosa travessia do Cabo da Boa Esperança; torna os riscos claros, as consequências aparentes e motiva a equipe a avançar para encontrar a melhor resposta possível.

Com a Olay, enquadrar a escolha foi crucial. Isso imediatamente tornou os riscos claros. Em vez de se angustiar interminavelmente sobre o que fazer com uma marca que definhava, a equipe formulou a escolha e forneceu um impulso para a ação. Ela definiu duas possibilidades: poderia tentar transformar a Oil of Olay em um concorrente digno contra marcas como Lancôme e La Prairie ou gastar bilhões de dólares e comprar uma grande marca de cuidados com a pele existente para competir.

2. GERE POSSIBILIDADES ESTRATÉGICAS

Enquadrar a questão como uma escolha identifica um conjunto preliminar de opções para resolver o problema; a próxima tarefa é ampliar a lista de possibilidades. O objetivo dessa fase é ser inclusivo, em vez de restritivo, quanto ao número e à diversidade das possibilidades disponíveis. É aqui que está a oportunidade de incentivar estratégias criativas e mais inesperadas. Nesse contexto, a possibilidade deve ser expressa como uma narrativa ou um cenário, uma história feliz que descreve um resultado positivo. É por isso que gostamos de chamá-las de possibilidades em vez de opções. Caracterizar as possibilidades como histórias ajuda a garantir que elas não sejam vistas negativamente como opiniões infundadas. Ninguém ainda está defendendo uma possibilidade; você e seus colegas estão simplesmente tentando descobrir um mundo em que a história faça sentido.

Nessa fase, as possibilidades são bem-vindas e não devem ser excessivamente filtradas. As possibilidades sugeridas nunca devem ser banalizadas ou descartadas, para não desencorajar a inclusão de mais ideias prontas para uso no conjunto de considerações. Dentro do grupo, deve haver um compromisso fundamental com a franqueza, de tal maneira que, se algum membro do grupo achar que vale a pena explorar dada possibilidade, esta deverá ser automaticamente incluída no conjunto de escolhas. Excluir uma possibilidade defendida entusiasticamente por uma pessoa pode muito bem fazê-la abandonar a equipe, talvez pelo resto do processo. Assim, inclusão, em vez de exclusão, é a regra nessa fase.

Inevitavelmente, à medida que as possibilidades criativas se acumulam, os membros do grupo podem começar a se sentir desconfortáveis. O ato de considerar apenas algumas escolhas pode parecer algo absolutamente revoltante. Mas saiba que esse é apenas o início de um longo processo. Cada escolha terá sua lógica disposta exatamente da mesma forma e será mantida de acordo com os padrões mais altos de avaliação. As fases subsequentes do processo eliminarão adequadamente as possibilidades, portanto é desnecessário (e inútil) fazer isso nessa fase.

As possibilidades geradas podem estar relacionadas com as opções já identificadas, quer como amplificações, quer como nuances. As possibilidades da Oil of Olay que derivaram das opções iniciais incluíam aumentar as vendas mantendo a faixa de preços existente ou torná-la mais sofisticada, adquirindo a Nivea ou a Clinique. As possibilidades também podem ir além das duas opções originais. Para os produtos de beleza da P&G, as ideias incluíam estender a bem-sucedida marca de cosméticos Cover Girl para cuidados com a pele e construir uma marca global a partir dessa plataforma.

No final, a equipe de produtos de beleza da P&G focalizou cinco possibilidades de onde jogar e como vencer para cuidados com a pele. Uma era basicamente desistir da Oil of Olay e adquirir uma grande marca global de cuidados com a pele. Uma segunda era manter a Oil of Olay posicionada como uma marca de massa com um preço de nível de entrada e fortalecer sua atratividade para os consumidores atuais alavancando as competências de P&D, a fim de melhorar o desempenho de um creme antirrugas. Uma terceira era transformar o mercado mais sofisticado da Oil of Olay em um canal de distribuição de prestígio como uma marca luxuosa. Uma quarta era reinventar a Olay totalmente — como uma marca de prestígio com uma atratividade que abrangesse mulheres mais jovens (entre 35 e 50 anos), mas vendê-la nos canais de massa tradicionais com parceiros de varejo que estivessem dispostos a criar uma experiência *masstige* com um estande especial na loja. A quinta era estender a marca Cover Girl de cosméticos para cuidados com a pele.

3. ESPECIFIQUE AS CONDIÇÕES

Depois que um conjunto diverso de possibilidades é estabelecido, a equipe precisa então fazer engenharia reversa da lógica de cada possibilidade. Ou seja, ela tem de especificar o que deve ser verdadeiro para que a possibilidade seja uma excelente escolha. Note que nessa fase não se decide o que é ou não verdadeiro, mas, em vez disso, define-se o que teria de ser verdadeiro para que o grupo se comprometa coletivamente com uma escolha.

A diferença entre as duas abordagens não pode ser subestimada. Em uma discussão-padrão sobre estratégia, os céticos atacam as ideias o mais vigorosamente possível para eliminar opções da disputa, e os defensores rebatem os argumentos para proteger suas opções preferidas. A temperatura sobe, as declarações são mais extremas e os relacionamentos estremecem. Enquanto isso, pouca informação nova ou útil surge. Se em vez disso o diálogo fosse sobre o que teria de ser verdadeiro, então o cético poderia dizer: "Para eu me sentir seguro com essa possibilidade, teríamos de entender que os consumidores responderiam se seguíssemos esse caminho". Isso é um tipo de afirmação muito diferente do que "Essa opção nunca vai funcionar! Os consumidores odeiam essa abordagem". Em vez de fazer uma denúncia vazia contra uma possibilidade, os céticos no processo de engenharia reversa devem especificar a fonte exata de seu ceticismo. Esse quadro ajuda os proponentes da possibilidade a compreender as ressalvas e mostra uma maneira-padrão de resolvê-las.

Esse processo é uma forma de engenharia reversa porque o ponto de partida é a suposição (provisória) de que a conclusão é válida — ou seja, que isso é uma grande possibilidade. A equipe, então, trabalha para compreender as condições em que essa suposição é correta. Ela trabalha de trás para frente, a fim de declarar as diversas condições que teriam de ser verdadeiras para que a suposição se torne uma grande possibilidade. A Figura 8-3 mostra o fluxo lógico desse exercício de engenharia reversa. Em cada um dos sete quadros, você pode listar *o que teria de ser verdadeiro* ao longo dessa dimensão para que a opção em questão seja válida.

Nessa fase de engenharia reversa, não há absolutamente nenhum interesse em opiniões sobre se as condições relativas a dada possibilidade são verdadeiras. Na verdade, expressar essas opiniões é contraproducente. O importante aqui é investigar o que teria de ser verdadeiro para todos os membros do grupo, a fim de que eles se sintam intelectual e emocionalmente comprometidos com a possibilidade em consideração.

ESTABELECENDO AS
CONDIÇÕES F. 8-3

PARA BUSCAR ESSA POSSIBILIDADE, O QUE TERIA DE SER VERDADEIRO?

Análise da indústria	Análise do valor para o cliente	Análise da posição relativa	Análise da concorrência
Segmentação O que precisamos acreditar que são segmentos estrategicamente distintos?	**Canal** O que devemos acreditar que o canal valoriza?	**Competências** Como acreditar que nossas competências se comparam com as dos concorrentes?	
			Previsão Como devemos acreditar que nossos concorrentes reagem a nossas ações? → **Possibilidade estratégica em questão**
Estrutura O que precisamos acreditar sobre a atratividade visada?	**Consumidor final** O que devemos acreditar que os clientes finais valorizam?	**Custos** Como devemos acreditar que nossos custos se comparam com o dos concorrentes?	

Ressalvas são importantes e devem ser levadas em conta, mas apenas se relacionadas às condições que têm de ser verdadeiras (e não como crítica explícita da validade da possibilidade).

É importante que as condições de cada indivíduo recebam a mesma atenção, para garantir que ninguém deixe de se envolver, por medo ou constrangimento. Mas é igualmente importante que o grupo como um todo faça a engenharia reversa das opções, e não somente aqueles que primeiro sugeriram as possibilidades. Para que o processo não saia do rumo, ninguém deve ser dono das possibilidades. Para ajudar a separar as pessoas das ideias, você pode contratar um facilitador externo, a fim de orientar a equipe ao longo do processo, coletando mais contribuições daqueles que falam pouco e tentando capturar todas as possibilidades. Ter pelo menos uma pessoa na sala focada no processo, sem se deter muito no resultado, pode ser extremamente útil. O gráfico da engenharia reversa para a Olay seria algo parecido com a Figura 8-4, com as condições abrangendo todos os sete quadros.

A OPÇÃO *MASSTIGE* DA OLAY
F. 8-4

A opção em consideração era reposicionar a Olay para um público mais jovem, com a promessa de combater os sete sinais de envelhecimento. Isso envolveria parcerias com varejistas para criar um segmento *masstige* — consumidores dispostos a comprar um produto de prestígio em canais de massa. A P&G determinou que, para essa opção ser bem-sucedida, as seguintes condições teriam de existir ou ser criadas:

Análise da indústria

Segmentação

- Um número suficientemente grande de mulheres quer combater os sete sinais de envelhecimento

Estrutura

- O segmento *masstige* emergente será, estruturalmente, pelo menos tão atraente quanto o segmento de massa atual

Análise do valor para o cliente

Canal

- Varejistas de massa abraçarão a ideia de criar uma experiência *masstige* para atrair consumidores de produtos de prestígio*

Consumidores

- Há um ponto ideal de precificação que induzirá os consumidores do mercado de massa a pagar um extra e os compradores de marcas de prestígio a comprar no canal de massa*

Análise da posição relativa

Competências

- A P&G pode criar posicionamento de marca de prestígio, embalagem e promoção na loja no canal de massa*
- A P&G pode construir parcerias fortes com varejistas de massa para criar e explorar um segmento *masstige*

Custos

- A P&G pode criar um produto de prestígio com uma estrutura de custos que lhe permita alcançar o ponto ideal de precificação

Análise da concorrência

Previsões

→ **Opção *masstige* da Olay**

- Por causa do conflito de canal, concorrentes de prestígio não tentarão seguir a Olay no segmento *masstige*
- Concorrentes de massa acharão que a Olay é difícil de alcançar, visto que o preço psicológico mais baixo é coberto pela linha básica Olay Complete

* Obstáculos — condições que a P&G pensou que seriam menos provavelmente verdadeiras.

Sob a análise da indústria, para criar um segmento *masstige* para a Olay, deveria haver um segmento grande de mulheres que se preocupassem com múltiplos sinais de envelhecimento, e elas teriam de responder a uma oferta atraente de marca e produto nessa linha de frente. O novo segmento *masstige* teria de ser, estruturalmente, pelo menos tão atraente quanto o segmento de massa existente da Oil of Olay, em termos de poder de compra, poder do fornecedor, ameaça de entrada de novos concorrentes, produtos substitutos e rivalidade entre os concorrentes.

Em termos da análise de valor para o cliente, o canal de massa teria de abraçar o conceito *masstige* e estar disposto a trabalhar com a P&G para criar o tipo de experiência na loja que daria suporte ao novo segmento e reforçaria a marca Olay. Do lado do consumidor, a P&G teria de ser capaz de encontrar um preço vencedor que atraísse tanto os consumidores de massa como os de prestígio. Para funcionar, as ofertas *masstige* precisariam levar os consumidores de massa a comprar produtos mais caros e os clientes de prestígio a comprar em um novo canal.

Na análise da posição relativa, algumas condições relacionadas com as competências de desenvolvimento de produtos, parcerias varejistas e construção de marca teriam de ser verdadeiras. No quadro dos custos, a P&G teria de ser capaz de criar um produto de prestígio superior a um custo que permitisse uma estrutura de preços logo abaixo das marcas de prestígio.

Por fim, o que teria de ser verdadeiro sobre a reação da concorrência? Concorrentes de prestígio, vinculados a seus canais preferenciais e bem conhecidos, teriam de abster-se de mudar para o canal de massa. Além disso, os concorrentes de massa precisariam ser incapazes de criar produtos competitivos dos pontos de vista da tecnologia e da marca, por causa da importância dos preços baixos para seu posicionamento e dos limites de suas competências em relação às da P&G.

Depois de um conjunto de condições ter sido articulado, a lista pode ser modificada pelo grupo. Para fazer isso, pergunte sobre cada condição: se todas as outras condições fossem verdadeiras, mas esta não, a possibilidade seria eliminada? Isso ajuda a distinguir entre as condições que seria interessante ter e as condições obrigatórias. Normalmente, durante a geração das condições, algumas do primeiro tipo são mescladas com as do segundo. Uma condição poderia ser, por exemplo, que os varejistas fossem capazes de ganhar margens sobre o produto mais altas que as atuais. Isso certamente seria interessante. Mas, se os varejistas pudessem obter valor de outras maneiras (por exemplo, por meio de vendas incrementais), as margens poderiam ser as mesmas e o negócio ainda daria apoio. Condições desejáveis precisam ser combatidas para que qualquer condição seja realmente considerada. O processo de engenharia reversa só está completo quando cada membro do grupo entende a lógica da possibilidade e pode dizer: "Sim, se todas as condições fossem verdadeiras, essa seria uma grande possibilidade. E, se uma única condição não for verdadeira, essa não seria uma boa possibilidade".

4. IDENTIFIQUE OS OBSTÁCULOS À ESCOLHA

A quarta etapa do processo constitui um giro de 180 graus. A etapa anterior permaneceu assiduamente longe de opiniões sobre se as condições seriam verdadeiras. Isso cria um ambiente que permite a cada membro da equipe explorar a lógica por trás da possibilidade, codificá-la e organizá-la. Agora, e somente agora, você pode lançar um olhar crítico sobre as condições que a equipe identificou. A tarefa é avaliar qual das condições a equipe acha que tem menos probabilidade de ser verdadeira. Em outras palavras, agora que você já especificou o que teria de ser verdadeiro para fazer dessa possibilidade uma ótima ideia, quais condições mais preocupam a equipe e parecem menos prováveis de serem verdadeiras? Essas condições constituem os obstáculos que impedem que você e a equipe escolham essa possibilidade. Só depois de saber se elas são ou não verdadeiras é que você pode prosseguir.

Nessa etapa, é extremamente importante prestar muita atenção a quem no grupo é a pessoa mais cética sobre se uma condição é ou não verdadeira; uma pessoa cética pode ser muito valiosa para decidir se uma escolha é ruim ou não. Membros céticos no grupo devem ser encorajados a revelar, e não a ocultar, as preocupações nesse ponto do processo. Mesmo que apenas uma pessoa tenha preocupações sobre determinada condição, esta deve permanecer na lista dos principais obstáculos enquanto não houver um posicionamento definitivo por parte do grupo. Se as principais preocupações dos membros da equipe forem esboçadas e levadas a sério, todos podem se sentir seguros quanto ao processo e aos resultados.

Quando os membros da equipe de beleza da P&G analisaram as condições da possibilidade *masstige* para a Olay, eles se sentiram seguros de que seis eram verdadeiras: o tamanho do potencial segmento de consumo era grande o suficiente para valer a pena alvejá-lo; provavelmente ele era estruturalmente atraente o bastante; a P&G era capaz de construir parcerias varejistas (se os varejistas gostassem da ideia); a P&G poderia alcançar a estrutura de custos necessária para tornar o produto rentável; os concorrentes de prestígio não copiariam a estratégia; e os concorrentes de massa não poderiam copiar a estratégia. Mas três condições eram preocupantes (na ordem da maior para a menor preocupação): que os consumidores nos canais de massa aceitariam um novo nível de preço de partida significativamente mais alto; que os varejistas nos canais de massa estariam dispostos a formar parcerias para criar esse novo segmento *masstige*; e que a P&G poderia articular o posicionamento de marcas de prestígio, produtos, embalagens e elementos promocionais no canal do varejo de massa.

5. PROJETE TESTES VÁLIDOS

Depois que as condições que representam obstáculos são identificadas, elas devem ser testadas de maneira que todo o grupo as considere convincentes. Um teste pode envolver pesquisas com milhares de consumidores ou uma conversa com um único fornecedor. Pode compreender o processamento de milhares de números ou se ater a uma avaliação puramente qualitativa. No caso da Olay, a condição do preço era um obstáculo significativo. Assim, a P&G realizou uma série de testes de mercado quanto a diferentes preços (US$ 12,99, US$ 15,99 e US$ 18,99, conforme vimos no Capítulo 1). Mas nem todas as empresas podem se dar ao luxo de fazer testes de mercado completos; e testes piloto nem sempre são práticos para toda situação. Em alguns casos, é necessário ser criativo sobre os testes, talvez analisando setores análogos em que o reposicionamento criou clientes fiéis ou fracassou nisso. A P&G fez isso para ver a reação da concorrência — sem na verdade incitar a temida reação do mercado, a equipe projetou possíveis resultados de acordo com respostas anteriores para determinar o que cada concorrente poderia fazer.

Nesse ponto, a questão crucial é saber se o grupo de tomada de decisão considera o teste válido. Nesse sentido, o membro mais cético da equipe é o integrante mais valioso. Normalmente, essa pessoa será o mais alto padrão de prova para qualquer teste, e fazer com que ela se comprometa com a escolha será o maior desafio. Sem o compromisso dela, qualquer consenso será inevitavelmente falso. Assim, a abordagem mais eficaz para superar os obstáculos é colocar o projeto do teste, para cada *condição sub judice*, nas mãos da pessoa mais cética. Se essa pessoa estiver convencida de que um teste é rigoroso o suficiente e que o padrão de prova é válido, então todas as demais pessoas — que, por definição, são menos céticas — também se convencerão de que o teste é legítimo.

O perigo, naturalmente, é essa abordagem fazer o cético definir um padrão inatingível que solape a possibilidade. Teoricamente, isso pode acontecer, mas empiricamente não acontece, por duas razões. Primeiro, as pessoas demonstram extremos de ceticismo em grande parte porque não são ouvidas. Em um típico processo de adesão, as preocupações são obstáculos que devem ser tirados do caminho o mais rápido e completamente possível. O processo de engenharia reversa, ao contrário, assegura que os indivíduos preocupados se sintam e sejam realmente ouvidos. Segundo, há o espectro da destruição mutuamente garantida. Embora possa ter dúvidas sérias sobre a possibilidade A, gosto bastante da possibilidade B. Você, de outro lado, tem algumas dúvidas sobre a possibilidade A, mas obstáculos sérios quanto a escolher a possibilidade B. Começo a definir os testes das condições dos obstáculos para a possibilidade A, mas faço isso sabendo que você começará a definir os testes para a possibilidade B. Se eu definir um padrão irrealisticamente alto para os testes de A, certamente você fará a mesma coisa para B. Ser justo é a abordagem mais inteligente para garantir o melhor resultado para a empresa — algo que todos os participantes desejam.

O objetivo final é projetar testes que permitirão a cada membro do grupo colocar a mão no coração e se comprometer a fazer uma escolha e apoiá-la daí em diante, se a possibilidade passar no teste. Os membros da equipe podem criar testes bem diferentes e incompatíveis que eles veem como válidos, o que significa que vários testes talvez precisem ser aplicados a dada condição. Entretanto, na prática, a tendência é os grupos se unirem em torno de um único teste decisivo, especialmente se adotarem os argumentos do membro mais cético na equipe.

6. REALIZE TESTES

O processo de elaboração de testes leva à fase real de teste e à análise dos resultados. Aqui, recomendamos adotar o que às vezes chamamos de *abordagem preguiçosa para a estratégia*. Basicamente, teste primeiro as coisas sobre as quais você tem mais dúvida. Selecione a condição que a equipe acha que seja a menos provável de ser verdadeira e teste-a primeiro. Se a suspeita da equipe estiver certa, essa possibilidade será eliminada sem a necessidade de testar nenhuma das outras condições. A possibilidade já falhou em um teste essencial, assim nenhum outro será necessário. Se, no entanto, a possibilidade passar pelo primeiro teste, concentre-se na condição com o próximo menor nível de segurança e assim sucessivamente. Como os testes frequentemente são a parte mais cara e demorada do processo de escolha, essa abordagem pode economizar enormes quantidades de recursos, reduzindo o número total de testes que devem ser realizados, se as possibilidades não passarem pelo primeiro ou segundo teste.

Essa é uma característica importante que diferencia profundamente o processo de engenharia reversa daquele utilizado na maioria dos esforços de estratégia. O processo típico, seja ele interno ou terceirizado para consultores, apresenta um conjunto relativamente padronizado de análises. Em vez de enquadrar a escolha, entender as condições, classificar os obstáculos e analisar as restrições relacionadas a eles, nessa sequência — como a equipe faz na engenharia reversa —, a abordagem típica analisa tudo em paralelo. Isso significa, na prática, uma grande quantidade de análises, muitas das quais não são essenciais para a tomada de decisão. Além disso, por causa do amplo escopo da análise, o processo-padrão tende a sacrificar acidentalmente a profundidade, em favor da amplitude (isto é, as análises têm um quilômetro de extensão e apenas alguns metros de profundidade, porque o tempo e os custos financeiros necessários para fazer uma investigação profunda por toda a empresa seriam proibitivos). Para gerar escolha e compromisso adequadamente, as empresas precisam de análises com um centímetro de extensão e um quilômetro de profundidade — focalizando precisamente as preocupações que impedem que a equipe escolha e vá fundo o suficiente para atender ao padrão de prova da equipe. É isto que a engenharia reversa permite que você faça: investigar com precisão e profundamente os obstáculos à escolha.

Com a Olay, por exemplo, o teste de preço veio primeiro. Quando o testes mostrou que a Olay poderia dominar em uma faixa de preço de US$ 20, a equipe testou a condição do varejista: os varejistas formariam parcerias com a P&G nessa iniciativa? Conversas detalhadas com o núcleo do grupo dos varejistas mais importantes da P&G sugeriram que eles formariam. Então a P&G precisava convencer-se de que seria capaz de criar essa experiência holística de usuário *masstige* em conjunto com os principais parceiros de varejo. A empresa fez isso por meio de design, prototipagem e testes dessa experiência.

7. ESCOLHA

Em um processo-padrão, escolher é difícil, amargo e demorado. Em uma reunião fora da empresa, os participantes recebem pastas cheias de análises. Eles são convidados a enquadrar e fazer escolhas de uma só vez, com base nesses dados. Com as apostas em alta e a lógica pobremente articulada, essas reuniões e as escolhas resultantes raramente funcionam bem. Nesse processo de engenharia reversa, de outro lado, a etapa de fazer a escolha torna-se simples e mesmo anticlimática. A equipe só precisa rever os resultados do teste e fazer a escolha ditada pelo padrão dos resultados. Em essência, a escolha vem automaticamente; não há necessidade de um debate sério nesse momento final. Foi isso que aconteceu com a Olay; a opção *masstige* tornou-se a escolha clara e óbvia.

Em suma, esse é o processo de escolha entre as possibilidades sobre onde jogar e como vencer. Primeiro, formule uma escolha. Segundo, explore as alternativas para ampliar o leque de possibilidades que se excluem mutuamente. Terceiro, para cada possibilidade, pergunte o que teria de ser verdadeiro para que ela seja uma grande ideia, usando a estrutura de fluxo lógico para ordenar o pensamento. Quarto, determine quais das condições têm menor probabilidade de ser realmente verdadeiras. Quinto, projete os testes com base nesses obstáculos cruciais à escolha. Seis, realize testes. Por fim, à luz dos resultados dos testes e da maneira como esses resultados podem ser comparados aos padrões de prova predeterminados, selecione a melhor possibilidade de escolha estratégica. Esse processo amplia as possibilidades rapidamente e então reduz sistematicamente o campo. Ele alavanca diferentes perspectivas para enriquecer a discussão, em vez de obstruí-la.

ENGENHARIA REVERSA: O QUE FAZER E O QUE EVITAR

Não gaste muito tempo analisando tudo o que puder; em vez disso, use a engenharia reversa para identificar apenas o que você realmente precisa saber.

» Formule uma escolha clara e importante logo no início; torne-a real e significativa.

» Explore uma ampla variedade de possibilidades sobre onde jogar e como vencer e não reduza a lista, logo no início, a apenas aquelas que pareçam realistas; possibilidades inesperadas muitas vezes têm elementos interessantes e úteis que, de outro modo, poderiam ser descartados. Aprenda com elas.

» Mantenha o foco na pergunta mais importante (o que teria de ser verdadeiro para fazer disso uma possibilidade vencedora?), listando as condições sob as quais a possibilidade seria realmente boa.

» Não se esqueça de voltar e eliminar qualquer condição que supostamente seria interessante ter; cada condição deve ser verdadeiramente vinculativa — se ela não for verdadeira, você não investirá na possibilidade.

» Encoraje os céticos a expressar as preocupações na fase de especificação dos obstáculos; faça-os articular a natureza precisa de suas preocupações com condições específicas.

» Não deixe que os defensores de dada possibilidade definam e realizem os testes; peça aos céticos que façam isso. Se no final os céticos estiverem satisfeitos, todo mundo também estará.

» Primeiro teste o maior obstáculo. Comece com a condição que o grupo acha que tem menor probabilidade de ser verdadeira. Se ela não for verdadeira, as condições exigidas não são reais e os testes podem ser interrompidos.

» Use um facilitador para executar o processo de engenharia reversa; é útil que alguém acompanhe o processo e a dinâmica do grupo à medida que você analisa a maneira de pensar nas tarefas.

A PERGUNTA MAIS IMPORTANTE NA ESTRATÉGIA
ROGER L. MARTIN

Em 1990, eu trabalhava com o CEO recém-nomeado de uma empresa regional de bens de consumo. A empresa (não citada aqui por razões óbvias) dominava o segmento de um mercado relativamente pequeno. Durante a contratação, um banco de investimentos ofereceu ao CEO a chance de comprar o principal concorrente em uma região contígua. O alvo havia sido adquirido alguns anos antes por US$ 180 milhões, em uma operação de aquisição do controle acionário da empresa (*leveraged buy-out*). A empresa agora era oferecida por US$ 120 milhões. Intrigado, o CEO solicitou que eu fizesse uma análise da oportunidade.

Minha equipe realizou uma análise detalhada e chegou à conclusão de que a aquisição era uma ideia ruim. A dinâmica competitiva do mercado regional do alvo mostrava um futuro pouco promissor para a empresa oferecida. Embora o alvo tivesse liderança de mercado, sua posição foi rapidamente corroída por um operador que havia entrado no mercado com preços baixos, transformando um feliz duopólio em uma dura batalha entre três contendores. Era um setor em que apenas os dois melhores players tendiam a ter retornos decentes, por causa das economias de escala da distribuição, e o alvo era quase indiscutivelmente o mais vulnerável dos três players. Não havia dúvida de que a empresa ofertante estava tentando repassar o alvo com uma perda substancial. Meu cliente ficou tentado pelo preço mais baixo, mas, mesmo por US$ 120 milhões, essa era claramente uma ideia muito ruim — e dissemos isso a ele em nossa apresentação.

Com base em nossa análise, o CEO disse ao banco de investimentos que ele não estava interessado na oportunidade. Até esse ponto, nenhum problema. No entanto, cerca de um ano depois, o CEO me chamou para informar que ele agora poderia adquirir o alvo por uma ninharia — apenas US$ 20 milhões. Sugeri que ele só fizesse isso depois que eu atualizasse a análise, e ele disse que eu tinha o fim de semana. Voltei à análise. Mais um ano de informações financeiras e do mercado acionário confirmaram que o alvo estava em uma espiral de morte. Embora ele tivesse obtido lucro em 1990, projetei que, em 1992, ele estaria em uma posição de perda. Não conseguia ver uma forma pela qual essa espiral final poderia ser interrompida ou mesmo desacelerada.

Retornei com uma série de aproximadamente cem slides. A nota de abertura era sucinta e ia direto ao ponto: "Sua resposta deve ser 'não', independentemente do preço. Se comprá-lo, você destruirá a empresa e sua carreira. Por favor, não faça isso. Por favor, simplesmente diga não".

Ele disse sim. Comprou a empresa por US$ 20 milhões. A esse preço, o CEO disse, uma empresa com a maior participação de mercado no segmento, com uma marca forte, era uma pechincha, uma oportunidade que ele simplesmente não poderia deixar passar.

Ele deveria tê-la deixado passar. A empresa adquirida quase imediatamente entrou no vermelho. As perdas aceleraram. Por causa dos custos proibitivos de fechamento, o negócio adquirido tornou-se invendável a qualquer preço. O desempenho da companhia controladora começou a cair e ela teve de começar a vender barato divisões com bom desempenho para financiar as perdas na empresa adquirida. Em 1994, o CEO foi demitido. Em 1999, a matriz, antes forte e independente, foi incorporada a uma companhia muito maior. Com o tempo, a divisão, que ainda tinha desempenho sofrível, foi vendida para outro player na indústria.

Inicialmente, responsabilizei a avaliação ruim feita pelo CEO. A situação era clara e ele havia ignorado um conselho sólido. Fui contratado por outros clientes e continuei a trabalhar da maneira como sempre trabalhei. Mas agora uma pergunta torturante me incomodava: por que esse CEO inteligente e até então bem-sucedido agiu como assim? O que o levou a ignorar o conselho pelo qual ele me pagou? Não tinha uma boa resposta, e a pergunta ainda me fazia pensar.

Então, em 1994, fazia consultoria para uma empresa de mineração que enfrentava a decisão de investir em uma mineradora em fase de esgotamento ou fechá-la. Tivemos uma reunião com um grupo de cerca de dez executivos, divididos igualmente entre aqueles da mineradora e aqueles da matriz. Havia várias opções na mesa e muitas opiniões sobre as opções. De repente, tive um flashback da experiência da aquisição; naquele momento percebi que, embora tivesse uma opinião forte sobre qual das opções era a melhor, na verdade o que eu pensava tinha importância secundária. Agora entendia que aquilo que realmente importava era o que as demais pessoas em volta da mesa pensavam; eram elas que, de uma forma ou outra, teriam de tomar a decisão, não eu. Infelizmente, não havia um consenso. Os gerentes da mineradora e os gerentes da matriz estavam em campos opostos: a matriz defendia a opção do fechamento; a gerência da mineradora defendia várias opções de investimento.

Em meio ao impasse, tive uma ideia. Em vez de pedir que eles comentassem o que achavam que era verdadeiro sobre as várias opções, solicitei que especificassem *o que teria de ser verdadeiro* para que as opções colocadas na mesa fossem uma escolha fantástica. O resultado foi fascinante. Pontos de vista conflitantes se transformaram em colaboração para realmente compreender a lógica das opções. Em vez de fazer com que as pessoas tentassem convencer as outras dos méritos das opções, elas por si sós as convenceram (ou falharam em convencê-las). Nesse momento, o melhor papel do consultor tornou-se claro para mim: não tente convencer os clientes de qual escolha é melhor; apresente um processo que permita que eles se convençam.

Na mesma época, eu prestava consultoria a uma empresa de produtos industriais que usava intensamente P&D em sua estratégia. Como parte de meu trabalho aí, os líderes da empresa me pediram para ajudá-los no portfólio de pesquisa avançada. Eles se defrontavam com baixas taxas de sucesso do portfólio e, problematicamente, os projetos incorriam em muitas despesas, antes de serem abandonados quase no ponto de comercialização, quando se tornava claro que a estratégia do negócio não fazia sentido. Eles pediram ajuda para pensar sobre como melhorar o processo.

Empolgado com minha descoberta, fiz minha nova pergunta favorita: *o que teria de ser verdadeiro?* Logo no início da vida de um projeto de pesquisa, perguntaríamos: o que teria de ser verdadeiro em cada quadro do diagrama do fluxo lógico para que esse projeto possa se tornar um sucesso comercial? Isso marcou a primeira vez que usei o fluxo lógico dessa forma. Mais uma vez, o impacto foi imediato e positivo. Alguns projetos foram cancelados porque, depois que as condições foram estabelecidas, ficou claro para a equipe de pesquisa que não haveria como comercializar os produtos: todas essas condições simplesmente não poderiam ser verdadeiras. Para outros projetos, a ordem das atividades mudou significativamente. A pergunta *o que teria de ser verdadeiro?* revelou que certos problemas tinham de ser resolvidos imediatamente, e não depois de muito gasto adicional ter sido feito em perguntas menos importantes.

A partir daí, usei a questão mais importante em estratégia — *o que teria de ser verdadeiro?* — para construir uma metodologia totalmente nova, a fim de pensar por meio de escolhas. Essa pergunta tornou-se o cerne de minha prática de consultoria e é o único processo de estratégia que uso até hoje.

O PODER DE UM PARCEIRO DE ESTRATÉGIA EXTERNO
A.G. LAFLEY

A função do CEO é extraordinariamente solitária, quando bem desempenhada. O CEO é o diretor externo com a responsabilidade primária de converter significado externo em estratégias vencedoras para o negócio e para a organização. Isso significa escolher em qual negócio ou negócios estar e qual abandonar, fechar ou não entrar. Isso exige equilibrar a entrega de um retorno aceitável a partir dos negócios atuais e investir em outros que garantam um crescimento estável e um retorno forte no futuro. Isso requer definir os padrões de como uma empresa se comportará e estabelecer o melhor indicador para o desempenho. Em contraste com o CEO, a maioria dos funcionários da empresa se concentra mais internamente. O conteúdo do trabalho e a natureza dos relacionamentos profissionais inevitavelmente chamam a atenção para dentro da empresa. O CEO pode muito bem ser tentado a só dar atenção a aspectos internos, mas escolher conscientemente alguns conselheiros e consultores externos pode ajudar um CEO a manter e sustentar esse foco externo tão importante.

O conselho de administração é um importante recurso nessa linha de frente. A P&G adicionou avaliações anuais profundas da estratégia geral da organização à agenda da administração. Uma reunião inteira era dedicada à estratégia, com a intenção de explorar as amplas e variadas experiências dos diretores externos e aproveitar sua sabedoria e seus julgamentos individuais e coletivos. A administração trouxe experiência e perspectiva de fora da indústria de bens de consumo embalados. Trouxe uma combinação de experiências no domínio e na disciplina, com um nível de objetividade e ceticismo que agregava valor real.

A P&G contratava consultores externos em estratégia seletivamente. A companhia conhecia a maior parte da análise estratégica e da criação de estratégias para os negócios e compreendia que esses trabalhos eram feitos internamente. Mas eventualmente a P&G contratava consultores externos em estratégia para ajudá-la em uma oportunidade específica. A McKinsey fez um trabalho estratégico importante para analisar diligentemente a Gillette, que a P&G estava adquirindo. A

P&G precisava ter confidencialidade absoluta e queria um parceiro que pudesse confirmar ou negar as hipóteses cruciais e avaliar objetivamente os pressupostos estratégicos da companhia. Consultores em estratégia ajudaram a P&G a explorar setores em que ela pensava entrar. Por exemplo, a empresa encomendou uma avaliação ampla e profunda do setor de saúde para ajudar a esclarecer onde ela poderia jogar com vantagem competitiva. Encomendou estudos de certos setores de serviço e de modelos de negócio de franquia. Também encomendou estudos de competências específicas — como serviços de negócios globais, compras, gestão de receitas estratégicas — para comparar as competências da P&G com as dos melhores concorrentes globais no setor. A maioria desses estudos estratégicos foi encomendada pelas unidades de negócios ou por funções; apenas alguns poucos foram encomendados pela companhia.

Mas uma das decisões mais importantes que tomei foi solicitar que Roger Martin se tornasse meu *alter ego* e parceiro de estratégia. Queria alguém de fora da P&G com quem eu pudesse falar de estratégia regularmente — a qualquer hora, em qualquer lugar. Queria uma pessoa de fora que entendesse a P&G e dominasse a rede informal interna da organização para me ajudar a implementar aspectos estratégicos importantes. Mais importante, queria alguém sem uma agenda (pelo menos, sem uma agenda política interna da P&G). Precisava de alguém em quem eu pudesse confiar de forma implícita e que pudesse confiar em mim — alguém com quem pudesse trabalhar informalmente e com total confiança, alguém com honestidade intelectual que também tivesse integridade moral, inteligência emocional que correspondesse a seu nível de QI e a coragem de dizer ao imperador quando ele estava nu.

Quando me tornei CEO, Roger e eu reservávamos um dia em que pudéssemos ficar longe de nossas agendas, e-mails e BlackBerries para nos dedicarmos a questões estratégicas — que ele ou eu escolhíamos. Mantínhamos uma lista das escolhas estratégicas a serem feitas e as analisávamos até encontrar uma solução. Algumas eram descartadas em uma única reunião. Outras eram abordadas várias vezes antes de sucumbirem. Mas outras permaneciam (e algumas permanecem) questões em aberto.

Roger e eu estávamos determinados a implementar um processo estratégico robusto por toda a P&G — o processo que Roger tinha aprimorado na Monitor, simplificado e personalizado para atender a P&G. Convidei Roger para a primeira avaliação de estratégia feita pela diretoria, em que ele mostrou pacientemente aos diretores externos a metodologia estratégica que ele e eu tínhamos elaborado. Queríamos que os diretores entendessem que nossa abordagem baseada em um conjunto integrado de escolhas se centralizava em onde jogar e como vencer. Daquele dia em diante, sempre que os líderes da P&G falavam ou escreviam sobre estratégias da companhia ou das unidades de negócios, elas eram descritas em termos de aspirações vencedoras, escolhas de onde jogar e como vencer, competências essenciais e sistemas de gestão.

Roger foi convidado a participar das avaliações de estratégia e esteve presente em várias, todos os anos. Ele tinha acesso a mim sempre que precisava (e vice-versa). Mais importante, ele construiu um relacionamento forte com a maioria dos líderes de unidades de negócios e dos líderes funcionais. Eu incentivava os líderes da P&G a tratar de questões e problemas estratégicos diretamente com Roger ou comigo em tempo real. Roger trabalhou habilmente com essas redes informais para ajudar os líderes e seus negócios a pensar estrategicamente à frente. Às vezes, eu doava uma ou duas horas de meu tempo com Roger para uma das funções ou unidades de negócios. A bola estratégica avançava bastante em reuniões face a face entre os presidentes e Roger, ou entre os presidentes e eu. Inicialmente, eu fazia reuniões mensais com todos os presidentes (a cada trimestre depois do décimo ano) para trabalhar questões de liderança, de estratégia e de pessoal. Os presidentes e eu abordávamos uma agenda comum de maneira colaborativa.

Para os presidentes, uma das vantagens de analisar questões estratégicas com Roger e não comigo diretamente era que muitos deles percebiam Roger como menos crítico e viam menos riscos em uma conversa qualquer. Afinal, ele não avaliava o desempenho deles, decidindo se seriam promovidos ou determinando suas remunerações. Mas ele estava me ajudando a construir a competência estratégica da empresa ensinando a metodologia de estratégia da P&G em sessões de treinamento interno; orientando as equipes de liderança de negócio que o haviam contratado para avaliar e rever suas estratégias de negócio; e avaliando as habilidades de pensamento estratégico e a eficácia em liderança estratégica dos presidentes e líderes funcionais da companhia. Juntos, Roger e eu avaliávamos continuamente as pessoas, bem como as orientávamos e ensinávamos a melhorar as competências estratégicas. Ambos acreditávamos que estratégia poderia ser ensinada e aprendida. Mas nós dois também acreditávamos que a estratégia exigia a capacidade de pensar de forma integrada e disciplinada, e a coragem de trabalhar nas escolhas duras e então tomar decisões difíceis.

Ao longo de quase dez anos, Roger foi meu principal conselheiro externo em estratégia. Clay Christensen e Mark Johnson desempenharam para mim o papel de consultores externos em inovação, Tim Brown em design e Kevin Roberts em liderança e construção de marca. Stuart Scheingarten, psicólogo e coach, me ajudou a lidar com o que funcionava e o que não funcionava em meu estilo de liderança e com minha eficácia. Stuart começava a fazer algum progresso significativo e mensurável com seu aluno quando morreu de repente e, infelizmente, muito jovem. Clayt Daley, diretor-financeiro, e Gil Cloyd, diretor de tecnologia, foram meus principais parceiros estratégicos dentro da P&G. Clayt, Gil e eu passamos muito mais tempo juntos do que eu passava com qualquer consultor externo. E cada decisão estratégica ou cada ação estratégica levava seriamente em consideração suas dicas e conselhos. Todas as iniciativas relacionadas a fusões, aquisições e vendas de negócio foram tomadas por mim e Clayt em conjunto — tanto as que se concretizaram como as que foram abandonadas. No Connect + Develop e na estratégia geral de inovação da P&G, Gil foi meu parceiro em cada passo ao longo do caminho.

No entanto, só compartilhei minhas reflexões estratégicas com Roger, o que foi possível por causa de nosso relacionamento pessoal e profissional. Qualquer CEO ficaria feliz em encontrar, fora do jogo, uma pessoa que entende isso tão bem e que está disposta a trabalhar incansavelmente para ajudá-lo a levar seu jogo ao próximo nível.

CONCLUSÃO

A BUSCA INTERMINÁVEL
PELA VITÓRIA

Está se tornando cada vez mais difícil vencer no mundo real. O normal agora é, para usar uma frase do exército dos EUA, um ambiente VICA: volátil, incerto, complexo e ambíguo. O crescimento está desacelerando, e o ritmo da mudança está se intensificando. À medida que o mundo continua a se globalizar, as empresas acirram a concorrência por clientes e consumidores. Os consumidores estão cada vez mais exigentes e têm cada vez mais voz ativa, insistindo em desempenho, qualidade e serviço melhores, tudo a um preço melhor.

Mesmo em um mundo VICA, a estratégia pode ajudar você a vencer. Não é uma garantia, mas pode reduzir consideravelmente as adversidades. A falta de estratégia tem um resultado mais claro e óbvio: isso o destruirá. Talvez não imediatamente, mas com o tempo empresas sem estratégias vencedoras desaparecem. Uma grande invenção ou ideia de produto pode estabelecer uma empresa, agregar valor e vencer no mercado por um tempo. No entanto, para durar, a empresa por trás dessa ideia deve responder às cinco perguntas estratégicas que criam e sustentam uma vantagem competitiva duradoura.

Para sua empresa, pergunte (e responda honestamente):

1. Você já definiu o que é vencer e está absolutamente seguro de sua ambição vencedora?

2. Você já decidiu onde vai jogar para vencer (e, de maneira igualmente decisiva, onde você *não* vai jogar)?

3. Você já determinou como, especificamente, vai vencer onde escolheu jogar?

4. Você já identificou e construiu as competências essenciais de modo que elas viabilizem suas escolhas de onde jogar e como vencer?

5. Os sistemas de gestão e os indicadores-chave dão suporte às outras quatro escolhas estratégicas?

As ferramentas e estruturas apresentadas neste livro são projetadas para ajudá-lo a responder a essas cinco perguntas e explorar as possibilidades disponíveis para a empresa. Mais uma vez, para sua empresa, você usou as ferramentas para ajudá-lo a analisar suas escolhas potenciais?

- Você utilizou a estrutura de fluxo lógico estratégico para entender o setor, o canal e os valores dos consumidores, suas próprias posições relativas de competências e custos, e as reações da concorrência, de uma forma que possa servir como uma base sustentável para as escolhas de onde jogar e como vencer?

- Você fez a engenharia reversa das possibilidades estratégicas e perguntou o que teria de ser verdadeiro para garantir que essa possibilidade seja aquela que lhe dá a melhor chance de vencer?

A cascata de escolhas estratégicas, o fluxo lógico estratégico e o processo de engenharia reversa representam um manual de estratégia para a empresa. Em vez de uma rota simples de mão única, as escolhas de onde jogar podem ser complexas e sinuosas; você precisará voltar atrás, rever e reanalisar. Mas, tomado em conjunto (ver Figura C-1), o manual

O MANUAL DA ESTRATÉGIA
E.C-1

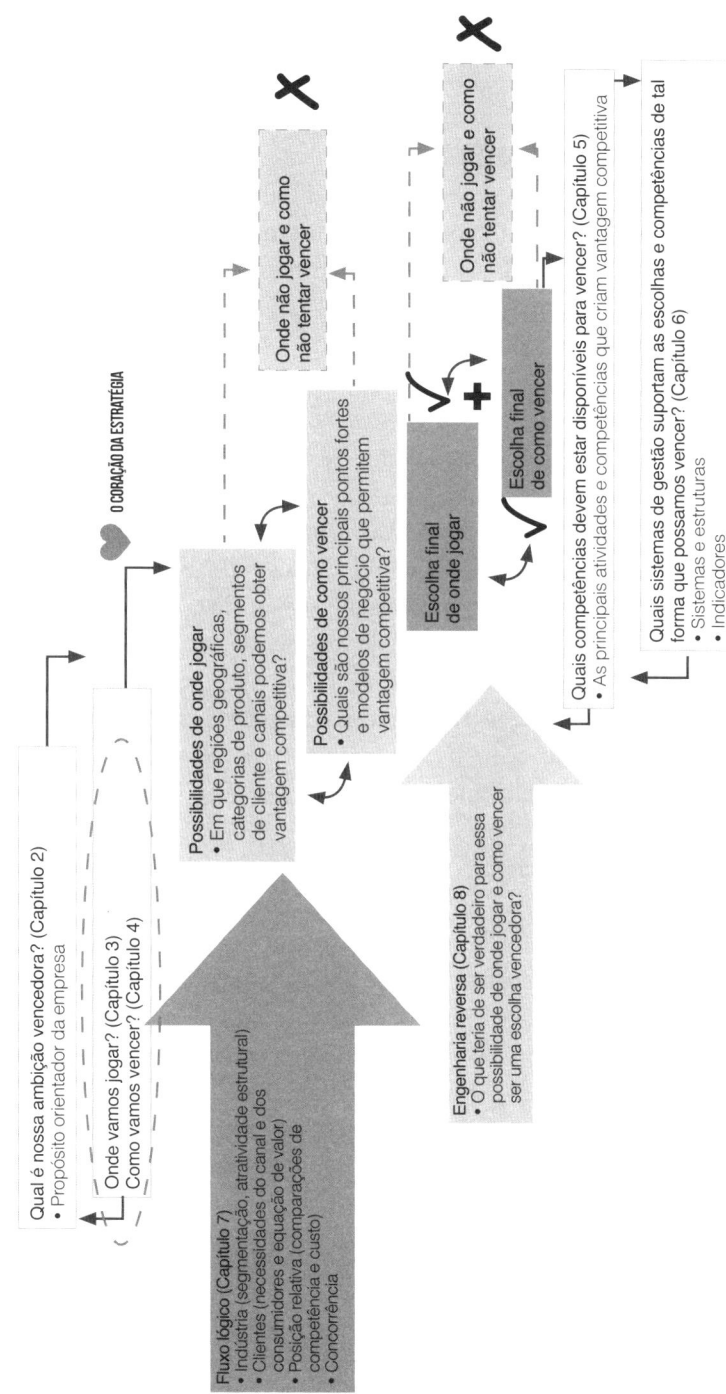

Qual é nossa ambição vencedora? (Capítulo 2)
- Propósito orientador da empresa

Onde vamos jogar? (Capítulo 3)
Como vamos vencer? (Capítulo 4)

O CORAÇÃO DA ESTRATÉGIA

Possibilidades de onde jogar
- Em que regiões geográficas, categorias de produto, segmentos de cliente e canais podemos obter vantagem competitiva?

Possibilidades de como vencer
- Quais são nossos principais pontos fortes e modelos de negócio que permitem vantagem competitiva?

Onde não jogar e como não tentar vencer ✗

Onde não jogar e como não tentar vencer ✗

Escolha final de onde jogar
+
Escolha final de como vencer

Quais competências devem estar disponíveis para vencer? (Capítulo 5)
- As principais atividades e competências que criam vantagem competitiva

Quais sistemas de gestão suportam as escolhas e competências de tal forma que possamos vencer? (Capítulo 6)
- Sistemas e estruturas
- Indicadores

Fluxo lógico (Capítulo 7)
- Indústria (segmentação, atratividade estrutural)
- Clientes (necessidades do canal e dos consumidores e equação de valor)
- Posição relativa (comparações de competência e custo)
- Concorrência

Engenharia reversa (Capítulo 8)
- O que teria de ser verdadeiro para essa possibilidade de onde jogar e como vencer ser uma escolha vencedora?

|197

de estratégia pode orientar seu pensamento estratégico e ajudar a criar vantagem competitiva real e duradoura.

SEIS ARMADILHAS DA ESTRATÉGIA

Não há estratégia perfeita — nenhum algoritmo absoluto que possa garantir vantagem competitiva sustentável em determinado setor ou negócio. Mas há sinais de que a empresa tem uma estratégia particularmente preocupante. Aqui estão as seis armadilhas mais comuns para uma estratégia:

1. *A estratégia do faz-tudo*: falhar em fazer escolhas, tornar tudo uma prioridade. Lembre-se de que estratégia é escolha.

2. *A estratégia Dom Quixote*: atacar feudos competitivos ou enfrentar primeiro o concorrente mais forte, de igual para igual. Lembre-se de que onde jogar é sua escolha. Selecione um lugar onde você pode ter chance de vencer.

3. *A estratégia Waterloo*: começar guerras em múltiplas frentes contra vários concorrentes, ao mesmo tempo. Nenhuma empresa pode fazer tudo igualmente bem. Se tentar fazer isso, você fará tudo fracamente.

4. *A estratégia "tudo para todos"*: tentar conquistar todos os consumidores, canais, segmentos geográficos ou categorias simultaneamente. Lembre-se de que, para criar valor real, você tem de escolher atender alguns clientes muito bem e não se preocupar com os demais.

5. *A estratégia "sonhos que nunca se tornam realidade"*: desenvolver aspirações e declarações de missão de alto nível que nunca se convertem em competências essenciais para os sistemas de gestão e escolhas de onde jogar e como vencer. Lembre-se de que aspirações não são estratégia. Estratégia é a resposta a todas as cinco perguntas na cascata de escolhas.

6. *A estratégia "programa do mês"*: estabelecer as estratégias genéricas do setor, em que todos os concorrentes tentam conquistar os mesmos clientes, regiões geográficas e segmentos da mesma forma. A

cascata de escolhas e o sistema de atividades que suportam essas escolhas devem ser distintivos. Quanto mais suas escolhas se parecerem com as dos concorrentes, menor a probabilidade de você vencer.

Essas são as armadilhas estratégicas que você deve ter em mente ao elaborar uma estratégia para a empresa. No entanto, também há sinais de que você encontrou uma estratégia vencedora e defensável. Vamos analisá-los agora.

SEIS SINAIS REVELADORES DE UMA ESTRATÉGIA VENCEDORA

Como o mundo é tão complexo, fica difícil dizer definitivamente quais resultados ocorrem por causa da estratégia, quais por causa de fatores macro e quais por causa da sorte. Mas existem alguns sinais comuns de que uma estratégia vencedora foi estabelecida. Procure-os em seu negócio e entre os concorrentes.

1. Um sistema de atividades que parece diferente de qualquer um dos da concorrência. Isso significa que você está tentando entregar valor de maneira distintiva.

2. Clientes que absolutamente o adoram, e não clientes que não entendem por que alguém compraria de você. Isso significa que você fez uma escolha bem fundamentada.

3. Concorrentes que têm bons lucros fazendo o que fazem. Isso significa que sua estratégia deixou as escolhas de onde jogar e como vencer para os concorrentes, que não precisam atacar o coração de seu mercado para sobreviver.

4. Mais recursos para gastar continuamente do que os concorrentes. Isso significa que você está vencendo a equação de valor, tem a maior margem entre preço e custo, e melhor capacidade de investir para tirar vantagem de uma oportunidade ou defender seu território.

5. Concorrentes que atacam um ao outro, mas não você. Isso significa que você parece o alvo mais difícil na indústria (no sentido mais amplo) a atacar.

6. Clientes que recorrem primeiro a você por inovações, novos produtos e aprimoramento de serviços para tornar a vida deles melhor. Isso significa que seus clientes acreditam que você está singularmente posicionado para criar valor para eles.

Mesmo as empresas com esses sinais reveladores não devem descansar, porque nenhuma estratégia dura para sempre. Toda organização precisa fazer suas estratégias evoluírem — melhorar, aperfeiçoar e mudar, a fim de permanecer competitiva e, em última análise, vencer ano após ano. Idealmente, as empresas devem ver a estratégia como um processo em vez de um resultado — adaptando as opções existentes antes de os resultados comerciais e financeiros (que sempre são indicadores atrasados) começarem a cair.

Toda estratégia envolve riscos. No entanto, operar em um mundo de crescimento lento, rápida transformação e intensamente competitivo sem uma estratégia para orientá-lo é muito mais arriscado. Líderes lideram, e um bom lugar para começar a liderar é no desenvolvimento de estratégias para seu negócio. Use a cascata de escolhas estratégicas, o fluxo lógico estratégico e faça a engenharia reversa das opções estratégicas para criar uma estratégia vencedora e uma vantagem competitiva sustentável para a empresa. Jogue para vencer.

AGRADECIMENTOS

Somos profundamente gratos aos muitos e gentis amigos, colegas e mentores por seu trabalho, fundamental para este livro.

Em primeiro lugar, a Jennifer Riel, que nos ajudou em inúmeras competências importantes. Além de ter sido nossa editora-chefe, ela gerenciou nossas pesquisas e realizou as entrevistas com os executivos da P&G, muitas por conta própria. Também coescreveu e reescreveu várias seções do livro. Não conseguiríamos ter produzido esta obra sem sua genialidade, diligência e coleguismo.

Este livro não teria sido tão rico sem as perspectivas oferecidas por inúmeros executivos da P&G, entre eles o ex-presidente e ex-CEO John Pepper e o presidente e ex-CEO, Bob McDonald. Outros executivos e ex-executivos da P&G que contribuíram dessa maneira foram Chip Bergh, Gil Cloyd, Clayt Daley, Gina Drosos, Melanie Healey, Deb Henretta, Michael Kuremsky, Joan Lewis, Joe Listro, Jorge Mesquita, Jon Moeller, Filippo Passerini, Charlie Pierce, David Taylor, Jeff Weedman e Craig Wynett. Também George Roeth e Larry Peiros, da Clorox, foram generosos em conceder as entrevistas relacionadas com a joint venture entre a Clorox e a P&G para os produtos Glad. Agradecemos a vocês e aos milhares de funcionários da P&G cujo trabalho inspirou os casos deste livro.

Fiona Houslip, Claudia Kotchka, Joe Rotman, Dave Samuel e Tomer Strolight leram o penúltimo esboço do livro, e todos apresentaram comentários extremamente valiosos que mudaram a redação final para melhor.

Darren Karn e Patrick Blair forneceram muito suporte às pesquisas.

A equipe da Harvard Business Review Press foi ótima como sempre. Somos gratos a Erin Brown, Devoll Julie, Adi Ignatius, Kehoe Jeff, Peter Allison e Truxler Erica. A superagente Tina Bennett (então da Janklow & Nesbit) fez um trabalho maravilhoso, como sempre, e tivemos o hábil apoio de Mark Fortier, da Fortier Public Relations.

Também temos uma enorme dívida de gratidão com três gigantes intelectuais que moldaram nosso pensamento sobre gestão e estratégia. Em primeiro lugar, vem nosso querido amigo Peter Drucker, já falecido, que não apenas moldou o pensamento de gestão ao longo de mais de três quartos de século, mas também nos ajudou pessoalmente e fez isso da forma mais generosa e solidária. Em segundo, vem nosso amigo e colega Michael Porter. Muitas das abordagens deste livro vieram de seu trabalho seminal sobre estratégia. A decisão da P&G de envolver Michael na estratégia em meados da década de 1980 foi fundamental tanto para o desenvolvimento estratégico da organização como para nossas jornadas pessoais no entendimento de estratégia. Em terceiro, vem o grande estudioso organizacional Chris Argyris, que nos ensinou a importância de defender equilíbrio e investigação nas comunicações, um conceito que moldou não apenas nossas práticas pessoais, mas também a evolução do desenvolvimento estratégico da P&G.

Além disso, cada um de nós agradece às pessoas de nossos círculos pessoais.

ROGER

Meu trabalho na Monitor foi o início para o desenvolvimento de muitas das ideias que contribuíram para este livro. Durante meus 13 anos lá, Mark Fuller foi meu CEO, e ele me deu grande liberdade e incentivo para inovar. Eu não teria me tornado o estrategista que sou hoje sem seu apoio e paciência. Depois, há dois consultores, os quais contratei ainda jovens, que se tornaram colegas maravilhosos e me ensinaram muito. Sandra Pocharski trabalhou comigo em inúmeros projetos e foi uma parceira fantástica para pensar o desenvolvimento de várias das ferramentas mais importantes deste livro. Jonathan Goodman trabalhou comigo em mais projetos que posso contar e me ajudou a aperfeiçoar as ferramentas de consultoria descritas nestas páginas. Felizmente, ambos estão entre os melhores consultores seniores de estratégia no mundo. Eles continuam amigos próximos, com quem tenho a sorte de colaborar ocasionalmente.

Na Rotman School, tenho o apoio de uma equipe dedicada que torna possível que eu passe alguns momentos escrevendo livros como este. Além de Jennifer Riel, mencionada anteriormente, a equipe central inclui os vice-reitores Peter Pauly e Jim Fisher, a diretora de operações Mary-Ellen Yeomans, a diretora de RH Suzanne Spragge e a assistente-executiva Kathryn Davis. Tê-los como colegas é uma felicidade.

A.G. LAFLEY

Trinta e três anos na P&G me deram uma grande oportunidade prática de aprender a respeito de estratégia de negócios, de liderança de negócios e de gestão. Lá, sendo responsável pela estratégia, pelas operações e pelos resultados, aprendi com meus erros, convivi com meus fracassos e apreciei diariamente as contribuições de meus colegas para o sucesso que conseguimos alcançar juntos.

Adquiri experiência em estratégia no que era então o U.S. Packaged Soap e Detergent Division, na P&G, um dos negócios maiores, mais antigos e mais rentáveis da empresa. Em um momento ou outro, em meus primeiros 11 anos na empresa, trabalhei em cada categoria e marca desse departamento. Atuando em uma indústria madura, de crescimento lento e altamente competitiva, aprendi sobre diferenciação, sobre como criar vantagem competitiva e sobre como gerar valor significativo — porque, se isso não acontecesse, a empresa fecharia. Steve Donovan, líder na P&G com o qual trabalhei durante 15 anos de minha carreira, definiu o alto padrão para a estratégia, para a execução e para a criação de valor. E ele sempre focalizava jogar para vencer.

Tive a sorte de fazer parte do primeiro treinamento Applied Strategic Management na P&G, no final de 1980 — para aprender com Michael Porter e trabalhar com Mark Fuller e Martin Roger.

Foi um privilégio trabalhar com Peter Drucker de 2000 até sua morte, em 2005, e colaborar com ele no trabalho excepcional do CEO que, naturalmente, começa com a estratégia.

Quando fui presidente e CEO, a P&G tentou construir uma rede de parcerias estratégicas com clientes, fornecedores, outros parceiros de negócios e até mesmo concorrentes (em setores não competitivos). À medida que a empresa se expandiu para diferentes regiões geográficas e setores, tentamos incentivar um diálogo estratégico contínuo em todos os diferentes negócios. No decorrer da década, aprendi muito com meus colegas, especialmente com:

- Gil Cloyd, o ex-diretor de inovação da P&G, que compartilhou minha crença de que a companhia poderia e deveria mudar sua estratégia para a inovação;

- Clayt Daley, ex-diretor-financeiro da P&G, que me ajudou a examinar a atratividade estrutural e estratégica dos negócios e setores que deram à empresa uma vantagem competitiva; e

- os presidentes de negócios, os presidentes funcionais e os gerentes-gerais de categorias, países e clientes da P&G (inúmeros para citar individualmente), que dialogavam, discutiam e debatiam suas escolhas sobre onde jogar e como vencer. Tenho certeza de que levei alguns deles à loucura, pressionando-os a tornar as escolhas mais claras e frequentemente a fazer as escolhas mais difíceis, necessárias para vencer.

Jogar para vencer e meu livro anterior, *The game-changer*, não teriam sido escritos sem o comprometimento, carinho e conselhos de minha esposa, Diana. Ela é minha melhor conselheira e minha crítica mais transparente e construtiva. Ela me encoraja a converter minhas experiências pessoais e aprendizagem em conceitos e insights simples que levam logicamente a ações práticas para outros seguirem. Foi isso que Roger e eu buscamos fazer neste livro.

APÊNDICE A

DESEMPENHO DA P&G

As histórias deste livro foram selecionadas no período de 2000 a 2009. Ao longo desses anos, as vendas da P&G dobraram e os lucros quadruplicaram. Os dividendos por ação aumentaram 12% ao ano. O preço das ações subiu mais de 80%, em uma década que viu o índice S&P 500 declinar de maneira geral. A capitalização de mercado da empresa mais do que dobrou, posicionando a P&G entre as companhias mais valiosas do mundo. A organização foi capaz de entregar significativamente mais valor, criar vantagem competitiva e ter desempenho consistentemente alto no decorrer da década.

Embora esses fatos demonstrem o excelente desempenho da companhia ao longo da década, eles não respondem diretamente a estas perguntas: as escolhas estratégicas forneceram resultados vencedores? E, se forneceram, quais escolhas específicas apresentaram quais resultados comerciais e financeiros? As respostas a essas perguntas são mostradas nas tabelas A-1 e A-2, que ilustram as contribuições financeiras e comerciais específicas das escolhas de onde jogar e como vencer feitas no período.

T. A-1
RESULTADOS DAS ESCOLHAS DE ONDE JOGAR DA P&G, COMPARATIVO ENTRE 2000 E 2009

Parâmetros	Baixo custo	Resultados 2000	2009
Crescimento a partir das categorias essenciais	Categorias essenciais, porcentagem de vendas da P&G	55%	79%
	Categorias essenciais, porcentagem de lucros da P&G	59%	83%
	Número de marcas com US$ 1 bilhão (ou mais) em vendas anuais	10%	25%
	Marcas de bilhões de dólares, porcentagem de vendas	54%	69%
	Categorias essenciais, taxa de crescimento anual composta (TCAC) das vendas		11%
Expansão para o segmento de beleza	Segmento de beleza, TCAC das vendas		15%
	Segmento de beleza, porcentagem das vendas da P&G	16%	23%
	Segmento de beleza, porcentagem de crescimento das vendas da P&G		44%
	Segmento de beleza, porcentagem de crescimento dos lucros da P&G		42%
Expansão para mercados emergentes	Segmento de beleza, TCAC das vendas		13%
	Mercados emergentes, porcentagem das vendas da P&G	20%	32%
	Mercados emergentes, porcentagem de crescimento das vendas da P&G		42%
	Mercados emergentes, porcentagem de crescimento dos lucros da P&G		29%

T. A-2
RESULTADOS DAS ESCOLHAS DE COMO VENCER DA P&G, COMPARATIVO ENTRE 2000 E 2009

Outros indicadores-chave de desempenho	2000	2009
Margem bruta	46%	52%
Fluxo de caixa livre	US$ 3,5 bilhões	US$15 bilhões
Gastos de capital (porcentagem das vendas)	7,6	4,3
GBS (porcentagem das vendas)	6,5	3,1
P&D (porcentagem das vendas)	4,8	2,5
Marketing (porcentagem das vendas)	14	15

As estratégias que foram desenvolvidas entre 2000 e 2009 geraram um valor significativo para a empresa e os acionistas. No entanto, nenhuma estratégia é perfeita, e a P&G durante essa década teve sua cota de decepções e fracassos:

- *Café*. Embora o Folgers, da P&G, tenha vencido a batalha contra a Maxwell House pela liderança de café embalado em supermercados e canais de massa, Starbucks, Nespresso e Keurig venceram no mercado maior, criando estratégias que venderam mais café e proporcionaram uma criação de valor significativa. O Folgers tentou três vezes ter o contrato de café embalado da Starbucks. E perdeu todas. O Folgers testou e falhou em formar uma parceria para criar um sistema próprio de máquinas de café. A P&G perdeu a guerra maior. Em 2008, a empresa vendeu o rentável negócio de US$ 1,7 bilhão do Folgers para a Smuckers.

- *Pringles*. A P&G não conseguiu perceber todo o potencial da Pringles, um negócio de snacks de US$ 1,5 bilhão, e o vendeu para a Kellogg em 2011.

- *Produtos farmacêuticos*. A P&G não obteve aprovação regulamentar do adesivo Intrinsa de testosterona para mulheres; também não conseguiu formar parcerias para seu negócio de produtos farmacêuticos para marcas de venda livre, a fim de criar mais valor. A empresa vendeu o negócio de produtos farmacêuticos de US$ 2,5 bilhões em 2009.

- *Fusões e aquisições*. A P&G não percebeu algumas oportunidades de fusões e aquisições. A organização foi incapaz de fechar uma joint venture com a Coca-Cola no negócio de sucos e snacks — um empreendimento que teria criado valor significativo. Também não conseguiu fechar a aquisição de uma importante marca global de cuidados com a pele, embora tenha adquirido a DDF (Doctor's Dermatological Formula), uma pequena marca de nicho norte-americana.

- *Novas marcas*. A P&G não conseguiu criar novas marcas de sucesso com Dryel, Fit, Olay Cosmetics, Physique, Tempo ou Torengos.

Apesar de algumas decepções e fracassos, a P&G conseguiu fazer escolhas estratégicas suficientemente boas para criar vantagem competitiva sustentável e entregar valor consistente o bastante para colocar a organização entre os principais líderes em seu setor, no Dow Jones 30 e na *Fortune* 50. Assim, pode ser tentador pressupor que as estratégias adotadas pela P&G, na primeira década do século 21, sejam corretas para que a companhia (ou categoria, ou marca) continue avançando.

Mas nenhuma estratégia dura para sempre. Estratégias precisam de melhoria e atualização contínuas. Os concorrentes copiaram estratégias da P&G — em inovação, construção de marca e outras áreas — de uma forma que tornou a estratégia resultante da P&G menos distintiva e decisiva. O setor de bens de consumo embalados está se expandindo para os mercados emergentes em uma busca compartilhada por crescimento, tornando essa abordagem uma estratégia mais comum por toda a indústria e menos poderosa para players individuais. As abordagens que eram fontes importantes de vantagem competitiva devem ser reexaminadas e revisadas à medida que os contextos mudam. Esse é o desafio que a próxima geração de líderes da P&G enfrentará, tal como o fizeram os líderes em 2000. Todos os líderes da P&G têm a necessidade de mudar a estratégia que herdaram à luz do contexto em transformação, e os líderes atuais e futuros da P&G terão de fazer o mesmo.

Historicamente, a P&G conseguiu enfrentar seus desafios ao longo de uma história de mais de 175 anos. Esse legado de tomada de decisão e estratégias criteriosas deve servir bem à P&G se a equipe de gestão continuar buscando escolhas únicas sobre onde jogar e como vencer que diferenciem a companhia. Vencer por meio de escolhas distintivas é o trabalho contínuo de cada estrategista.

APÊNDICE B

AS BASES
MICROECONÔMICAS DA ESTRATÉGIA
E AS DUAS MANEIRAS
DE VENCER

Pode parecer difícil acreditar que só há duas maneiras possíveis de vencer — baixo custo ou diferenciação. Por que somente essas duas maneiras, as pessoas costumam perguntar, e o que determina essa dinâmica?

Esse resultado é impulsionado pelas bases microeconômicas que fundamentam a estratégia. Uma empresa pode enfrentar apenas duas condições econômicas fundamentais, uma das quais dá origem a estratégias de baixo custo e outra dá origem a estratégias de diferenciação. Na microeconomia, as duas estruturas centrais são oferta e demanda, e o ponto em que elas se intersectam determina o preço.

A DEMANDA

A demanda é um indicador da disposição dos consumidores para comprar determinado produto ou serviço. Cada comprador individual tem a própria curva de demanda: se o preço for alto, a pessoa comprará menos; se for baixo, comprará mais. A utilidade do produto para cada indivíduo

F. B-1
CONSTRUÇÃO DA CURVA DE DEMANDA DA INDÚSTRIA

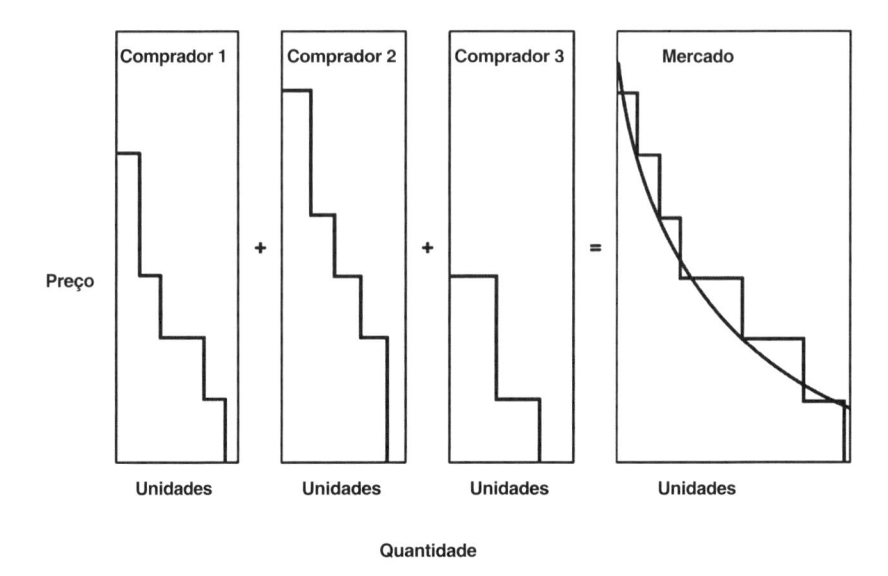

definirá quanto é comprado a determinado preço, e nem todo consumidor atribui a mesma utilidade para dado produto ou serviço.

Um sanduíche de peru será mais útil para uma pessoa faminta do que para outra saciada. Assim, cada comprador individual tem a própria curva de demanda. Mas você é possível calcular a demanda da indústria somando as curvas de demanda individuais. A curva da indústria segue os mesmos princípios básicos que os das curvas de demanda individuais — a curva decresce à medida que preços mais baixos atraem uma demanda maior (Figura B-1).

A OFERTA

Uma dinâmica semelhante ocorre no lado da oferta. Cada empresa está disposta a produzir certa quantidade de produtos, tendo em conta o nível de preços prevalecente. Essa oferta tem custos associados e o tipo mais crucial de custo para nossos propósitos é o custo variável de produção de outra unidade do produto.

F. B-2
CONSTRUÇÃO DA CURVA DE DEMANDA DA INDÚSTRIA

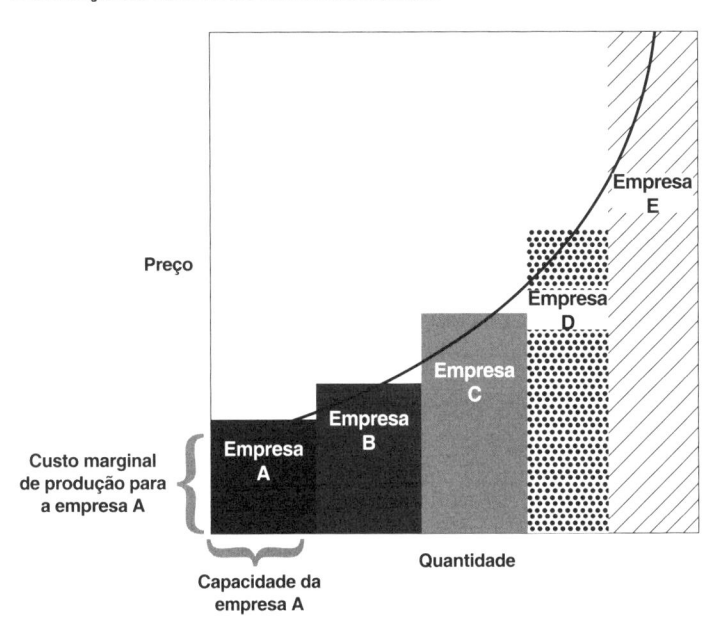

Alguns custos não variam quando uma unidade adicional é produzida — como os custos com P&D ou publicidade —, enquanto outros aumentam — como os provenientes de matérias-primas ou mão de obra direta. Estes últimos são mais importantes na determinação dos preços.

As empresas podem ser classificadas em uma curva de oferta da indústria com base nos custos variáveis de produção, utilizando o custo marginal para produzir um item adicional, de baixo para cima (Figura B-2). Por sua natureza, as curvas de oferta se inclinam para cima; quanto mais baixo o preço no mercado, menos quantidade será produzida.

No ponto em que a oferta intersecta a curva de demanda, o preço e a quantidade são definidos pela famosa mão invisível de Adam Smith (Figura B-3). Esse é o caso para todos os tipos de produtos e serviços. Mas a dinâmica funciona de maneira diferente com uma commodity em relação a uma oferta distinta ou única.

F. B-3
A INTERSECÇÃO ENTRE OFERTA E DEMANDA

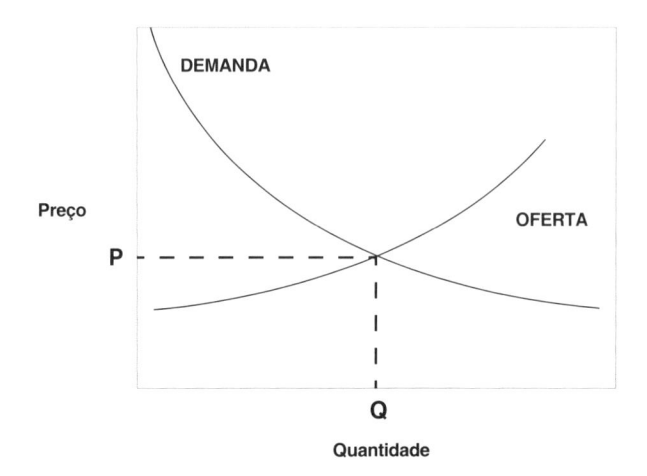

(Gráfico: curva de DEMANDA com inclinação negativa e curva de OFERTA com inclinação positiva, cruzando-se no ponto (Q, P). Eixo vertical: Preço. Eixo horizontal: Quantidade.)

CONCORRÊNCIA EM PRODUTOS E SERVIÇOS COMODITIZADOS

Em uma indústria clássica de produtos comoditizados, como ouro, há vários produtores. Os compradores veem as ofertas desses diferentes produtores como essencialmente idênticas — uma onça de ouro é praticamente igual a outra onça de ouro. Nesse tipo de mercado, um produtor não tem opção a não ser aceitar o preço de mercado. Se ele estabelecer o preço um pouco acima dos preços de mercado prevalecentes, os compradores migrarão em massa para os concorrentes e o produtor não venderá nada. Se o produtor estabelecer o preço abaixo dos preços de mercado prevalecentes, ele simplesmente descartará parte de sua margem de lucro possível.

Assim, ainda que a curva de demanda da indústria tenha inclinação negativa — o preço mais alto do ouro gerará menor demanda e o mais baixo, maior demanda —, para os produtores individuais do mercado de commodities a curva de demanda da empresa apresenta-se horizontal. Desse modo, não há a possibilidade de fixar um preço mais alto ou mais baixo, a fim reduzir ou aumentar a demanda. O preço é o preço de mercado, que pode muito bem flutuar ao longo do tempo, mas não em razão de qualquer coisa que um produtor individual faça.

F.B-4
A POSIÇÃO DE CUSTO DETERMINA A COMPETITIVIDADE

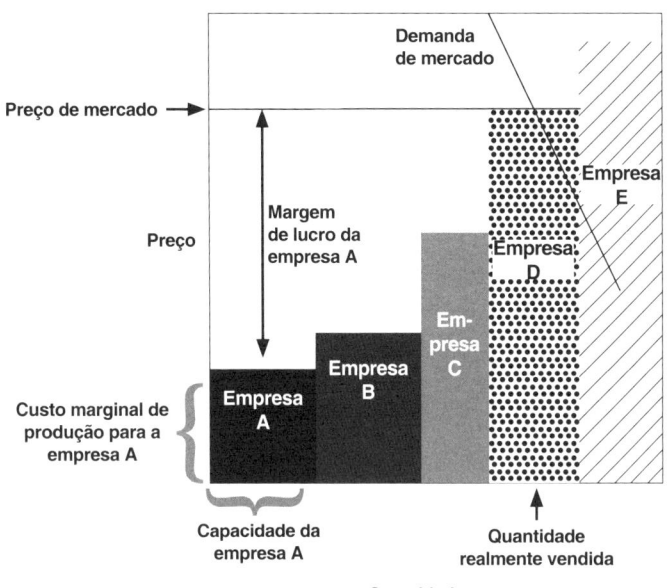

[Figura B-4: Gráfico mostrando o preço de mercado, a demanda de mercado, e as empresas A, B, C, D e E organizadas por custo marginal crescente. A margem de lucro da empresa A é indicada entre o preço e o custo marginal de produção para a empresa A. A capacidade da empresa A é mostrada no eixo da quantidade, bem como a quantidade realmente vendida.]

Nesse mercado, a posição de custo relativo é o único determinante de competitividade e lucratividade. O preço é estabelecido no ponto em que a curva de demanda agregada da indústria se intersecta com a curva de oferta agregada da indústria, e esta última é criada pelo custo variável do produtor marginal. Depois que o preço é estabelecido, cada empresa ganha uma margem de lucro além e acima de seus custos variáveis, cujo tamanho é determinado por sua posição de custo relativo (Figura B-4).

Na indústria da Figura B-4, as empresas sobrevivem nesse mercado desde que o preço de mercado supere o custo marginal de produção. Assim, as empresas A, B, C e D conseguem permanecer no mercado, mas a empresa E terá de reduzir os custos ou sair dele. A empresa mais eficiente, a A, tem bons lucros apesar da intensa concorrência. A mesma dinâmica de fixação de preços e lucratividade está em ação em todas as indústrias de commodities. Os preços são reduzidos até que o player marginal apenas cubra seus custos variáveis. Se os compradores tentarem reduzir os preços ainda mais, a empresa D provavelmente fechará as portas e haverá escassez, o que fará com que os preços subam.

F. B-5
CELULOSE E PAPEL

Curva de custo de exemplo: papel não revestido norte-americano em folhas soltas (papel-padrão de fotocópia)

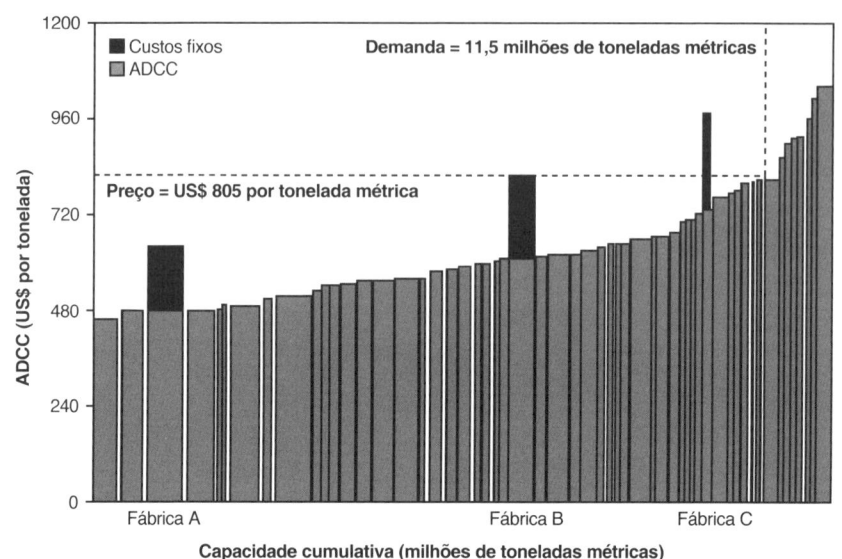

As barras representam as várias empresas que produzem papel não revestido em folhas soltas.

O difícil é que as empresas têm de arcar com todos os custos fixos, bem como com o retorno sobre o investimento, a partir da margem entre seus custos variáveis e o preço de mercado. A Figura B-5 ilustra o impacto do custo fixo sobre a lucratividade líquida na produção de papel não revestido em folhas soltas (isto é, papel-padrão de fotocópia). Os dados são de uma análise de meados da década de 1990, mas os princípios permanecem inalterados.

Nessa indústria, a fábrica A, que pratica os custos mais baixos, tem custos variáveis de cerca de US$ 480 por tonelada métrica. O preço de mercado é US$ 805 por tonelada métrica, fornecendo uma margem de US$ 325. A partir disso, a fábrica tem custos fixos a cobrir, que representam cerca de US$ 150 por tonelada métrica, para o volume total. Isso resulta em um lucro de US$ 175 por tonelada para a fábrica A.

A fábrica B também tem custos variáveis que resultam em uma margem substancial entre custos e preços, mas no caso dela os custos fixos (que são distribuídos ao longo da saída mais baixa, como indicado pela largura da barra) ocupam a margem inteira; a fábrica B mal equilibra as finanças, mesmo no final do ano. Mas, como ela terá esses custos fixos pelo menos em médio prazo, mesmo que pare de produzir, é melhor continuar a produzir papel, ganhando uma margem que será utilizada para pagar os custos fixos. Os proprietários da fábrica B criticam a dinâmica irracional da indústria, argumentando que ela tem níveis de preços muito baixos para que o produtor tenha um bom retorno sobre o capital. Infelizmente para a fábrica B, é perfeitamente possível ter bons lucros no negócio, mas apenas se ela estiver na parte inferior da curva de custos variáveis.

A pequena fábrica C está em uma posição ainda pior. Seus custos variáveis são altos, mas abaixo do nível de preços. Infelizmente, os custos fixos por tonelada métrica são tão altos que no final do ano ela apresentará uma perda substancial. A fábrica C permanece no negócio, esperando que a demanda aumente e faça com que a curva de demanda saia do ponto de intersecção da curva de oferta no lado direito do gráfico, o que a levaria a ter lucro (e a fábrica A a ter lucros obscenos).

Infelizmente, a demanda raramente aumenta da maneira que a fábrica C espera. Em vez disso, o que normalmente acontece é que novas empresas olham para concorrentes como a fábrica A, veem os lucros que podem ser ganhos na indústria e então descobrem uma forma de entrar nesse mercado com custos ainda mais baixos do que aqueles incorridos pela fábrica mais eficiente. Essas novas empresas analisam tudo o que a fábrica A faz e então fazem isso um pouco melhor, investindo níveis mais altos de capital para gerar uma posição de baixo custo. A entrada no mercado de uma nova empresa com baixos custos (empresa Z na Figura B-6) leva toda a curva de oferta para a direita, fazendo com que a curva de demanda intersecte a curva de oferta a um preço mais baixo, fazendo também com que os preços caiam para todos os players.

Se antes a empresa D alcançava um ponto de equilíbrio em relação aos custos variáveis, ela agora tem um prejuízo substancial, considerando seus custos fixos. A empresa C agora está em um ponto de equilíbrio em relação aos custos variáveis. No mercado norte-americano de viagens aéreas regulares, a empresa Z é a Southwest Airlines, cuja entrada no mercado e crescimento tornaram progressivamente mais difícil vencer na indústria, isso para todas as companhias aéreas tra-

F.B-6
EVOLUÇÃO DOS MERCADOS DE COMMODITY

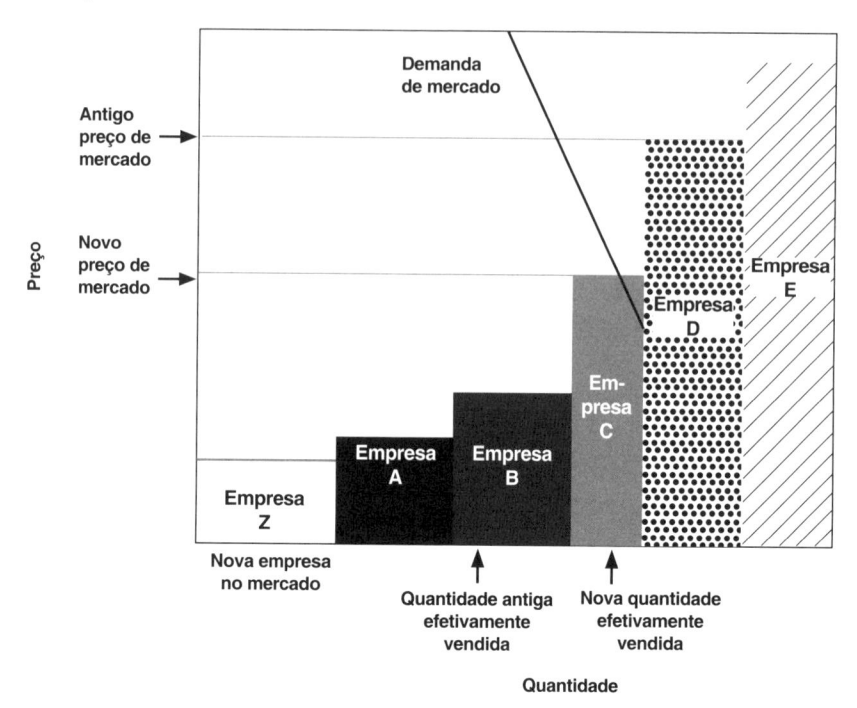

[Gráfico: eixo vertical "Preço" com marcações "Antigo preço de mercado" e "Novo preço de mercado"; eixo horizontal "Quantidade". Curva de "Demanda de mercado" descendente. Barras representando: Empresa Z (Nova empresa no mercado), Empresa A, Empresa B, Empresa C, Empresa D, Empresa E. Setas indicando "Quantidade antiga efetivamente vendida" e "Nova quantidade efetivamente vendida".]

dicionais, que defendem que o mercado é irracional. Na verdade, o mercado é totalmente racional.

É isso o que acontece com commodities em todo o mundo. Uma nova empresa que entra no mercado com baixos custos derruba os preços — seja por meio de rápido crescimento de eucaliptos no hemisfério sul, na indústria de celulose e papel, seja por meio de exploração barata das minas de níquel peruanas. Embora alguns analistas digam que os preços das commodities estão subindo, eles têm caído de maneira consistente ao longo dos últimos 200 anos, em uma base de preços reais. A Figura B-7 mostra os preços reais de uma cesta de produtos (medidos com base nas proporções mundiais de consumo desses produtos) de 1801 a 1999. Embora tenha havido pequenos aumentos significativos, a tendência de longo prazo é inequivocamente de queda.

Isso não quer dizer que é ruim competir em um negócio de commodities. Significa apenas que, se fizer isso, você precisará estar na parte inferior da curva de custo variável ou não terá muita diversão!

F. B-7
QUEDA NOS PREÇOS DAS COMMODITIES
Índice de preços reais de commodities em dólares norte-americanos, 1801-1999.

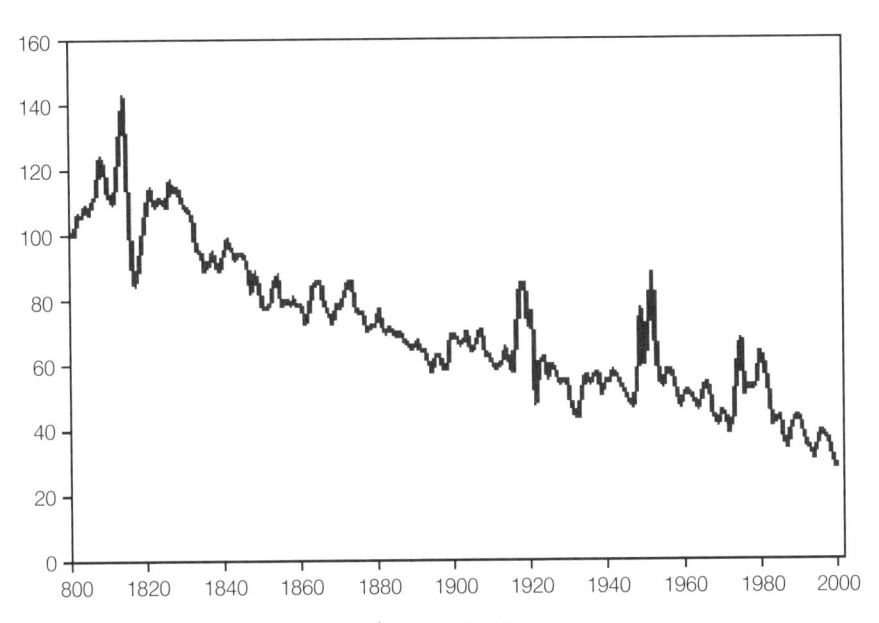

Fonte: BMO Capital Markets Economic Research. Índice de 180 = 100.

CONCORRÊNCIA EM UM SEGMENTO DE PRODUTO OU SERVIÇO EXCLUSIVO

Quando uma empresa oferece um produto ou serviço que os compradores consideram exclusivo, a dinâmica dos preços e lucros é bastante diferente. A empresa que fornece a oferta exclusiva é um definidor de preços, não um seguidor; a demanda pela oferta exclusiva depende do preço que a empresa define — quanto maior o preço, menor a demanda e vice-versa. Mas, dessa vez, como o fabricante de uma oferta exclusiva atende todo o mercado, a empresa percebe a mudança na demanda diretamente. Ao contrário de uma empresa de commodities, aqui a definição dos preços é uma das escolhas mais importantes do fabricante.

Em uma oferta diferenciada, há um preço ótimo: o preço ao qual a receita marginal é igual ao custo marginal para o fabricante. A curva de receita marginal cai mais rapidamente que a curva de demanda porque a empresa precisa reduzir o preço para todos os clientes, não apenas para o cliente marginal, ao buscar demanda incremental. Como

F. B-8
MAXIMIZAÇÃO DOS LUCROS A PARTIR DE UM PRODUTO EXCLUSIVO

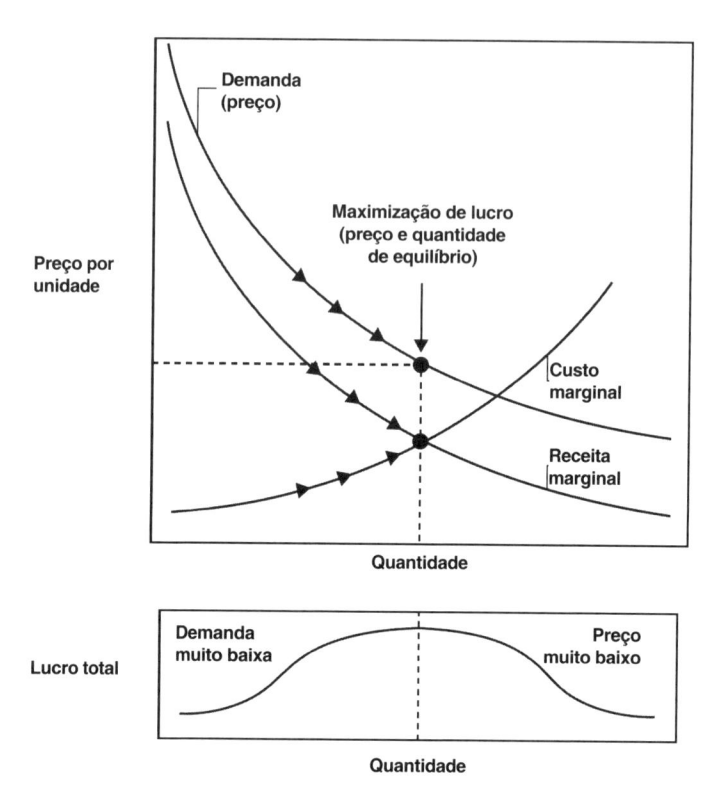

Gráfico superior: eixo Y "Preço por unidade", eixo X "Quantidade". Curvas: Demanda (preço), Custo marginal, Receita marginal. Ponto de Maximização de lucro (preço e quantidade de equilíbrio).

Gráfico inferior: eixo Y "Lucro total", eixo X "Quantidade". Curva com extremidades: "Demanda muito baixa" (esquerda) e "Preço muito baixo" (direita).

consequência, a receita marginal não aumenta pelo preço da unidade incremental. Ela aumenta pela quantidade menos a receita perdida em cada unidade anterior. Em algum momento, a receita marginal é menor que o custo marginal e a empresa aumentou muito os preços, como mostrado na Figura B-8.

AS DUAS MANEIRAS FUNDAMENTAIS DE VENCER

Os dois tipos de concorrência descritos anteriormente dão origem às duas maneiras fundamentais de vencer. Uma empresa pode optar por oferecer um produto similar ou um produto exclusivo, e cada produto tem uma e apenas uma forma de estratégia associada a ele.

No caso de um produto similar, a empresa não tem a intenção de convencer o cliente de que seu produto é exclusivo. O produto pode não ser uma commodity pura como uma onça de ouro, e sim uma lâmpada de 60 watts, uma prancha de isopor ou até mesmo um PC-padrão Wintel. A empresa não tem a intenção de posicionar seu produto de maneira suficientemente exclusiva para garantir qualquer tipo de preço premium. Depois que a decisão é tomada, a única estratégia a seguir para alcançar vantagem competitiva é a de baixo custo — isto é, uma estratégia de estar entre o quarto e o terço inferior da curva de custo. Se uma empresa for um seguidor de preço, essa é o único modo de alcançar uma vantagem competitiva sustentável. Ela precisa focalizar suas energias primárias para defender sua posição na terça parte inferior da curva de custo da indústria, mesmo contra novos concorrentes que possam entrar no mercado com novas técnicas ou tecnologias. Estar na terça parte inferior da curva de custo tende a garantir uma lucratividade forte para a empresa, pelo menos no curto e médio prazos, mas deixa-a vulnerável às potenciais ações do player com os custos muito mais baixos. Há apenas uma empresa com custos verdadeiramente mais baixos e, se ela quiser crescer mais rápido ou punir outros concorrentes fazendo os custos deles aumentarem na curva, pode começar uma guerra de preços que derrube os preços de mercado para todos os concorrentes. E, como tem a posição de custo mais baixo, a empresa pode enfrentar a guerra de preços melhor que todos os concorrentes.

No caso de uma oferta única, a empresa precisa se diferenciar de maneira que o cliente valorize seus produtos o suficiente para pagar um preço premium, permitindo que a empresa tenha um retorno atraente. Essa é uma estratégia de diferenciação. Em essência, para um grupo específico de clientes, a empresa é um fornecedor monopolista. Os clientes não acham que eles têm a opção de uma oferta idêntica; eles teriam de mudar para um tipo diferente de oferta se optassem por não comprar dessa empresa. Em uma estratégia de diferenciação, a empresa precisa concentrar suas energias em manter sua singularidade aos olhos dos clientes. Somente se as ofertas de uma empresa parecerem exclusivas para os clientes é que ela continuará a praticar um preço premium em relação aos concorrentes, que não têm uma oferta exclusiva, e, portanto, manterá sua vantagem competitiva.

Independentemente do setor, as empresas podem jogar como o concorrente de baixo custo. Mesmo que o produto em uma indústria seja uma commodity (por exemplo, folha solta de papel não revestido), a oferta de uma empresa nessa indústria não precisa ser indiferenciada. A empresa pode diferenciar sua oferta fornecendo melhor atendimento ao cliente, entrega mais consistente, melhor integração com as operações do comprador na parte inferior da cadeia produtiva etc. E, mesmo em setores dominados por players com marcas diferenciadas, pode haver players com produtos não exclusivos que vencem por meio de uma estratégia de baixo custo. Certamente as marcas controladas nas lojas dos setores de alimentos e bens de consumo embalados são excelentes exemplos dessa abordagem.

Portanto, as empresas sempre podem escolher vencer como um líder de custos ou um diferenciador. O que elas não podem fazer é vencer de qualquer outra maneira. Por causa das condições microeconômicas que fundamentam o negócio, existem apenas duas maneiras de vencer: margem mais alta por meio de custo mais baixo ou margem mais alta por meio de diferenciação.

NOTAS

INTRODUÇÃO
1. PORTER, Michael. *Competitive strategy*: techniques for analyzing industries and competitors. Nova York: Simon & Schuster, 1980.
2. Em 2007, eu [Roger Martin] escrevi um livro sobre o pensamento integrativo (*The opposable mind:* how successful leaders win through integrative thinking [Boston: Harvard Business School Press]). No livro, argumento que, quando líderes bem-sucedidos enfrentam uma escolha difícil entre dois modelos opostos, nenhum dos quais sendo particularmente atraente, em vez de optar por um deles, eles geralmente constroem um terceiro modelo que é superior aos outros e contém elementos de cada um. Como também escrevo frequentemente sobre estratégia associando-a à realização de escolhas, a exemplo do que fazemos neste livro, alguns leitores sugeriram que sou internamente inconsistente: líderes de sucesso não escolhem (de acordo com *The opposable mind*) ou realmente escolhem (como em *Jogar para vencer*). Quero oferecer uma perspectiva diferente. Todos os pensadores integrativos que apresentei em *The opposable mind*, de Bob Young, da empresa Red Hat, Isadore Sharp, do Four Seasons Hotels and Resorts, Victoria Hale, do Institute for One World Health, a A.G. Lafley, fizeram muitas escolhas-chave. Na verdade, todos fizeram escolhas claras e distintivas sobre onde jogar e como vencer. A diferença entre esses líderes e seus concorrentes não está no ato de escolher, mas nos padrões que eles aplicam à escolha. Pensadores integrativos definem padrões altos sobre onde jogar e como vencer. Eles avaliam as opções ou modelos de negócios existentes a partir desses altos padrões e, quando nenhum deles oferece uma probabilidade razoável

de vencer, pensadores integrativos escolhem resolutamente não optar por nenhuma dessas alternativas. E, como eles continuam a buscar uma escolha vencedora, geralmente acabam encontrando uma alternativa melhor, que leva em consideração tudo o que havia sido colocado na mesa. Assim, em minha opinião, não há inconsistência entre pensamento integrativo e fazer uma escolha estratégica.

CAPÍTULO UM

1. Para manter as coisas o mais simples possível, tentamos usar consistentemente a mesma terminologia ao longo do livro. Como esses termos talvez não sejam universalmente definidos da mesma forma, especificaremos o que queremos dizer em alguns casos. Para nossos propósitos, *consumidores* são usuários finais — as pessoas que compram produtos da P&G e elas mesmas ou sua família os usam. *Clientes*, de outro lado, são varejistas — as lojas que servem como canais ou intermediários entre a P&G e os consumidores. A P&G vende para os clientes, que vendem para os consumidores.
2. Todas as citações de Michael Kuremsky foram selecionadas de uma entrevista por telefone com nossa colega Jennifer Riel, realizada em 24 de novembro de 2010.
3. Salvo indicação em contrário, todas as marcas são marcas comerciais da Procter & Gamble.
4. Todas as citações de Gina Drosos foram selecionadas de uma entrevista por telefone com Jennifer Riel, realizada em 1º de novembro de 2010.
5. Todas as citações de Joe Listro foram selecionadas de uma entrevista por telefone com Jennifer Riel, realizada em 12 de novembro de 2010.
6. Todas as citações de Chip Bergh foram selecionadas de uma entrevista por telefone com Jennifer Riel, realizada em 1º de novembro de 2010.

CAPÍTULO DOIS

1. MATEJA, J. Why Saturn is so important to GM. *Chicago Tribune*, 13 jan. 1985, 1.
2. VLASIC, B.; BUNKLEY, N. Detroit's Mr. Fix-it takes on Saturn. *New York Times*, 20 set. 2009, BU-1.
3. KLAYMAN, B. GM focusing on profits, not U.S. market share: CEO. *Reuters*, 9 jan. 2012. Disponível em: <www.reuters.com/article/2012/01/10/us-gm-usshare-idUSTRE8081MU20120110>.

4. VLASIC, B.; BUNKLEY, N., op. cit.
5. Todas as citações de Filippo Passerini foram selecionadas de uma entrevista com Roger Martin e Jennifer Riel, realizada em Cincinnati em 18 de novembro de 2010.

CAPÍTULO TRÊS

1. Todas as citações de Charlie Pierce foram selecionadas de uma entrevista com Roger Martin e Jennifer Riel, realizada em Cincinnati em 18 de novembro de 2010.
2. Bob McDonald, discurso feito no Global Business Leadership Council Year End Meeting, 11 nov. 2009, P&G Global Employee webcast.
3. Tesco loses more market share. *Guardian*, Manchester, 24 abr. 2012. Disponível em: <www.guardian.co.uk/business/2012/apr/24/tesco--losesmarket-share-kantar-worldpanel>.
4. Global 2000: top retail companies; Wal-Mart. *Forbes*. Disponível em: <www.forbes.com/pictures/eggh45lgg/wal-martstores-3/#gallerycontent>.
5. Chip Bergh, entrevista por telefone com Jennifer Riel, realizada em 1º de novembro de 2010.
6. STEVERMAN, B. Twenty products that rocked the stock market: hits or misses. *Bloomberg BusinessWeek*, jan. 2010. Disponível em: <http://imA.G.es.businessweek.com/ss/10/01/0127_20_stock_market_rocking_products/17.htm>.

CAPÍTULO QUATRO

1. ForceFlex e Kitchen Catcher são marcas comerciais registradas da The Clorox Company.
2. Todas as citações de Jeff Weedman foram selecionadas de uma entrevista com Jennifer Riel, realizada em Cincinnati em 5 de janeiro de 2012.
3. Todas as citações de Peiros Larry foram selecionadas de uma entrevista por telefone com Jennifer Riel, realizada em 6 de março de 2012.
4. Todas as citações de Joan Lewis foram selecionadas de uma entrevista por telefone com Jennifer Riel, realizada em 19 de janeiro de 2012.
5. Todas as citações de Deb Henretta foram selecionadas de uma entrevista por telefone com Jennifer Riel, realizada em em 2 de novembro de 2010.

CAPÍTULO CINCO

1. O valor combinado da fusão era de US$ 342 bilhões no fechamento, e os acionistas da AOL obtiveram 55% da empresa. A venda foi feita por um doze avos do preço vigente, que era de US$ 38 bilhões.
2. DAVIDSON, A. The razor-sharp P&G boss. *Sunday Times*, Londres, 3 dez. 2006, 6.
3. Todas as citações de Clayt Daley foram selecionadas de uma entrevista por telefone com Roger Martin e Jennifer Riel, realizada em 22 de dezembro de 2010.
4. Todas as citações de Chip Bergh foram selecionadas de uma entrevista por telefone com Jennifer Riel, realizada em 1º de novembro de 2010.
5. JONES, D. Latest innovations: Gillette Guard. *Gillette fact sheet*. Disponível em: <www.pg.com/en_US/downloads/innovation/factsheet_final_Gillette_Guard.pdf>.
6. BRYON, E. Gillette's latest innovation in razors: the 11-Cent Blade. *Wall Street Journal*, 1º out. 2010. Disponível em: <http://online.wsj.com/article/SB10001424052748704789404575524273890970954.html>.
7. *P&G eStore*. Disponível em: <www.pgestore.com/Gillette/gillette-mega,default,sc.html>.
8. Todas as citações de Filippo Passerini foram selecionadas de uma entrevista com Roger Martin e Jennifer Riel, realizada em Cincinnati em 18 de novembro de 2010.
9. PORTER, M. What is strategy? *Harvard Business Review*, nov.-dez. 1996, 61-78.
10. Ibid.
11. Porter utiliza sistemas de atividades para apreender a estratégia de uma unidade de negócios. Em sua concepção, os maiores nós são os temas estratégicos-chave — os elementos da estratégia que diferenciam a empresa e criam vantagem competitiva. Os links entre eles representam relações de reforço importantes. Os nós subordinados no mapa são as atividades de apoio, os sistemas intimamente vinculados que suportam e aprimoram o funcionamento dos temas essenciais. Em nossa adaptação dos sistemas de atividades de Porter, consideramos os eixos maiores como as competências essenciais, em vez de temas estratégicos, tendo estes já sido definidos nas respostas sobre onde jogar e como vencer.

CAPÍTULO SEIS

1. Todas as citações de David Taylor foram selecionadas de uma entrevista com Roger Martin e Jennifer Riel, realizada em Cincinnati em 18 de novembro de 2010.
2. Todas as citações de Melanie Healey foram selecionadas de uma entrevista por telefone com Jennifer Riel, realizada em 15 de novembro de 2010.
3. Entrevista anônima com Jennifer Riel, realizada em novembro de 2010.
4. A.G. Lafley foi inspirado pela obra de Jan Carlzon, *Moments of truth* (Cambridge: Ballinger, 1987). Nesse livro, Carlzon, ex-CEO da Scandinavian Airline System, lembra-se de como ele recuperou uma companhia aérea estatal desorganizada por meio de uma orientação voltada para o cliente. Embora a aplicação dos *momentos da verdade* ao contexto do consumidor não fosse totalmente nova, Carlzon demonstrou como o entendimento desses momentos ajudou a transformar a empresa.
5. Todas as citações de Jon Moeller foram selecionadas de uma entrevista com Roger Martin e Jennifer Riel, realizada em Cincinnati em 18 de novembro de 2010.
6. Todas as citações de Deb Henretta foram selecionadas de uma entrevista por telefone com Jennifer Riel, realizada em 2 de novembro de 2010.
7. NPS (*Net Promoter Score*) é um indicador da fidelidade do cliente que monitora o grau em que os consumidores não são apenas usuários, mas defensores de uma marca, perguntando especificamente se um consumidor estaria propenso a recomendar uma marca ou produto para outras pessoas. Para informações adicionais sobre NPS, consulte Fred Reichheld, *The ultimate question:* driving good profits and true growth (Boston: Harvard Business School Publishing, 2006).

ÍNDICE REMISSIVO

Nota: Os números de página seguidos de "f" indicam figura; os seguidos de "t", tabela.

A
Accenture, 47
Acer, 89
ambições vencedoras, 43-57
 abordagem jogando para vencer em, 44, 47-52
 aspecto explícito de, 44
 cascata aninhada de escolhas e, 25, 26f
 cascata de escolhas integradas e, 24, 25f
 concorrência e, 52
 experiência de Lafley com, 54-6
 foco no cliente em, 50-1
 global business services (GBS) como exemplo de, 47-50
 importância de, 44
 indicadores de resultado e, 142
 lançamento do Saturn pela General Motors como exemplo de, 44-6
 miopia de marketing e, 51
 Olay, exemplo de, 28
 o que fazer e o que evitar, 53
 P&G, exemplos de, 28, 54-6
 perguntas das escolhas estratégicas sobre, 24, 27-8, 196
 propósito e, 24, 28, 43, 151
 refinamento e avaliação da ambição ao longo do tempo, 28
Ambipur, 91
American Home Products, 55
análise das cinco forças, 155-7, 156f, 168
AOL Time Warner, 103
Apple, 14, 66, 68, 87, 88-9
applied strategic management (ASM), programa da P&G, 169-70
aquisições
 como estratégia, 62–63, 188-90
 pela P&G, 18, 19, 55, 57-8, 71, 74-5, 91, 103-5, 108-9, 121-2, 207
Argyris, Chris, 12, 131
Arnold, Susan, 19
Artzt, Ed, 71, 100, 139

avaliação da estratégia
  documento OMEI de, 133-4, 134t
  equipe utilizada em, 132-3, 135
  estrutura para organizar a, 133-5
  investigação assertiva no diálogo em, 131-3
  parceiro externo de estratégia para a, 191-4
  processo antigo da P&G para a, 126-8
  processo revisado da P&G para a, 128-30

B
Beatty, David, 170
Beiersdorf, 18
Bergh, Chip, 31, 69-70, 105-7
Boston Consulting Group, 152
Bounty, marca, 57, 60-2, 66, 72, 93, 156-7
Bounty Basic, marca, 61-2
BPO, 47-9
Braun, 122
Brown, Tim, 193
business process outsourcer (empresas de terceirização de processos de negócio). *Ver* BPO
BusinessWeek, 70

C
canal de distribuição, escolha de onde jogar e, 62, 63-4
Carrefour, 64
cascata de escolhas estratégicas aninhada, 25, 26f
  aquisição da Gillette e, 106
  criação e aperfeiçoamento de estratégias usando, 27, 196
  escolhas nos níveis da categoria, do setor e da empresa em, 25, 39

integradas, 24, 25f
  manual da estratégia com, 196-8, 197f
  níveis dentro da empresa e, 25-6
  Olay, exemplo de, 38f
  o que fazer e o que evitar, 40-1
  P&G, exemplo de, 39f
Cellderma, 35
CEOs
  abordagens de estratégia tomadas por, 13-5
  avaliação da estratégia e, 128
  escolhas estratégicas por, 27
Charmin, marca, 57, 59
Christensen, Clay, 138, 193
Citrus Hill, marca, 55, 79, 80
Clairol, marca, 19
clientes
  ambições vencedoras e, 50-1
  de canal, 159-61
  diferenciação e, 87
  estratégia vencedora com, 199, 200
  estratégias de baixo custo e, 87
Clinique, marca, 18, 23, 177
Clorox Company, 79, 80-2, 93
Cloyd, Gil, 12, 194
Coca-Cola Company, 79, 80, 207
Colgate-Palmolive, 52, 54, 154
Colgate Total, marca, 154
Comet, marca, 70, 90, 158
como vencer, 77-101
  aquisição da Gillette e, 106
  cascata aninhada de escolhas e, 25, 26f
  cascata de escolhas integradas e, 24, 25f
  dimensões para pensar sobre, 152-3
  escolha das competências essenciais e, 115-6, 116, 196

escolhas de onde jogar
   integradas com, 29, 33-4, 82,
   91-3, 96
estratégias de baixo custo e,
   83-4, 86f, 87f
estratégias de diferenciação
   e, 84-8, 86f, 87f
indicadores de resultado e, 142
joint venture com a Clorox
   e, 80-2
o que fazer e o que evitar, 96-7
Olay, exemplos de, 33, 177
P&G, exemplos de, 34, 77–83,
   89-93, 177
perguntas das escolhas
   estratégicas sobre, 24, 32-4,
   196
restaurantes, exemplos de, 32-3
sistemas de atividades e, 116,
   123
Compaq, 84
competências essenciais
   análise da posição relativa
      quanto a, 162-3
   aquisição da Gillette e, 105-6,
      121-2
   cascata aninhada de escolhas
      e, 25, 26f
   cascata de escolhas integradas
      e, 24, 25f
   como um sistema de atividades
      de reforço, 109-10, 114
   competência de entrar no
      mercado e, 36
   construção da marca e, 36
   descrição de, 109-10
   determinando, 110-3
   diferentes linhas de negócios
      e, 116-7
   entendendo o consumidor e, 35-6
   escala global e, 36
   estratégia multinível para,
      118-21

indicadores de resultado e, 142
inovação e, 35, 36
o que fazer e o que evitar, 123
Olay, exemplos de, 35, 38f, 39
parcerias em, 35
P&G, exemplos de, 35-7, 39,
   113-6, 113f, 116-7
perguntas das escolhas
   estratégicas sobre, 24, 35-7,
   196
pontos fortes e, 103-24
sistemas de apoio para, 137-42
sistemas de atividades e,
   109-16, 113f
variedade e qualidade das
   atividades necessárias em, 35
vigas de reforço para
   conectar, 117-8, 117f, 119-22
comunicação da estratégia
   abordagens da, 135-7
   experiência de Lafley com, 148-9
   linguagem usada na, 137, 148
concorrência
   ambições vencedoras e, 50, 52
   atratividade do segmento
      e, 156-7
   comparação com a, 139, 143
   diferenciação e, 88
   estratégia vencedora e, 199
   estratégias de baixo custo e,
      83-4, 86-7, 88
   fluxo lógico estratégico, 164-6
   indicadores de desempenho
      financeiro e, 143-4
   negócios de perfumes finos
      e, 73-4
   Oil of Olay como marca
      lutando contra a, 17–8
   onde jogar e, 29-30, 65, 76, 152
   produtos de lavanderia da P&G
      e, 54
   segmento de fraldas e, 99-100
Connect + Develop, 116, 138, 194

conselho de administração, 191
construção da marca
   como competência essencial da P&G, 36, 112
   competências essenciais e, 112
   foco no consumidor, 136
   negócios de perfumes finos e, 71-4
   sistemas de apoio para a, 138, 140-2
consultores, na escolha da estratégia, 191-4
Consumer and Market Knowledge (CMK), P&G, 162
consumidores
   aquisição da Gillette e, 107-8, 122
   competência essencial da P&G com, 112, 114
   escolhas de onde jogar e, 62, 64
   estratégia focada em, 135, 136, 148-9
   inovação e, 114
   Lafley sobre, 148-9
   negócios de perfumes finos e, 73-4
   sistemas de apoio para entender os, 133
consumidores finais
   análise do valor para o cliente de, 161-2
   escolhas de onde jogar e, 64-5
   foco da P&G em, 135-6
Costco, 62, 69
Cover Girl, marca, 18, 19, 71, 136, 177
Craigslist, 86
Crest, marca, 72, 154-5, 157, 160
custos
   análise da posição relativa usando, 163-4
   escala e, 139-40
   escolhas de como vencer e, 83-4, 84-8, 86f, 87f
   valor para o consumidor e, 136

D
DaimlerChrysler, 103
Daley, Clayt, 12, 104, 105, 126-7, 139-40, 194
DDF (Doctor's Dermatological Formula), marca, 207
Dell Computer, 84, 88
diferenciação 84-8, 86f, 87f, 136
Dolce & Gabbana, 74
Donovan, Steve, 12
Drosos, Gina, 19, 20, 21, 22
Drucker, Peter, 12, 44, 98
Dynamo, marca, 65

E
Eastman Kodak Company, 55
Eaton Corporation, 168-9, 170
eBay, 86
EDS, 47, 48
empresas de terceirização de processos de negócio (*business process outsourcer*). *Ver* BPO
engenharia reversa das escolhas estratégicas, 15, 173-86, 212
   enquadrando a escolha em, 175-6
   escolhendo em, 186
   especificando as condições em, 178-82, 179f
   gerando possibilidades estratégicas em, 176-7
   identificando obstáculos à escolha em, 182-3
   manual da estratégia com, 196-8, 197f
   o que fazer e o que evitar, 187
   projetando testes válidos em, 183-4
   realizando testes em, 185-6
   visão geral de, 173-5, 174f

equipes
    avaliação da estratégia
        por, 132-3, 135
    fluxo lógico estratégico
        usando, 165-6
Escada, 74
escala
    aquisição da Gillette e, 121
    competências essenciais da
        P&G e, 36, 112, 114-5
    sistemas de apoio para a, 138,
        139-40
escolhas estratégicas
    ambições vencedoras em, 24,
        27-8, 43-57
    aquisição da Gillette e, 105-9
    cascata aninhada de
        escolhas, 25-6, 26f
    cascata de escolhas
        integradas, 24, 25f
    cinco perguntas essenciais
        em, 15, 24, 195-6
    como vencer em, 24, 32-5,
        77-101
    competências essenciais e, 24,
        35-7, 103-24
    enquadrando a escolha, 175-6
    fases da engenharia reversa
        para, 173-86, 174f
    fluxo lógico estratégico para
        determinar, 166-7
    níveis dentro da empresa
        e, 25-6
    Olay, exemplos de, 38-9, 38f
    onde jogar, 24, 29-32, 57-76
    parceiro externo em, 191-4
    P&G, exemplos de, 38-9, 39f
    sistemas de gestão, 24, 37-8,
        125-49
Estée Lauder, 18, 23
estratégia
    abordagem da Monitor
        Company da, 11–2
    abordagem de longo prazo da, 14
    abordagens dos líderes
        da, 13-4
    applied atrategic management
        (ASM), programa para
        desenvolver a, 169-70
    armadilhas da, 198-9
    bases microeconômicas
        da, 209-20
    comunicando a, 135-6
    definição de, 12-3
    escolhas feitas e, 12, 13, 15,
        25-7, 56
    estrutura da cascata de
        escolhas para criar e
        aperfeiçoar a, 27
    gerando adesão à, 171-3, 172f
    manual da, 196-8, 197f
    melhores práticas e, 14
    Michael Porter sobre, 13
    missão como elemento da, 13,
        43-4, 53, 198
    otimização do *statu quo*
        como, 14
    planos e táticas como
        elementos da, 13
    sinais reveladores de uma
        estratégia vencedora,
        199-200
    vantagem competitiva e, 13
    visão como elemento da,
        13, 53
Estratégia competitiva (Porter), 13,
    168
estratégia global, 195
    aquisição da Gillette e, 105,
        106, 121-2
    competências essenciais e,
        112
    escala e, 26, 34, 36, 91, 106,
        114, 138-40
    escolha de onde jogar e, 57-9
    inovação e, 59, 122

mercados emergentes e, 31
Olay e, 19, 28, 37
segmento de cosméticos e, 74-5
segmento de fraldas e, 94-5, 101
estratégias de entrada no mercado, 34, 36, 91, 105, 106, 114, 116, 118, 121-2, 136, 137, 138
estrutura de construção de marcas (*brand-building framework*, BBF), 141
Ewing, Rad, 141
executivos. *Ver* CEOs; gerência sênior

F
Facebook, 89
Febreze, marca, 51, 69, 90-1, 120, 138, 158
fluxo lógico estratégico, 153-67, 196
  análise da concorrência em, 164-6
  análise da indústria em, 153-8
  análise da posição relativa em, 162-4
  análise do valor para o cliente em, 158-62
  descrição de, 153, 153f
  direção e caminho flexível ao longo do, 166
  equipes para o, 165-6
  experiência de Roger L. Martin em, 168-70
  manual da estratégia com, 196-8, 197f
  o que fazer e o que evitar, 167
Folgers, marca, 121, 207
ForceFlex, tecnologia, 77, 82, 164
Ford, Henry, 161

Four Seasons Hotels and Resorts, 85
Fujitsu Microelectronics, 86
Fuller, Mark, 12, 169
fusões e aquisições. *Ver* aquisições

G
Gain, marca, 89-90, 136, 158
Gateway, 84
GBS, P&G, 36, 37, 46, 47-50, 93, 114, 116, 117, 118, 122, 140, 164
General Electric, 63, 152
General Motors (GM), 44-6
George Weston Limited, 181
gerência sênior
  comunicando a estratégia para a, 135
  construção de marca e, 141
  processo de avaliação da estratégia e, 125, 126-8
  Ver também CEOs
Gillette, 103-9, 121-2
Giorgio of Beverly Hills, marca, 71-2
Glad, marca, 77, 78, 79-80, 80-1, 82, 93, 164
global business services (serviços de negócios globais). *Ver* GBS
Goldstein, Bob, 141
Goodman, Jonathan, 12
Google, 14, 86, 88-9
Gucci, 74

H
Head & Shoulders, marca, 19, 72, 118-20
Healey, Melanie, 129
Henretta, Deb, 94-5, 141, 144-6
Herbal Essences, marca, 19, 119, 120
Hermès, 85
Hershey's, 83-4

Hewlett-Packard (HP), 49, 84, 88
Hillenbrand, Lisa, 141
Hitachi, 86
Honda, 45, 46
Huggies, marca, 99-101
Hugo Boss, 71, 74, 157

I
Iams, 55
IBM, 47, 84, 86
IBM Global Services, 48, 49
Ideo, 35
Impress, marca, 78-80, 82, 164
indicadores
    de desempenho financeiro, 143-4
    dos resultados desejados, 142-6
indústria
    análise da posição relativa
        na, 162-4
    análise do valor para o cliente e
        pontos de vista sobre a, 162
    fluxo lógico estratégico, 153-8,
        166
Infosys, 47
Innosight, 138
inovação
    como competência essencial da
        P&G, 36, 112, 113-4
    consumidores e, 113-4, 136
    de produtos para a marca Olay
        e, 20-1, 35
    experiência da P&G em, 115,
        138, 194
    negócios globais e, 59, 122
    reuniões de avaliação sobre,
        135
    segmento de beleza e, 20
    segmento de fraldas e, 100
    sistemas de apoio para a, 138
    valor para o canal e, 160
intenção ponderada de compra
    (*weighted purchase intent*).
    Ver WPI

J
Jager, Durk, 139
Johnson, Mark, 193
Jones Lang Lasalle, 49

K
Kao, 165
Kehoe, Mike, 154
Kellogg, 207
Keurig, 207
Kilts, Jim, 105
Kimberly-Clark, 52, 99, 100, 101
Kotchka, Claudia, 162
Kroger, 159
Kuremsky, Michael, 18

L
Laco, Tom, 12
Lafley, A.G., 54-6, 98-1, 148-9,
    191-4
Lancôme, marca, 176
La Prairie, marca, 176
Lenovo, 89
Levitt, Theodore, 51
Lewis, Joan, 92
Library Hotel, Nova York, 85
licenciamento, 71, 74, 79-81
liderança
    abordagens para estratégia
        adotadas pela, 13-5
    escolhas estratégicas pela,
        54-6
    onde jogar e, 31
    processo de estratégia nas
        empresas e, 16
Lilly, John, 89
Linux, 34
Lion (empresa japonesa), 165
Liquid Tide, marca, 65
Listro, Joe, 20, 22, 23
Loblaw, 64
L'Oréal, 116
Lotspeich, Ed, 141

Lurie, Bob, 169
Luvs, marca, 99-100

M

Macy's, 21
manual de estratégia, 196-8, 197f
marcas
 de lojas de departamentos, 20, 22, 160
 escolhas estratégicas para, 24-5, 25f
 momentos da verdade com, 136-7
 Ver também marcas específicas
Mario Batali, restaurantes, 32, 33
Mars, 83
Martin, Roger L., 168-70, 188-90
 masstige, segmento, 21, 28, 29, 33, 93, 160, 177, 180f, 181, 183, 186
Max Factor, 19, 71, 74
Maxwell House, 57, 207
Mayo Clinic, 15
McDonald, Bob, 64, 105, 165
McDonald's, 43, 44
McKinsey, 152, 170, 191
medição dos resultados desejados, 142-6
melhores práticas, 14
mercado de massa, 20, 29, 225
 estratégia da P&G para, 163-4
 marca Olay no, 21, 22-3, 28, 29, 33, 35, 93, 160, 163-4, 177, 180f, 181, 207
mercado de prestígio, 21, 22-3, 28, 29, 33, 91, 158, 160, 164, 177, 181, 183
mercados emergentes
 aquisição da Gillette e, 104-5, 106, 107
 escala e, 140
 escolhas de onde jogar e, 31, 32, 34, 58, 66-7, 110, 206t, 208
 introdução da Febreze em, 91

 marca Olay e, 34
 preocupações com custos em, 163
 segmento de fraldas em, 94, 101
Microsoft, 14, 88, 89, 156
Mills, Vic, 98
Minute Maid, marca, 79
missão e declarações de missão, 13, 43-4, 53, 198
Moeller, Jon, 139, 140
Monitor Company, 11-2, 55, 168, 169, 192
Mr. Clean, marca, 70
Mr. Clean Magic Eraser, marca, 51

N

Nespresso, 207
Nextel, 103
Nike, 43, 44
Nissan, 45, 46
Nivea, marca, 18, 177
Noxell, 71

O

ODM, P&G, 37, 105, 114, 117, 118
Oil of Olay, marca
 como marca lutadora no final da década de1960, 17-8
 consciência da marca pelos consumidores, 18-9
 criação de um novo nome para a, 19
 opções para renovação, 18
 plano para reconstrução, 18-9
Olay, marca
 ambições vencedoras para a, 19
 campanha publicitária para a, 22-3
 cascata de escolhas para a, 38-9, 39f

clientes da, 19-20
competências essenciais para
  a, 35, 39
embalagem para a, 22
engenharia reversa para a, 176,
  177, 179-80, 183, 186
escolhas de como vencer para
  a, 33
escolhas de onde jogar para
  a, 29-30
escolhas estratégicas para a, 24
inovação de novos produtos
  para a, 20-1, 35
mercado de massa e, 21, 22-3,
  28, 29, 33, 35, 93, 160, 164,
  177, 180f, 181, 183
precificação da, 22-3, 39
reinventando a, 19-23
renomeando a Oil of Olay
  como, 19
segmento *masstige* e, 21, 28, 29,
  33, 93, 160, 177, 180f, 181,
  183, 186
sistemas de gestão para a, 37
Olive Garden, restaurantes, 32, 33
OMEI (objetivos, metas,
  estratégias e indicadores),
  documento, 133-4, 134t
onde jogar, 57-76
  aquisições e, 67
  armadilhas na tomada de
    decisão sobre, 66-9
  cascata aninhada de escolhas
    aninhadas com, 25, 26f
  cascata de escolhas integradas
    e, 24, 25f
  concorrência e, 29, 65
  considerações a respeito
    de, 62-5
  consumidores e, 64
  decisão de produto em, 59-62
  decisão de região geográfica
    em, 57-58
  dimensões para pensar
    sobre, 152-3
  escolha das competências
    essenciais e, 110, 115-6, 116,
    122-3, 196
  escolhas de como vencer
    integradas com, 29, 33-4, 82,
    91-3, 96
  falha em escolher, 66-7
  indicadores de resultado e, 142
  marca Bounty e, 57-62, 66, 72
  mercados emergentes e, 31, 32,
    58, 66-7, 110, 206t
  negócios globais e, 57-9, 110,
    111, 112, 114, 116
  o que fazer e o que evitar, 76
  Olay, exemplos de, 29-30, 177
  P&G, exemplos de, 30-2, 69-
    75, 89-90, 177
  perguntas das escolhas
    estratégicas sobre a, 24,
    29-32, 196
  região geográfica na escolha
    de, 57-9, 62
  segmento de perfumes finos,
    exemplos de, 71-5
Oral-B, marca, 104, 122
organização de desenvolvimento
  de mercado. *Ver* ODM
otimização do *statu quo*, 14

P
Pampers, marca, 24, 79, 94,
  98-101, 145
Pantene, marca, 19, 72, 120
Passerini, Filippo, 46, 48-50, 105,
  108-9
P&G. *Ver* Procter & Gamble
Peiros, Larry, 81
Pepper, John, 99, 100, 139
PepsiCo, Inc., 79
pesquisa de mercado, 92, 107, 138,
  161-2

Pfizer, 55
Pierce, Charlie, 58, 60-1, 62
planos como elementos da estratégia, 2, 127
Pocharski, Sandi, 12
Polonsky, Leonora, 141
Porter, Michael, 12, 13, 33, 55, 82, 109-10, 113, 115, 155, 168
precificação
  aquisições e, 67
  custos e, 83
  diferenciação e, 84-5, 95-6
  escolhas de como vencer e, 95-6
  escolhas de onde jogar e, 62
  fraldas e, 94-5, 98, 99, 100, 101
  marca Bounty e, 54-56, 62
  marca Olay e, 22-3, 39
  proposta de valor e, 85, 136
  Ver também WPI
Pringles, marca, 121, 207
processo de adesão à estratégia, 171-3, 172f
Procter & Gamble (P&G)
  abordagem da Monitor Company para a estratégia da, 11-2, 192
  applied strategic management (ASM), programa de gestão estratégica aplicada, 169-70
  aquisições pela, 8, 19, 55, 57-8, 71, 74-5, 91, 103-5, 108-9, 121-2, 207
  cascata de escolhas da, 39, 39f
  competências essenciais da, 35-7, 39
  concorrentes da, 52, 55
  dados de desempenho da, 205-8, 206t
  declaração de propósito da, 28
  discussão sobre estratégia na, 131
  escolhas das ambições vencedoras pela, 28, 54-6
  escolhas de como vencer pela, 33-4, 77-82, 89-93
  escolhas no nível da categoria, do setor e da empresa, 25, 39
  onde jogar e a, 30-2, 69-75, 89-90, 177
  parceiro externo de estratégia para a, 191-4
  pontos fortes essenciais da, 30, 92, 138
  processo de avaliação da estratégia na, 126-30
  sistemas de gestão na, 37-8
  Ver também GBS; ODM
Progressive Insurance, 110
propósito
  ambições vencedoras e, 24, 28, 43, 151
  declaração da P&G de, 28
publicidade, 21, 35, 57, 73, 82, 90, 100, 121, 139
Puffs, marca, 57, 59
PUR, 55

Q
Quaker, 103

R
Reading Technical Centre, 107
Reckitt Benckiser, 52, 90
Red Hat, Inc., 34
retorno total aos acionistas (*total shareholder return*, TSR), 143-4
Reynolds Group Holdings, 80
Roberts, Kevin, 193

S
Saatchi & Saatchi, 35
Saks, 21
Sara Lee, 91
Saran Wrap, marca, 78, 79
Saturn, marca, 44, 45-6

SC Johnson, 79, 80, 90
Scheingarten, Stuart, 210
segmentação
   análise das cinco forças, 155-6, 156f
   análise de, 154-5
   atratividade da, 155-8
Senegos, Eleni, 89
serviços de negócios globais (*global business services*). *Ver* GBS
serviços de TI
   aquisição da Gillette e, 108
   business process outsourcers (BPOs) para, 47-9
sistemas de atividades
   competências essenciais e, 109-16, 113f
   estratégia multinível para, 118-21
   estratégia vencedora com, 199
   indivisíveis, 119
   vigas de reforço para conectar, 117f, 118
sistemas de gestão, 125-49
   cascata aninhada de escolhas e, 25, 26f
   cascata de escolhas integradas e, 24, 25f
   construção de marca e, 140-2
   criação de estratégia e processo de avaliação e, 126-30
   indicadores de resultado e, 142
   o que fazer e o que evitar, 147
   Olay, exemplo de, 37
   P&G, exemplos de, 138-42
   perguntas das escolhas estratégicas sobre, 24, 37-9, 196
   processo de avaliação da estratégia da P&G e, 126-30
   suporte para competências essenciais com, 137-42
SK-II, marca, 19, 75, 141-2

Sloan, Alfred P., 44
Smale, John, 89, 90, 99, 139, 169
Smith, Adam, 211
Smith, Roger, 45
Smuckers, 207
Snapple, marca, 103
Southwest Airlines, 14, 87, 110, 215
Spic'n Span, marca, 70, 90, 158
Sprint, 103
Starbucks, 43, 44, 85, 207
Swiffer, marca, 51, 70, 79, 120, 138, 158

T
Target, 21, 88, 160
Taylor, David, 126, 129
TCS, 49
terceirização
   de processos de negócios (BPOs), 47-9
   escolhas de como vencer e, 92-3
   estratégia baseada *no melhor em cada área*, 93
   Ver também GBS
Tesco, 64, 114, 160
Thomson Corporation, 68
Thomson Reuters, 68
Tide, marca, 32, 65, 68-9, 72, 89, 136
Tide Dry Cleaners, franquias, 82
Time Warner, 103
Toyota, 45, 46, 66, 85, 88-9
Tropicana, 79, 80

U
Ultra Pampers, marca, 99-100
Unilever, 31, 52, 54, 65, 116
United Auto Workers, 45

V
valor para o cliente
   engenharia reversa, 181

no fluxo lógico estratégico, 158-62, 166
Vanguard Group, The, 110
vantagem competitiva
  como vencer e, 33
  competências essenciais e, 156
  estratégia e, 13, 14, 195
  fluxo lógico estratégico e, 166
  planos e, 13
  sistemas de atividades e, 115, 119-20
Vantagem competitiva (Porter), 168
VICA (volátil, incerto, complexo e ambíguo), ambiente, 195

W
Walgreens, 21, 159
Walker, Nancy, 57
Walmart, 21, 64, 88, 114, 156, 159, 160
Warner-Lambert, 55
Weedman, Jeff, 77, 80, 81-2
weighted purchase intent (intenção ponderada de compra). *Ver* WPI
Wella, marca, 19
Weston Foods, 170
What really matters (Pepper), 100
Wisk, marca, 65
WPI, indicador, 145-6

Y
Young, Bob, 34

Z
Ziploc, 81

Conheça também outros títulos

Alta Books collection - Vendas
de Tom Bird e Jeremy Cassel

O best-seller de vendas do Reino Unido.
Tanto faz se você é novo no ramo ou se está prestes a subir o próximo degrau: o livro Vendas lhe mostrará como melhorar o desempenho de forma imediata e obter resultados excepcionais.
Além de ter acesso às habilidades-chave necessárias a uma boa negociação, você aprenderá sobre desafios tão diversos quanto a linguagem corporal correta, a realização de reuniões eficazes e o engajamento de times remotos de vendas.
Mais do que isso, você saberá como aproveitar sua personalidade para aperfeiçoar técnicas e entender melhor as necessidades do cliente. Você estará sempre um passo à frente do mercado.

Alta Books collection – Estratégia
de Max Mckeown

Usando a ciência da estratégia, o livro Estratégia – do planejamento à execução vai ajudá-lo a enfrentar os importantes desafios que você encara tanto no desenvolvimento das estratégias quanto na dificuldade de colocá-las em ação.
Com o objetivo de mostrar estratégias poderosas para obter sucesso em um mundo competitivo, o livro responde às seguintes perguntas:
- O que sabemos sobre estratégia?
- O que a estratégia pode fazer por você?
- Como usar ferramentas de estratégia de maneira eficiente?
- Como mobilizar pessoas com estratégia?
- Como evitar armadilhas, problemas e fracassos?

Confiança Criativa
de David Kelley e Tom Kelley

A inovação e a criatividade são reconhecidas como os principais elementos por trás do sucesso nos negócios e, atualmente, são tidas como características fundamentais em líderes. Neste livro, os autores nos mostram que a criatividade é uma abordagem proativa na busca por soluções. Nem todos somos artistas, mas podemos ser advogados, médicos, gerentes ou vendedores mais criativos. Inspirados em casos da IDEO e da d.school em Stanford, os irmãos Kelley revelam estratégias específicas para libertar a inventividade de cada um, pois, segundo eles, a criatividade e a capacidade de inovação são como os músculos: quanto mais você usa, mais fortes ficam.
Confiança criativa nos dá a coragem de fazer a diferença e nos inspira a combinar ideias arrojadas com ações efetivas, que contribuem tanto para a empresa e a carreira quanto para a vida.

Empresas feitas para vencer
de Jim Collins

Considerado, pela Time Magazine, um dos livros de negócios mais importantes de todos os tempos, esta obra seminal de Jim Collins responde a seguinte pergunta: Como empresas boas, medianas e até ruins podem atingir uma qualidade duradoura?
Empresas feitas para vencer mostra como as grandes empresas triunfam no decorrer do tempo e como o desempenho sustentável a longo prazo pode ser inserido no DNA de uma organização desde sua concepção.
Collins apresenta exemplos que desafiam a lógica e transformam a mediocridade em uma superioridade duradoura. O autor apresenta também quais são as características universais que levam uma empresa a se tornar excelente e outras não.
Os resultados do estudo irão surpreender muitos leitores e lançar novas abordagens sobre quase todas as áreas da gestão.

Capitalismo Consciente
de John Mackey e Raj Sisodia

O que empresas como Google, Southwest Airlines, Whole Foods Market, Patagonia, e UPS tem em comum? Todas elas incorporam em sua gestão alguns aspectos construtivos e promissores do capitalismo, atuando de maneira a criar valor não só para si mesmas, mas também para seus clientes, funcionários, fornecedores, investidores, a comunidade e o meio ambiente.
Criadores do movimento do Capitalismo Consciente, os autores explicam como algumas empresas aplicam os princípios deste movimento inovador na construção de estruturas sólidas e lucrativas.
O livro oferece uma defesa ardorosa e uma redefinição consistente do capitalismo de livre-iniciativa, em uma análise valiosa tanto para os profissionais como para as empresas que apostam em um futuro mais cooperativo e mais humano.

Nocaute
de Gary Vaynerchuk

O marketing tradicional sempre foi uma espécie de luta de boxe unilateral, em que as empresas desferem ganchos de direita nas mesmas plataformas – rádio, TV, mídia impressa, outdoors e, mais tarde, internet – para chegar logo ao nocaute (leia-se "fechar a venda").

Este livro foi impresso nas oficinas gráficas da Editora Vozes Ltda.,
Rua Frei Luís, 100 – Petrópolis, RJ.